Professor Dr. Demian Varth

Impressum

Bibliografische Information der Deutschen Nationalbibliothek: Die Deutsche Nationalbibliothek verzeichnet diese Publikation in der Deutschen Nationalbibliografie; detaillierte bibliografische Daten sind im Internet über dnb.dnb.de abrufbar.

© 2020 Demian Varth
Herstellung und Verlag: BoD – Books on Demand, Norderstedt
ISBN: 978-3-7519-7338-0

Varths Gesammelte Werke
Professor D. Varth

2019 Albuquerque New Mexico

Brainstorming

Zweite Szene
Die Gottlosen unter sich
Gibt es ein Gottesbeweis?

Fünfter Akt

Eiko
Anthroposophie und LSD

Sechster Akt

Erste Szene
Sigi und sein Buddhismus

Zweite Szene
Meditation und Erleuchtung zum täglichen Gebrauch
Kontemplation
Die Lehre und die Leere

Siebter Akt

Erhard
Das Nützliche und das Schöne

Achter Akt

Veith1
Jesus im Schlafzimmer

Neunter Akt

Angelo
Geld regiert die Welt

Literaturverzeichnis

1	Dale Carnegie, Sorge dich nicht lebe
2	Mills, Sparks, Wokini
3	Manfred Otzelberger, Suizid
5	Dalai Lama , Der Weg zum Glück
6	Verena Kast, Neid und Eifersucht
7	Karl Jaspers, Einführung in die Philosophie
11	Rudolf Steiner, Lexikon Anthroposophie
12	Neues Testament
13	Adolf Baumann, ABC der Anthroposophie
14	Joachim Ernst Berendt, Ich höre also bin ich
15	Dietma6 rFriedmann, Die drei Persönlichkeitstypen und ihre Lebensstrategien
16	Zimbardo,Psychologie
17	Alfred Adler, Der Sinn des Lebens
18	Josef Rattner, Hundert Meisterwerke der Tiefenpsychologie
19	Walter Bräutigam,Reaktionen,Neurosen Psychopathien
20	Doris Wolf , Ab heute kränkt mich niemand mehr
24	Dalai Lama , Die Regeln des Glücks
25	Dalai Lama , Die Weisheit des Herzens
26	Damien Keown, Der Buddhismus
27	Dalai Lama , Logik der Liebe
28	Erhard Meier, Lebensweisheit des Buddhismus

Der Autor Joseph D. Varth wurde 1949, drei Tage nach Karfreitag, in Königsburg geboren.

Seine schulische Ausbildung absolvierte der Autor an der King Edward's School, einem Internat in Witley, England. Latein und Griechisch waren seine Lieblingsfächer im Gymnasium. Diese ermöglichten ihm den direkten Einstieg am Trinity College, das zur University of Cambridge gehört. Zu seinen Studienfächern gehörten Philosophie, Theologie und Psychologie.

Promotion und Habilitation waren für ihn eine absolute Selbstverständlichkeit.

Sein Vater Carl war Professor für Germanistik an der Universität von Maryland. Anne Varth, eine über die Grenzen Polens anerkannte Pianistin, gab ihr letztes Konzert an dem Abend der deutschen Wiedervereinigung 1989 in Berlin.

Sie erlitt einen tödlichen Hirnschlag während des Konzerts. Seine letzte Vorlesung, eine übliche Videokonferenz, an der tausende wissbegierige amerikanische Studenten aus aller Welt teilnahmen, traf es Carl Varth ein Jahr später. Im Alter von 84 Jahren verstarbt er an einem, bis dahin unbekannter Virus, innerhalb weniger Tage.

2002 sowie 2003 hatte Joseph D.Varth einen Lehrstuhl für Philosophie an der Universität von Kapstadt; so konnte er beiden Bestattungen nicht beiwohnen, denn sehr wichtige Unigeschäfte ließen dies nicht zu.
Joseph D.Varth hatte das besondere Glück, zwei Sprachen aufzuwachsen. Zuhause wurde nur deutsch gesprochen.
Seine Auslandserfahrung machte Joseph D. Varth an seinem ersten Lehrstuhl 1979 in Kairo. Mit 30 Jahren hatte er es geschafft, jüngster Professor in Ägypten zu werden.

Es kamen noch viele Stationen hinzu. Er war auf allen Kontinenten dieser Erde zuhause. Joseph D. Varth wurde zum begehrtesten plagiatophilen Denker der Neuzeit.
Einer seiner Studenten, der später ebenso zu Weltruhm aufgestiegen, ist Jostein Gaarder.

Im Laufe seines Lebens publizierte Joseph D. Varth unaufhaltsam über alle existierenden Themen des täglichen Wahnsinns. Varth konstruierte saubere Weltbilder und Lebensmodelle, deren philosophische Basis in der heutigen Welt hinter neurotischen und psychotischen Traumgebilden zu verschwinden drohen. Varth liebte es, immer wieder literarische Collagen zusammenzufügen, die am Ende für den Leser wie eine bunte, reale Allegorie der wichtigsten Glaubens- und Lebenshilfen erscheinen, jedoch ganz bewusst nur zum Vorteil des Lesers dienen soll (erste Stufe).

Abseits elitärer Sachbuchautoren gelang es Joseph D. Varth elementare Probleme einfach darzustellen.

Varth, selbst eine fiktive Person, ist ein Meister der bewussten Täuschung in einem Randgebiet der Wissenschaft, die eigentlich und ausschließlich die Heilung der Gefühle beabsichtigt.
Mit dieser Buchreihe wendet sich der Autor an den anspruchsvollen Leser, der mehr erwartet als nur simple Unterhaltung, beladen mit unzähligen halbherzigen Romanbildern.
Getrieben vom eisernen Willen, seinen Geist zu nähren und den Charakter zu stärken, kämpft sich der Kandidat nach anfänglichem Zögern in Buch 1 Brainstorming „Die Vorbereitung", durch ein chaotisches Gedankengebilde.

Im zweiten Buch „ Professor D. Varths Brainstorming" Teil 2 „Die Verarbeitung" wird der Leser, mit nur einem Ziel, durch die verschiedensten Welten geführt.

Dieses eine, endgültige Ziel erreicht er in Teil 3 „Die Vollendung".

…und dieses Ziel ist unser aller Ziel. Wahrhafte Authentizität.

Grundlage: Selbst mit nur einer kleinen anfänglichen Lüge gibt es keine letztendliche Wahrheit.

Am 24. Dezember 2019 erlag Professor Dr. Demian Varth in Taipeh einem Herzinfakt, bei einem seiner geliebten Fallschirmsprünge.

Der Herausgeber

Mein lieber Leser, meine liebe Leserin,

in diesem, meinem ersten einfachen Werk, das sich nicht aus-schließlich wissenschaftlicher Verfahren und Methoden bedient, werden Sie unseren Hans Keinhuhn kennen lernen.

Herr Keinhuhn strapaziert Ihre Nerven mit einem überlangen Brainstorming am Anfang, um dann in den Hauptteil im Buch Teil 1 Brainstorming „Die Vorbereitung", überzugehen. Im zweiten Teil „Die Verarbeitung", wird Hans von seinen sieben Freunden im Geiste besucht. Es mag schwierig zu lesen sein, es ist jedoch die Sprache, die unser Hauptdarsteller in seinen Gedanken zu dieser Zeit benutzt. Es mag wohl nicht ihr Stil sein, den Sie bevorzugen zu lesen?

In meiner Zeit als psychologischer Berater habe ich viele Menschen in ähnlichen Lebenskrisen beraten. Parallel zu meiner Beschäfti-gung im Altenheim habe ich eine Selbsthilfegruppe panikgestörter Menschen und eine Anonyme Alkoholiker Gruppe unterstützt.

Den Anspruch einer gefühlsgeschwängerten Prosa, die Sie in eine künstliche Parallelwelt locken soll, diesen Anspruch hegen Millionen anderer Wortschreiber, die Ihnen lediglich versuchen ihnen das Geld aus der Tasche zu ziehen.
In diesem Buch geht es um Brainstorming. Alles dreht sich um realistische Gedanken und authentische Gefühle, die uns Men-schen verbinden. Unser gemeinsames Ich, geboren im Ur-licht, möge uns helfen, ans Ziel zu gelangen.
Eine Weiterentwicklung des Phänomens „Mensch" ist nur durch intensivierte, wahrhaftige und klare Kommunikation möglich. Mut zur Veränderung, Kraft zur Durchführung und die notwendige Disziplin uns permanent sowie unerschrocken die unvermeind-lichen Grenzen einzugestehen. Die Grenzen, die Ihnen unweiger-lich helfen die Balance zuhalten.

Brainstorming behandelt menschliche Abgründe, die Sie und ich auf diese Art, wie hier beschrieben, hoffentlich nie erfahren müss-en.

Im folgenden dreiteiligen Werk werden Sie mit 10 Personen konfrontiert. Hans, Klaus, Jens, Nelson, Gerhard, Eiko, Siggi, Ehrhard, Veith und Angelo. Lassen sie sich von den vielen Namen nicht beirren. Es handelt sich vorwiegend um Personen mit in Wahrheit den gleichen Zielen.
Uns verbindet alle das Verlangen nach Glück und der Wunsch, ohne Leid und Schmerzen unser Bewusstsein zu kultivieren und

respektvoll in die Welt zu tragen.
Wir leben alle im selben Moment, mit demselben Auf-trag, in derselben Welt, im selben Welten-ich.

Ich wünsche Ihnen vergnügliche Stunden. Falls es hier und da zu kleinen Missverständnissen kommt, machen Sie sich nichts daraus. Mir ist voll bewusst, dass Sie das alles ganz anders schreiben würden. Das bringt mir jedoch nichts. Es gibt nur ein Mensch auf der Welt der so verstörend schreibt. Ich.
Geben Sie trotzdem nicht auf beim Lesen! Es lohnt sich!

Professor D. Varth

Prolog... oder das Theater kann beginnen

Der Geruch von Chlor zieht zu uns empor. Wir fliegen durch kleine Wölkchen im tiefblauen Himmel. Die Sonne schickt erbarmungslos ihre Strahlen zur Erde. Wir fliegen nun den siebten Tag.
Unter uns ein Schwimmbad. Im Wasser wimmelt es. Die Wiesen übersät mit abertausenden kleinen bunten Stofffetzen. Es herrscht die Jahrhunderthitze.
Wohin geht unser Flug heute? Wissen wir noch nicht. Unser Besuch wird heute spontan entschieden. (dritte Stufe)
Normalerweise werden wir gerufen, manchmal spät abends, wenn die Menschen im Bett liegen oder aber während einer langen Autofahrt. Ja gerade immer dann, wenn ihr alleine seid, kommt ihr manchmal auf die Idee, mit uns oder unserem Chef ein Gespräch zu führen.
Danach kann es sein, dass wir bei diesem oder jenen einen längeren Besuch abstatten, der glaubt, wir könnten ihm helfen. Stundenlange Gespräche und Diskussionen stehen dann an. Wir sind praktisch Gesprächspartner und Seelsorger. Wir helfen, wo es nur geht.
Für heute Abend haben wir aber keine genaue Adresse.
Wie? Das gefällt Ihnen nicht, mit ein paar Engeln auf Tour zu gehen? Es wird interessant, wir versprechen es Ihnen. Die Menschen sind auch nur Geistwesen, wie wir. Das ist nur eine Frage der Einstellung, manche sagen Überzeugung. Andere glauben einfach nur.

„Ohne Frage", sagen die Engel „und mit dem, was Sie glauben oder wissen oder nur meinen, damit formen oder deformieren Sie Ihren Geist mehr wie sie vielleicht annehmen. Dagegen sagen einige Wissen wäre das bessere Ding...kennen Sie doch „wissen ist besser als glauben!"
„Heh, Moment", ruft der Gruppenführer der Engelskompanie. Ruhe bitte, ich höre, unter uns denkt sich gerade ein kleines Menschlein dummes Zeug aus. Dem müssen wir helfen!" Regale und Schränke, alles voll gestopft mit Büchern. Da braucht jemand dringend unsere Hilfe. Auf dem alten Schreibtisch liegen jede Menge vergilbter Bücher. Mehrere sind aufgeschlagen, in einem davon lesen wir:

„Vor nichts soll man sich so hüten wie vor dem Aufwachsen jenes Unkrauts, welches Anmaßung heißt und uns jede gute Ernte verdirbt; denn es gibt Anmaßung in der Herzlichkeit, in der Ehrbezeugung, in der wohlwollenden Vertraulichkeit, in der Liebkosung, im freundschaftlichen Rat, im Eingestehen von Fehlern, im Mitleid für andere, und alle diese schönen Dinge erregen Widerwillen, wenn jenes Unkraut dazwischen wächst.

17

Der Anmaßende, das heißt der, welcher mehr bedeuten will, als er ist oder gilt, macht immer eine falsche Berechnung. Zwar hat er den augenblicklichen Erfolg für sich, insofern die Menschen, vor denen er anmaßend ist, ihm gewöhnlich das Maß der Ehre zollen, welches er fordert, aus Angst oder Bequemlichkeit; aber sie nehmen ein schlimme Rache dafür, insofern sie eben soviel, als er über das Maß fordert, von dem Werte subtrahieren, den sie ihm bis jetzt beilegen. Es ist nichts, was die Menschen sich teurer bezahlen lassen, als Demütigung. Der Anmaßende kann seinen wirklich großen Verdienst so in den Augen der anderen verdächtigen und klein machen, dass man mit staubigen Füßen darauf tritt. Selbst ein stolzes Benehmen sollte man sich nur dort erlauben, wo man ganz sicher sein kann, nicht missverstanden und als anmaßend erachtet zu werden, zum Beispiel vor Freunden und Gattinnen. Denn es gibt im Verkehr mit Menschen keine größere Torheit, als sich den Ruf der Anmaßung zuzuziehen."

Nietzsche

(Auf welcher Stufe wir uns im Text gerade befinden, wird Ihnen auf einer der letzten Seiten im Buch an Hand einer Zeichnung erklärt. Wir befinden uns im Moment auf der dritten Stufe vor Eintritt in das Bewusstsein von Hans Keinhuhn.)

Erster Akt- Erste Szene
Hans und die Frage nach dem Sinn.

Das Brainstorming kann beginnen.

Den Sinn des Lebens aus dem Innern von "Das Sein und das Nichts" erkennen, oder den Regeln der Liebe folgen auf dem Weg zur Freiheit. Heute ist wieder alles reiner Geist und Gottes Reich ist eine Metapher für die Weisheit des Überselbsts für die Bewusstmachung der eigenen Existenz im Hier und Jetzt. In der Lüge gibt es keine Wahrheit...los, komm zur Sache! Mein Name ist Hans Keinhuhn. Jetzt ist für Sie und mich der Tag X. Sie denken wohl, ich hab eine Macke, Sie einfach persönlich anzusprechen? Ja, ich hab eine Macke. Jeder Mensch hat eine Macke oder auch mehrere. Das ist doch zu einfach gesagt!
Ja, das stimmt, ich bin einfach. Ich verstehe die ganze Welt, sie ist einfach zu verstehen, stolpere aber über die primitivsten Dinge des Lebens. Kloputzen zum Beispiel.

Hans quält sich seit Monaten, nein, eigentlich seit Jahren will er nun endlich dieses verdammte Buch schreiben. Es war für ihn schon immer ein Lebenstraum. (vierte Stufe) Sein Lebensziel. Seine ganze Existenzgrundlage. Hans ist ein Brainstormer. Doch wo ist jetzt die Verbindung zwischen dem Sinn der Welt, dem Sinn meines Lebens ?
Das Schreiben ist sein Leben. Kann dies der Sinn des Lebens sein?
Mit 15 hatte er sich bereits tagelang in sein Zimmer eingesperrt, um eine Geschichte zu schreiben über seine Konfirmation? Um mehrere Seiten zu schreiben braucht man eben Tage. Und was noch hinzukommt, um sich wirklich auf seine Gedanken zu konzentrieren, muss man es in Ruhe angehen. Ich bin nicht größenwahnsinnig. Das war unserem Hans schon mit zarten 15 Jahren vollkommen klar. Hans ist jetzt 51 und weiß, dass er das Buch jetzt fertig schreiben muss, sonst wird es nie fertig. Nicht in diesem Leben.
Nun hat er den Entschluss gefasst, binnen 6 Monaten dieses Projekt abzuschließen. Egal wie!
Es wird nicht alles beinhalten, was geplant war. Aber das Ganze muss jetzt ein Ende haben. Die Zeit läuft langsam ab. Ein weiterer Grund ist natürlich auch das Finanzielle.
Unsere Zeit läuft langsam ab. Was machen wir jetzt? Kloputzen und dabei Mantras singen. Wäsche bügeln und dabei Hörbücher von Karl Jaspers reinziehen, Versicherungen verkaufen oder ein Haus bauen oder zwei. Die Frau betrügen mit einer Jüngeren zum

19

Aufpolieren des alten, kaputten Egos. Was machen wir beide jetzt ? Es gibt 1000 Dinge mit denen man sein Leben verplempern kann. Still vor dem Fernseher sitzen?

Hans sitzt am Schreibtisch und glotzt bewegungslos auf seine ersten Sätze. „Das Ganze muss eine Message haben", murmelt er vor sich hin. Das mit dem Kloputzen war doch schon lustig. Nein, das ist nicht lustig. Millionenfach sind Ehen an einfachen Dingen gescheitert.

Weder an Diskussionen über moralische, philosophische noch über ethische Grundwerte. Sein Nachbar ist mit 50 Jahren Frührentner, geschieden. Es ist einfach nur noch traurig, wie der Mann jetzt frei und ohne Frau, sein Leben Stück für Stück ruiniert. Fernseher, Alkohol und Zigaretten.

Kann man so wirklich anfangen? Hans hat schon eine Reihe Bücher über das „gute" Bücherschreiben gelesen. Jetzt sitzt er in seinem alten Sperrmüllsessel mit 1000 Tipps im Kopf. Lesen ist nicht schreiben. Philosophieren heißt auch nicht, gleichzeitig ein gutes Leben führen. Theorie und Praxis sind weit auseinander. Wir ersparen uns hier, einige Beispiele aus der Politik heranzuziehen. Alles macht alles kaputt. Es soll seriös bleiben. Brainstorming ist gut, aber nur am Anfang zum Stoffsammeln. Im alten Rom waren die Denker an der Macht. Naja, die Zeiten ändern sich.

Brainstorming ist heute angesagt. Auch bei Westerwelle. Wer uns, dem Volk, anstrengungslosen Wohlstand verspricht, lädt zu spätrömischer Dekadenz ein. Willkommen beim Brainstorming. Wie Sie sehen, es gibt Brainstorming auf allen Ebenen. Halt ! Gibt es hier denn keinen Plot? Ja, verdammt nochmal, gibt es hier vielleicht auch noch eine Handlung oder nur und ausschließlich durchgedrehten Quatsch. Das gibt es nur bei Barth.

Hans ist am Ausflippen. „Ich kann das nicht, wie soll ich diese Gedankenflut beherrschen...".

Nun etwas zu unserem Hilfsprotagonisten. Hans ist ein Bücherwurm. Seine Kultur steht im Bücherschrank. Er will nicht das intellektuelle Arschloch sein. Er ist es aber, Pech gehabt. Jahrelang muss er sein Helfersyndrom befriedigen. Mit maßloser Überschätzung als Informatiker und Heilpraktikeranwärter fühlte er sich jahrelang schon als Mediziner, der Schwachkopf. Eine Prüfung hat er nie abgelegt. Wo er geht und steht: Er ist der Helfer in der Not. Hat die kleinen Kügelchen ständig im Sack, um sie spontan zu verteilen. Der Begriff Sendungsbewusstsein muss für ihn neu definiert werden. Er hat versucht, sich neu zu erfinden, versucht etwas aus seiner Person zu machen. Vereinsvorsitzender bei den Linken war nicht genug, er musste auch noch sein krankhaftes Ich permanent füttern mit Wahnvorstellungen, was er noch alles machen kann und machen muss auf dieser Erde. Er ist außerdem noch Suchtkrankenhelfer, Chorleiter und Ersthelfer. Seine Kinder leiden sehr darunter. Das ist jedoch ein anderes Drama. Wir sprechen hier nicht über seine Familie. Unser Problem heißt Hans. Die Person Hans.

Die Zeiten des arroganten Besserwissers sollen jetzt langsam zu Ende gehen. Was soll das heißen?

Wie soll das gehen? Ganz einfach! Hans plant die Abrechnung. Mit wem? Mit der Welt. Aber warum eigentlich? Weil er nicht das bekommt, was ihm zusteht. So eine ungerechte Welt. Jetzt müssen andere büßen. Mit seinem Tod, nein, mit meinem Tod. Genauso ist es. Ihr Versager!

Vielleicht nehm' ich noch ein paar von euch mit. Was ist schon ein Menschenleben? Amoklauf und Massenmord waren schon immer modern. Ihr werdet immer an mich denken. Man kann über Nacht berühmt werden. Ich zeig' euch wie das geht . Die Macht hab' ich ganz allein.

Ihr habt nie gesehen, was ich alles drauf hab'. Würdet ihr mir folgen, gäbe es keine Probleme. Wenn ihr nur so wärt wie ich, gäbe es keine Kriege auf der Welt. Alles wäre harmonisch und wir könnten uns glücklich lachend in den Armen liegen. Weil ihr die Neidsäcke seid. Ja, ihr seid neidisch bis aufs Blut. Ich, ich bin doch nur Opfer, doch um das zu verstehen, müsstet ihr sein wie ich.

(Nach einer Zigarettenpause setzt sich Hans wieder an seinen Schreibtisch, liest seine eigenen Worte, die er vor zehn Minuten geschrieben hat. Er ist entsetzt über seine eigene Ausdrucksform, es sind letztendlich seine Worte. Man wird ihn in Verbindung bringen wollen, mit dem was er schreibt, mit dem was er fühlt, mit dem, was er glaubt, und mit dem, was er meint zu wissen. Diese nicht berechenbare Eigendynamik macht ihm Angst.)

Wo führt das noch hin? Das bin ich!

Erster Akt Zweite Szene

Der erste Kandidat. Precht

Prechts „Wer bin ich, und wenn ja wie viele" liegt Hans noch schwer auf der Seele. Ein Konglomerat in Sachen Philosophie. Es ist die Ohnmacht, ja, dieses minderwertige Gefühl, das ist es, was ihn lähmt. Herr Doktor Precht sitzt im Fernsehstudio, malt Bilder an die Wand aus seiner Kindheit, sprüht vor geschulter Ausdruckskraft und rhetorischer Geschicklichkeit und macht eigentlich einen intelligenten Eindruck. Erzählt von irgendwelchen Gehirnhälften und Bodenstoffen, an Dopamin erinnere ich mich noch, erzählt die Geschichte vom Neandertaler, von der Evolution, von der Aufklärung, von Religion und Politik, Dinge, die wir alle schon wissen.

Einige interessante Punkte hat er wunderbar auswändig gelernt. Die Wiedergabe, Interpretation oder das Kopieren, egal wie sie es bezeichnen möchten, ist Reproduktion. Wo beginnt jedoch die literarische Kunst und endet das Plagiatentum, oder sagen wir das Parasitentum?

Wollen Sie mir sagen, dass ich hier abschreibe? Nein, abschreiben werde ich im zweiten Buch, in Brainstorming „Die Verarbeitung". Dort wird abgeschrieben, hier ist alles fast Orginaltext.

Noch einmal zurück, ich bin noch nicht fertig. Noch lange nicht! Diese glatt geleckten Philosophen, die mit den großen Löffeln geboren wurden, um die ganze Wahrheit in sich hinein zu schaufeln. Precht sagt uns, wie wir denken müssen und was wir tun müssen, wie wir fühlen und warum und so weiter und so weiter. Precht ist das Sendungsbewusstsein in Person. Der weiß alles. Und ich? Was hab' ich zu senden. Dass ich am Ende bin. Ich bin am Ende. Precht ist am Anfang. Das bringt uns sehr nah zusammen. Jedoch ist Precht am Ende mit seinem Buch. Er weiß schon alles und hat schon alles. Ja, aber was kommt aus Precht raus, wenn es nicht vorher irgendwie hineinkam und das war nicht von ihm. Precht ist nur ein Überbringer, ein Werkzeug, eine simple Datenquelle und schneller Prozessor.

Wer ist der Urheber unseres geistigen Eigentums. Die ganze Welt, die uns umgibt. Das geistige Eigentum gehört der Welt. Die Wahrheit gehört uns allen. Das Licht der Wahrheit leuchtet für uns alle. Ich hab' nichts, bin nichts und weiß nichts. Er sitzt am Ende seine Karriere und ich bin am Anfang vom großen Ende. Jedoch eine Ende ist auch immer ein Anfang. „ICH" bin am Anfang. ICH bin der Gewinner!

Erster Akt- Dritte Szene

Willkommen am Anfang!
Hans Keinhuhn stellt sich vor.

Hans leidet übrigens unter dem „UpadanaVirus", dessen Krankheitsbild im real existierenden Erdenleben auch das ICH genannt wird. Ein Klugscheißer wartet schon darauf, Ihnen das zu erklären. Was das ist, das Ich?
Das Ende seines Auftritts in diesem Theater scheint schon beendet zu sein, bevor es überhaupt richtig anfängt. Ein heilloses Durcheinander. Sie verstehen das nicht? Dann lesen Sie weiter! Es folgt die Kakophonie par excellence, wenn Sie verstehen, was ich meine. Diese Sache hier heißt nicht ohne Grund im Untertitel „Brainstorming". Lassen auch Sie ihren Gedanken freien Lauf. Schlimmer wie im Büro oder am Stammtisch kann es nicht werden. Ja, genau, Sie können es sich noch überlegen, entweder Sie stellen mich jetzt sofort wieder in das Regal, vorausgesetzt Sie sitzen schon eine Zeitlang im Bücherladen und lesen „fer Umme" oder, wenn Sie gerade Zuhause sitzen, sich eine Tasse oder Tee aufgebrüht haben und sich dieses Buch zur Hand genommen haben, dann bleibt mir nur, mich zu bedanken. Sich bedanken für etwas, ist nie verkehrt.

Was ein Mist. Ich kann so nicht weiterarbeiten. Hans merkt, dass er absolut die Nerven verliert. Hans spürt diesen Drang, seine Wahrheit herauszuschreien. Aber wen interessiert das? Kann man so ein Buch anfangen? Und was soll seine Wahrheit sein? Was verstehen Sie unter „der Wahrheit"?
Heute muss ein Anfang gefunden werden. Aber komm' doch nicht gleich so direkt zur Sache! Wie fühlt sich der Leser, wenn er ständig angesprochen wird? Sagen Sie mal, wie ist das, ja, ich rede mit Ihnen! Gefällt Ihnen das, oder gehören Sie auch zu denen, die nur im stillen Kämmerlein die Gedanken der anderen einsaugen, aber bitte ohne persönliche Gegenüberstellung, ohne lästige Fragen, ohne Körperkontakt?

Und ach...,was schreib' ich da? Ich hab' doch keine Ahnung von Nichts.

Wo ist jetzt der Anfang? Und dann noch diese Erzählstimme. Ach, du großer Gott, wie schreib' ich denn? Mit mir, der ständig kommentiert, die Situation beschreibt, die Umgebung ausmalt, den Personen ein Gesicht gibt, den Gefühlen Namen gibt oder doch lieber der klassische Dramenstil.
Prinz Kunibert: „Hee, du Bauer!"

23

Bauer Müller : „Ja, Herr, hier bei der Arbeit !"

Die Magd: „ Geh' schnell, mein Bauer. Eure Durchlaucht möchte nicht gern warten!"

Bauer Müller: „ Ich eile, mein geliebtes Eheweib zwar in den Wehen, was solls, ich komme !"

Gefällt Ihnen das? Ich glaube mir gefällts. In dieser Form gibt es keine Verwechselungen, wer gerade etwas spricht oder denkt.
(Hans ist unter Zeitdruck. Sein Verleger sitzt ihm brutal im Nacken.) Schnell, er hat sieben Wochen Zeit............. sieben, sieben, bloß kein Roman, kein Liebesschinken, die Leute verarschen mit Fantasiewelten, mit einem fiktiven Dreck und los geht's, wir hören seine Gedanken...Ja,...der „Ich" Stil der machts! Eckardt von Hirschausen nutzt auch die direkte Anrede, wie er das als Commedian und Witzfigur von der Bühne herunter gewöhnt ist...Hab' mir sein Buch heute gekauft....Ob ich was daraus lernen kann? Glaube nicht....Ist auch nur eine Kakofonie verzweifelter Versuche auf der Suche nach dem Glück. Habe es zur Hälfte gelesen, es liegt nun im Wohnzimmer abseits auf einem Korbsessel....Eigentlich will ich es fertig lesen, aber die Angst das ich beim Lesen noch dümmer werde, wie ich eh schon bin, hält mich davon ab.
„Vielen Autoren fehlt das Fachwissen und Sprachtalent", sagt unser bester Schreiber für Krimis. Abgesehen davon, die meisten können überhaupt nicht schreiben. Die schreiben nur „so wie von hinten nach vorne, so quer ohne Stil". Verstehen Sie, was ich meine? Sie kennen sich doch aus in der Literatur, oder ?
Der Mann ist Unternehmer. Für ihn ist Schreiben keine Arbeit, für ihn ist Schreiben Hobby. Der kann schreiben, was er will. Mir fehlt das Talent! Ich schreibe trotzdem. Ich muss. Ich brauch das Geld. Schreiben ohne Talent, ich brauch' das Geld.
Ach, Moment, da fällt mir ein: wer den Unterschied zwischen selbst gewähltem Hobby und zugeteilter Arbeit nicht kennt, muss sich dringend über deren Stellenwert in seinem Leben klar   werden, sonst können wir hier nicht weitermachen. Verstehen Sie das?. Soll ich darüber was schreiben? Das weiß doch jeder!
Wenn ich Sie von Ihrem Gedankenfluss abgelenkt habe will ich mich entschuldigen. Ich schreibe, weil es meine Arbeit ist. Ich muss davon leben. Kein Roman, Nichts zu fressen. Ich bin kein Hobbyschreiber, der sich selbst verwirklichen will. Ein Buch schreiben, wie einen Baum pflanzen oder Kinder in die Welt setzen. Verstehen Sie was ich meine? Hier geht es nicht um Ehre, hier geht es um Geld, verdammt nochmal. Ich muss davon leben. Das Schreiben ist Arbeit, das macht keinen Spaß!

24

Tja, und wenn es nicht mein Beruf wäre...o.k., nicht Beruf im Sinne von Berufung. Also, warum schreibe ich? Gehen wir davon aus, dass die Schreiber im Bertelsmann Weltbild und Buchclub und wie sie alle heißen, nur die fantastischen Romane schreiben, um Geld damit zu machen. Korrigieren und formatieren Sie einmal 300 Seiten Romanscheißdreck. Das ist harte Arbeit!

(Hans ist voll in seinem Element. Genauso stellt er sich das vor. Die Finger gehorchen und die Sätze fließen, dabei denkt er:
„Ich persönlich schreibe, um mich zu beruhigen, um mich zu verewigen, um mich mit meinem Ich und mit meiner Person zu unterhalten, um mir über Probleme klar zu werden, um zu zeigen, dass ich mit vielem nicht einverstanden bin. Ich schreibe, um die Zeit sinnvoll zu nutzen. Was würde meine Vater dazu sagen? Spielt keine Rolle mehr.
An dieser Stelle erfindet Hans seine neue Romanfigur. Sie heißt Klaus.(fünfte Stufe) Klaus wird für ihn nun weiterschreiben. Hans kann und will das alles hier nicht mit seiner Person in Verbindung bringen. Er kann für das was hier passiert, keine, nicht die geringste Verantwortung übernehmen. Er fürchtet sich vor seinen eigenen Worten, vor seinen eigenen Gefühlen.)

Und ich, Klaus, schreibe um abzurechnen, um mich zu rächen.
„Ja wer bin ich denn eigentlich, dass ich hier das Maul so groß aufmache?"
Unser Klaus in diesem Stück, der ist natürlich die arme Sau. Der muss schreiben.

Ich kann wenn ich will...er ?

Verstehen Sie? Ich, Hans, kann schreiben, wann und wie ich will. Ich muss nicht schreiben, mein Leben hängt nicht davon ab, aber der Klaus, das ist die arme Sau, der muss jetzt diesen Roman schreiben über Jens, diesen Depressiven. (sechste Stufe) Ich kenn' mich nicht aus, mal sehen, ob der Klaus diesen Typen gut beschreiben kann, damit Sie Ihre Unterhaltung haben.

„Aber eigentlich wollte ich doch nur ein Drama schreiben über einen armen depressiven Menschen, einen, der überhaupt keine Chance hat und der sich normalerweise erhängt und nicht so eine Sauerei verursacht und sich vor den Zug wirft. Wenn ich mich umbringe, dann nur sauber im Anzug mit Tabletten direkt im Sarg, damit es keine Sauerei gibt.
Pfui! Vor den Zug werfen. Was für eine Sauerei. Ach ja, nochwas! Ich möchte kein Fußballstadion als Aussegnungshalle und auf keinen Fall eine Frau Bischof, die einen Selbstmörder heroisiert. Ist

das klar?

Oh, entschuldigen Sie bitte, so etwas kann man doch nur denken, so etwas kann man doch nicht veröffentlichen. Darf man schreiben, dass die Trauerveranstaltung genau betrachtet eine groteske und moralisch kollektive Fehlleistung war? Sie können mich jetzt hier festnageln, ich bin Schriftsteller, Künstler, ich kann schreiben was ich will. Wir leben in einem freien Land. Ich schreibe hier ein Drama, Roman oder Ähnliches, ein fiktives Werk. Sie glauben nicht? Warten Sie ab. Sie denken, mein Deutsch ist schlecht? Ja, es ist schlecht! Ich kann gar nicht gut schreiben. Aber ich schreibe, folglich bin ich. Sie lesen das jetzt und sind real, genau wie ich.

„Ich schreibe aus dem gleichen Grund, der mich atmen lässt. Ich spüre direkt die Vergangenheit beim Schreiben. Die Gegenwart ist jetzt bei mir und bei Ihnen. Was morgen sein wird weiß ich jetzt nicht und Sie können es auch nur vermuten. Es gibt nur eine Zeit. Diese. Jetzt. Die, die mich jetzt schreiben lässt, ist die gleiche, in der Sie jetzt diese geistigen Ergüsse lesen", fantasiert Klaus vor sich hin.

„Vergangenheit, Gegenwart und Zukunft bin ich. Das Schreiben ist meine Realität", sagt Klaus. „Ich lebe vom Schreiben."

Klaus ist der Romanschreiber in der Geschichte von Hans. Er schreibt professionell Dreigroschenliteratur. Jeden Monat ein Heftchen für 1200 Euro. „Ja, so sieht es aus. Zwischendurch schreib' ich noch Glossen für unsere Tageszeitung. Ich weiß, ich darf mich nicht vergleichen mit Menschen, die ihr ganzen Leben privilegiert waren. Ich bin auch privilegiert." sagt Klaus.

Hobbyschriftsteller, die sich auch noch zu den Spitzenroman-schreibern zählen, leben in einer Wunschwelt. In ihrer selbst ge-bastelten Wunschwelt. Nicht in unserer Realität. Wie, Sie denken so ein persönlicher, privater Scheiß interessiert sie nicht? Dann kaufen Sie sich doch den Hirschhausen, bitte. Das haben sie davon, Spiegel Bestseller Nummer eins. Sie waren auch beteiligt.
Naja, wer sich von einem Kinderarzt was erzählen lässt, sollte mal zu einem richtigen Arzt gehen. Es ist Zeit. Allein sich über dieses Buch zu äußern, allein es nur zu erwähnen, brächte mich, einen Menschen der sich als seriös, integer und intelligent hält, wahrhaftig in Teufels Küche. Ja, Sie haben Recht mit Ihrer Vermutung ich hab' es gekauft und gelesen. Ich wollte genau wissen wie ein Kinderarztclown sich erdreisten kann, einen Lebensratgeber zu schreiben. Spiegel Sachbuch Bestsellerliste Nummer eins, der Mann hat es geschafft. Ein Kinderbuch mit 100

Bildern. Hirschhausen, du cleverer Typ, du! Am besten Sie lesen das Kapitel: Bill Boris und Bronze, Seite 287, zum Thema: „Geld macht nicht glücklich".

Und das dumme Volk kauft und liest. Ich eingeschlossen. Ich hasse so was. Verzeihen Sie mir! Ich verspreche Ihnen in den nächsten Tagen keine ähnliche Trivialliteratur zu zitieren oder auch nur daran zu denken.

Wenn Sie natürlich ein passionierter Leser der allgemeinen Ratgeberliteratur sind, dann muss ich Ihnen dieses Werk trotzdem (nicht) empfehlen, allein schon wegen der vielen schönen Bilder und des professionellen Layouts.

Entspannen Sie sich, es geht gleich los!

Erster Akt – Vierte Szene

Klaus muss es richten

Die Finger flitzen über seine Tastatur. Wie soll ich schreiben? Schnell überlegt er sich einen Namen, Klaus muss es jetzt richten. Klaus muss die Wahrheit sagen. Klaus ist die neue Hauptfigur in dem Roman von Hans Keinhuhn. Klaus muss für Hans die Kohlen aus dem Feuer holen. Klaus ist der, der er eigentlich sein will. Hans kann die Wahrheit nicht sagen. Es muss ein anderer für ihn tun. Alles in seinem Leben wurde von anderen Personen um in herum organisiert.
Alles.
Um ehrlich zu sein, Hans ist nicht in der Lage, sich selbst seine Unterhosen zu waschen!
Klaus sagt nun die Wahrheit. Ich meine nicht die Wahrheit von Platon, Jaspers, Sartre, Precht, Kant, Goethe und wie sie alle heißen, nein, ich möchte die Wahrheit von Klaus wissen: Warum er so tickt, wie er tickt? Warum er sich so verhält, so redet, so denkt, so fühlt? So ja, das ist doch alles, was auch sie wissen wollen, jeden Tag. Warum verhält sich mein Gegenüber so doof? Was denkt der gerade? Ja, Klaus ist die Ausgangsfigur in seinem Stück. Klaus, ein Westentaschenromanschreiber, ohne Erfolg wie er selbst sagt. Er will dieses Mal etwas anderes, etwas Neues, hat er sich vorgenommen; er möchte, nein, er will, er will, quatsch, er MUSS einmal etwas „Gescheites" schreiben und nicht immer denselben Mist.Und es muss auch mal was einbringen an Ruhm und Kohle...Eine Geschichte, mit der die Leser gefesselt werden, vielleicht auch etwas von sich...wenn es sein muss, also mit einem autobiografischen Touch. Es darf nur nicht zu persönlich werden! Oder doch?
Nein, wenn es zu persönlich wird, dann klingt das doch gleich unprofessionell, dann wirkt es doch nicht mehr sachlich.
Professionell ist neutral, objektiv, nicht durch persönliche Ansichten definiert. Professionell heißt wissenschaftlich fundiert. Gefühle, Ansichten und Meinungen sind die Auswürfe des Unprofessionellen.

Jedoch, was ist eigentlich zu persönlich, wobei Klaus doch gelesen hat, man soll so ehrlich schreiben, wie es nur geht, direkt aus dem Herzen. Das ist es, was die Leute gern lesen wollen: Gefühl pur, ich bring mich um, ich pack' das nicht, das ist mir zu intim. Ein Krankenhaustagebuch über die schlimmen Folgen einer missglückten Intimrasur zu veröffentlichen? Ist das nicht zu intim ? Nein, damit kann man zum Millionär werden. Sie meinen, ich wäre neidisch?

Man muss nur den richtigen Namen haben. Kuttner, jetzt auch noch Schmitz, Roche, Kerkeling, Hirschhausen, die Mobbeldingfrau, wie heisst die nochmal? ....Ah ja, FRÖHLICH und dann noch Susanne, wie Sonne, die fröhliche Sonne. Wer so heißt, kann ja nur Glück haben. Precht ist auch nur ein Buchstaben vom Pracht Kerl weg. Einen Namen muss man haben, dann klappt das ohne Mühe. Dazu noch einen gescheiten Lektor, einen wohlgesonnenen Verleger und professionelles Marketing. Hören Sie mir eigentlich zu? Meine Gefühle sind echt, wie Sie mit Ihren umgehen, jetzt, in diesem Moment, in dem Sie sich überlegen, ob ich eine Meise habe, ob ich die Unwahrheit sage oder Sie mich wegwerfen sollen oder ob Sie sich etwas Zeit nehmen sollen, um mir eine Chance zu geben. Was ich Ihnen sage, wissen Sie schon. Wissen Sie eigentlich, wie lange ich schon nach einem guten Buch suche? Ein Buch, das mich fesselt? Nick Hornsby hab' ich mir gekauft. A long way down. Ich bin vielleicht zu dumm, für so was zu lesen. Auf Seite 155 bin ich ausgestiegen. Es hat mir nichts mehr gebracht. Geht es Ihnen auch so?

Wissen ist nicht alles. Man muss den Kern des Lebens, die Mutter der Probleme intuitiv erkennen. Erkenntnis ist die Stufe, die wir alle anstreben. Erkenntnis, nicht Wissen.

Stopp!

Klaus.......eingefroren......erstarrt...Ich denke, es ist das Gesündeste jetzt sofort damit aufzuhören. Ich kann das nicht. Das ganze Buch wird zu direkt. Ich schreibe was ich denke. Ich denke, was ich schreibe. Ich mach' mich zum Deppen.

Man soll tatsächlich aus vollem Gefühl schreiben, sagen die Experten fürs Bücherschreiben. Die meinen also, es würde Sie interessieren, wie meine Mutter gestorben ist? Sie hat sich tot gesoffen. Noch was? Letztendlich war ein Kreislaufkollaps die Todesursache.

(Klaus sitzt versteinert hinter seinem Monitor).

„Die Stufe der Erkenntnis ist die Stufe, die wir alle anstreben." Wer kennt wohl den Unterschied zwischen Denken, Glauben, Wahrnehmen, Anschauen, Meinen, Wissen, Erkennen.

Ich könnte über jeden Begriff 100 Seiten schreiben. Bringt uns das weiter? Wortspielereien.

Meine Chancen wachsen von Satz zu Satz. Geben Sie mir eine Chance. Ich will doch nur gelesen werden. Nehmen Sie sich Zeit, um abzuwarten wie diese Geschichte endet.

Ich weiß nicht, welche Sprache und welchen Rhythmus, ich wählen soll. Mit welcher Aussage mit welchen Wahrheiten, mit welcher Spannung kann ich Sie dazu bringen, mit mir zu gehen? Aber nochmal, es geht hier lediglich um den Stil...um die Art und Weise, wie wir dieses Projekt durchziehen.

Die Wahrheit liegt schon fest. Sie ruht in uns. Wir müssen uns auf den Weg machen, sie zu finden.

Der Weg ist das Ziel.

Das Gefühl beim Schreiben, das Gefühl beim Lesen ist interessant, das ist das Wichtigste. Sind wir zusammen ? Sie und ich, sind wir jetzt hier, um ernsthaft an unserer Zukunft zu arbeiten, ernsthaft zu kommunizieren, uns ernsthaft zuzuhören, uns ernsthaft zu akzeptieren, uns ernsthaft darauf einlassen, von uns gegenseitig zu lernen. Ein ganzes Bücherregal wartet auf Sie. Es scheint so, dass Sie noch da sind. Nehmen Sie mich ernst? Aber warum das alles, werden Sie sich fragen...Wir sprechen darüber später...Wir reden noch über viele Dinge... ausführlich... weil wir bekommen alle unser Fett weg, nicht nur die 7 Vollidioten, die mir mein ganzes Leben ruiniert haben. Machen Sie sich mal nur keine Hoffnung. „Setzen, sechs!", klingt immer und immer wieder in meinen Ohren.

Ich werde Sie überladen.

Sie werden denken, das ist doch keine Literatur mehr, denn es handelt sich doch nur um Dahingedachtes, einfach so Dahingeschmiertes Gewäsch, durchgedrehte Scheiße. Wo ist das Komma? Wo ist die Melodie in der Sprache? Wo ist der Punkt? Es gibt keinen Punkt, es geht immer und immer weiter. Wir werden letztendlich keine ausreichenden Antworten finden und wir werden die Philosophen fragen. Auch Gott muss uns antworten, jedoch nur wir selbst können uns die Antworten geben. Was ist das für ein sinnloses Geschwätz, in einer dumm gefühlter Welt? Dann ist es doch wie immer in diesem langweiligen, verfluchten Leben...Nur noch das ganz persönliche Desaster, das ganz normale egozentrische Gehabe, jeder für sich.Ist es so recht?

Nein, Ruhe, das ist keine Literatur. Ich sagte es schon mehrmals, das sind nur Gedanken. Natürlich machen wir hier einen auf Brainstorming. Ich sagte es bereits. Aber was zu viel ist,ist zu viel. Ich kann noch nicht direkt das schreiben, was ich im gleichen Moment denke. Wer bin ich denn? Wo bin ich? Sammeln, es ist h mein eigener Schrott. Dann hat es mit meinen eigensten Problemen zu tun. Dann hat es doch keine Bedeutung für den Leser; denn was will er daraus lernen, oder doch? Mein Schrott ist Ihr Schrott, wir sitzen im selben Boot. Dann wird er das Buch weglegen und sagen: Diese Probleme habe ich nicht...das ist doch keine Literatur. Doch! Nein, diese Probleme brauch' ich nicht... doch! Und was ist das für eine Sprache, dieses zusammengewürfelte Wortchaos? Was ist mit dem Leser, wie empfindet er, was denkt er, was fühlt er dabei.. wird es ihm schlecht dabei kotzübel, schwindlig? Oder denkt er fortwährend: „Was geht mich sein Scheiß an?"...nicht viel,... oder wird er versuchen, mich zu verstehen? Wird er vielleicht mich erkennen? Wird er vielleicht dieselben Probleme kennen?

31

Wird er mich mögen?

Mit diesem Satzbau sowieso nicht. Das hat doch keinen Rhythmus. Oder würden Sie oder würde er mir vielleicht sogar helfen, würde er mit mir ein tiefes ehrliches Gespräch führen, würde er wie ich werden, würde er wie ich seien wollen, würde er sagen „ Ja das ist genau meine Sprache einfach, direkt, ehrlich, brutal! Und dann kommt das Mitgefühl und das Mitleid und die Sympathie, die Empathie und dann würde er vielleicht sagen: „Ich bin wie du!", ich mag dich! Würde er mir auch Gott zeigen?,Ja, werde ich ihn fühlen? Der, der überall seine Finger drin hat? Der, der für unsere Sünden gestorben ist, was keiner versteht? Bist du stolz auf mich? Werde ich es fühlen?

Nehmen Sie mich ernst?

Mein Gott, wo bist du? Kann ich überhaupt etwas anderes als nur solchen Müll schreiben. Ja! Nein, das ist kein Müll.

Die Rasierklinge liegt auf dem Beckenrand...Sie nehmen mich nicht ernst...Sie denken, ich mach' nur Show?

Ich kann sonst nichts, nur schreiben, und das nur schlecht. Möchten Sie eine Kostprobe aus meinem letzten Wild West Roman „Die Ungerechten" hören, den ich unter dem Decknamen M.F. Cowak geschrieben habe? Es scheint aber noch etwas verfrüht, Sie schon jetzt mit meiner Realität zu konfrontieren. Gehen wir lieber zurück zu unserem Klaus, der, wie ich, eigentlich nur überleben will. Vor Jahren dachte er, es wäre einfach und schön aus seinem Hobby einen Beruf zu machen. Vom Schreiben leben.

Es ist mit dieser Schreiberei wie mit der Musik. Am Ende steht immer der schnöde Mammon, der den Weg zeigt. Bei mir war es die professionelle Romanheftchenschreiberei, grauenhaft dieses Wort, beim Kollegen Peter war es dann letztendlich eine Tanzband, aus deren Einkünften er seine Familie ernähren konnte. Er ist eigentlich ein guter Blues Gitarrist, macht aber heute einen auf Profi und versaut sich sein ganzes Profil.

Sie wissen nicht, was ein Profil ist? Suchen Sie sich etwas aus: Reputation, Ansehen, Person, Charakter, Seele. Sollen wir daraus einmal einen vernünftigen Satz bilden?... Nein ... jetzt noch nicht. Die Abrechnung kommt noch..

Aber, nun weiter, was mach' ich mit meinen ungeordneten Gedanken in meinem Kopf. Mich gibt es gar nicht. Ich entstehe nur gerade in Ihrem Kopf. Das wussten Sie schon?

Zurück zur Belletristik.

Warum nicht Ken Follett kaufen, zum Beispiel „Die Löwen".

Kurze Inhaltsangabe: „Frisch verheiratet bricht Jane mit ihrem Mann, dem Arzt JeanPierre Debout, von Paris ins sowjetisch besetzte Afghanistan auf, um den Widerstandskämpfern humanitäre Hilfe zu leisten. Plötzlich werden sie in eine ganz andere Auseinandersetzung verwickelt, als ein CIA-Agent auftaucht. Janes ehemaliger Geliebter aus Paris. Bei Ebay für 2 Euro zu haben.

Ken Follett war nie in Afghanistan. Er konnte sich schon 1988 nicht vorstellen, in einem Land mit derartigen primitiven Lebensbedingungen zu leben......

Sehen Sie, so ist das. Karl May war auch nie im wilden Westen. Ein Blinder erzählt von Farben.

Eine Frage interessiert mich wahnsinnig. Lesen Sie regelmäßig Romane? Lassen Sie sich gerne in eine erdachte Welt entführen? Was bedeutet für Sie Unterhaltung?

Ist Unterhaltung für Sie ein Mittel, um von dem täglichen Stress regelrecht abzuschalten? Falls Sie natürlich zu den Millionen Anhängern dieser polytoxischen Freizeitbeschäftigung gehören, wird Ihnen der ernüchternde und aufklärende Unterhaltungsfaktor in der Literatur tendenziell egal sein.

Hans überlegt sich, die ersten 23 Seiten direkt in den Müll zu werfen. Er hat sie mindestens fünf mal Korrektur gelesen und jedes Mal die Sätze modifiziert. Eine Flasche Bier würde jetzt bestimmt etwas zur allgemeinen Beruhigung beisteuern.

Erster Akt – Fünfte Szene

Ruhig bleiben!

Also fangen wir an mit dem Vorwort. Ohne gescheites Vorwort kann man mich doch schon direkt vergessen, oder?

Bei einem Bier ist es nicht geblieben. Egal. Also, Vorwort wäre: „Jetzt haben Sie mich voll und ganz in der Hand!" oder "Ein Buch in dieser Form zu schreiben sowie auch zu lesen, führt eventuell auf einen Weg der verbesserten Selbstreflexion." Und dann noch "Diese Selbstreflexion kann unter günstigen Umständen wiederum die erste Stufe einer allumfassenden und vernünftigen Kommunikation werden," oder vielleicht: „Auf der Suche nach der Wahrheit und der Selbsterkenntnis ist der Mensch permanent durch eine Vielzahl persönlicher Attribute aus dem Innern heraus gestört. Diese versperren ihm die klare Sicht zu den wahren Dingen des Lebens. Dazu scheinen noch kleine, profane Schwierigkeiten mit unserer Existenz zusätzlich von außen zu stören und das bewusste Weltbild jedes einzelnen Menschen trügerisch zu einem großen, ungerechten Theater werden zu lassen, ohne Aussicht auf einen gelungenen Abschluss."

Doch lassen wir das jetzt. Erschrecken Sie nicht.

(Das soll nur heißen, wenn Sie einfach gestrickt sind und sich schon Ihr Leben lang an kleinem, dummen Scheißdreck aufhalten, ja, dann werden Sie nie in die höheren Bewusstseinsebenen von Steiner, Kant und Co aufsteigen. Der Heilige Geist wird Sie erst recht nicht besuchen, Sie mit Ihrem Hass! Geben Sie es auf! Heute noch. Sie werden es nie schaffen. Anmerkung Professor D. Varth.)

So geht das nicht. Klaus spürt die einzige Emotion in seinem Körper und die heißt Hass. Auf wen hab' ich nur so den Hass?

Soll es vielleicht sogar sein, dass der Hass und der Neid die Kräfte in meinem Körper sind, die mir den Willen zum Überleben geben?

Gehen wir noch kurz etwas auf Klaus ein. Seinen ersten Roman hat er im Alter von 25 Jahren geschrieben. „Heute bin ich 51," denkt er vor sich hin.

54 Doktorromane haben mich bis heute ernährt. Dafür müsste ich eigentlich dankbar sein. Warum schreib' ich? Ich gebe meinem Leben dadurch einen Sinn und falls wirklich jemand einen meiner Romane gut findet und er sich gut unterhalten hat, dann macht mich das glücklich.

Ach, wie drollig, dem Leben einen Sinn geben! Als ob das Leben einen Sinn hätte oder durch ein Buch einen Sinn bekäme.

Erhält das Leben einen Sinn durch das Schreiben? Hat das Leben einen Sinn in dem Moment, in dem man schreibt?

Ist es diese besondere Art der Kommunikation, die ich liebe? Erspüren Sie jetzt einen Sinn?

Wo ist der Sinn darin, dass ich jetzt hier schreibe und Sie das fast zur gleichen Zeit lesen. Worin liegt der Sinn? Ich sag es Ihnen: Es gibt keinen!

Klaus legt sich ins Bett..., kann nicht schlafen. Wie immer liegt er grübelnd im Bett. Er kämpft mit unnützen Gedanken und folgt den unbeschreibaren Gefühlen ins Dunkel. Im Traum erscheinen Klaus immer nur makellose, wunderschöne Frauenkörper, Frauen ohne Gesicht. Er ist glücklich mit Ihnen. Er würde dieses Gefühl gerne in die Wirklichkeit hinüberretten, das funktioniert aber nicht. Verzweifelt sucht er nach Gesichtern, er kann sich nicht erinnern. Die ideale Frau aus dem Unterbewusstsein hat kein Gesicht..., hätte Sie doch nur ein Gesicht.

Erster Akt – Sechste Szene
Der Prachtschinken

Zu seiner linken liegt Precht's Werk. Wer bin ich, und wenn ja wie viele. P. hat ein Sendungsbewusstsein. Er will die Welt erziehen, aufklären. P. erklärt uns, was passiert wenn man in seiner Kindheit nicht geliebt wurde, also die Liebe nicht kenngelernt hat an sich und für sich. Dann hat man verspielt für sein ganzen Leben. Man lernt dann nicht mehr, sich zu lieben. Ob das wohl so stimmt? Naja, er wäre nicht der erste Philosoph, der die Weisheit mit den Löffeln gefressen hätte. Doch zurück.

Wir möchten auch Jens einladen, zusammen mit uns all diese Probleme anzugehen und auszurotten. Gemeinsam packen wir das. Ich bin mir sicher. Was gibt es Schöneres als diesem Leben einen Sinn zu geben, oder? Ich bin mir sicher, Ihr Leben hat schon einen Sinn! Oder etwa nicht? Aber das hatten wir schon.

Durch Wiederholung wird eine nicht zu beantwortende Frage auch nicht besser und verträglicher. Mit unserem Hunger nach dem Sinn und dem Nutzen dieses ganzen Theaters hier haben wir uns die besten Fragen und Herausforderungen herausgesucht. Wer inszeniert sich hier überhaupt? Mach' ich mich hier wichtig?

„Wann geht es denn hier mal richtig los?   Wann beginnt die Handlung?"

HANDLUNG ?

Es gibt keine Handlung. Die Handlung ist nur im Kopf, wir machen hier keinen auf Handlung. Hier geht es hauptsächlich um Sein oder Nichtsein. Der Mann liegt hier in der Badewanne und jeder schaut zu und denkt, was jetzt? Wird er uns erzählen, warum er nach seiner Überzeugung ein Versager ist? Wird er uns erzählen, warum er sich für einen   als absoluten Verlierer hält? Wird er uns überzeugen können, dass er tatsächlich nie geliebt wurde? Kann er uns wirklich klar und nüchtern erklären, warum er selbst so ein gefühlloser Mensch ist?

(Es gibt im Moment nur das Gefühl der Demütigung, der Ohnmacht, der Hilflosigkeit, der Angst. Keine irgendwie gedachte oder gespürte Liebe kann mich auf kurz oder lang von der nun aufkommenden Depression abhalten.Wir befinden uns nun auf der Stufe sieben.)

Hier gibt es keine vordergründige Fantasie, hier ist alles echt...Wir sind hier nicht bei Balzac, hier wird kein Wohnzimmer ausufernd

beschrieben, Details über und unter dem Kaminsims. Wir denken, wir lesen echt, in Echtheit, in wahrhaftiger Selbstinszenierung.
Ja, das ist es. Wir sind die wahren Protagonisten, die einzigen Helden. Wir weisen Ihnen den Weg, jedoch müssen wir zugeben, dass wir uns hier im Moment in einer virtuellen Welt, also im rein geistigen Umfeld befinden. Die Handlung ist der Moment, das Gefühl in diesem Moment das behandelte Gefühl, die verhandelten Gedanken jetzt und in der Zukunft.
Im „was passiert im nächsten Moment" und wie fühl' ich mich, hier gibt es kein „mein Haus mein Auto, mein Garten, mein Urlaub, meine Frau, meine Kinder", nein, hier gibt es nur ein ICH und DU. SEIN oder NICHTSEIN. Fühlen oder Nichtfühlen. DENKEN oder Nichtdenken. Glauben oder Nichtglauben. Wissen oder Nichtwissen. Meine Fresse, bin ich kaputt. Mir tut alles weh.

„In 35 Jahren hab' ich so manchen Mist gelesen. Die Verlagshäuser sind voll mit Schmökern zur Lebensberatung und Lebenshilfe."

Klaus hat die Nacht kaum geschlafen. Er legt Vogts Buch zur Seite und denkt : „Wie kommt ein Mensch auf die Idee, folgende Phrasen zu verbreiten:
Vogt: „Dieses Buch soll Dich zum Nachdenken anregen und Dir als Wegweiser in eine neue Zeit dienen. Es soll Dir die Möglichkeit geben, Dich auf das, was kommen wird, vorzubereiten.
Wenn Du bereit bist dein Tun und Handeln zu untersuchen und gegebenenfalls zu ändern, wirst Du das Paradies auf Erden haben. Die Welt befindet sich derzeit in einer Zeit der Verwirrung, des Umbruchs und des Schmerzes."

Klaus: „Woher soll ein kleiner, dummer Mensch wissen, wie er sich selbst aus der Misere zieht ?"

Vogt: „Mein allergrößter Wunsch ist, dass Menschen liebevoll miteinander umgehen, sich gegenseitig akzeptieren und schätzen, keinem Leid zufügen...
"Wenn du dich für das Leben entscheidest, wirst du Glück, Friede...Klaus schlägt das Buch zu. „Niemals mehr werde ich dieses Buch in die Hand nehmen."
Oh, Entschuldigung, vergessen wir den Herrn Vogt, der es sich wünscht, dass alle Menschen liebevoll mit sich umgehen. Also, fertig mit lustig, ich muss Ihnen mal direkt was ins Gesicht sagen...Wenn Sie glauben, das Leben hätte aus sich heraus schon einen höheren Sinn, wenn Sie das wirklich nur glauben, und nicht der Überzeugung sind, dass diesem Leben nur ein Sinn durch Sie selbst eingehaucht werden kann, lassen wir mal die Fortpflanzung beiseite, sonst bekommen wir von Millionen Kinderlosen

Morddrohungen. Wenn sie das wirklich glauben, dann beglückwünsche ich Sie zu Ihrer Erkenntnis... Ach, sagen Sie mir bitte jetzt nicht noch, dass Sie an Gott glauben....

Hans lässt Klaus freien Lauf, aber ich glaub', das geht zu weit hier. Wir können uns jedoch weiter unterhalten. Ich verstehe Sie sehr schlecht, wir müssen offen miteinander sprechen. Mal unter uns, es gibt wirklich keine interessanteren Menschen wie die Gottesgläubigen, die einen Sinn im Leben erkennen dürfen, inklusive der mitgelieferten Erlösung. Einfach so. Von Gott gegeben. Einfach so. Da haste Bitteschön! Dankeschön, lieber Gott!

Klaus: „Mir wurde nichts geschenkt. Was mir geschenkt wurde, ist das reine biologische Leben. Die Entstehung von Bewusstsein übrigens ist für mich heute eindeutig geklärt. Darüber werden wir später aber noch sprechen, falls noch Zeit ist. Das ist kein Problem, wenn noch Zeit ist...die Zeit ...ja die Zeit...
Für mich persönlich ist jedoch das größte Problem die Zeit, die zwischen meinen Fingern zerrinnt. Die Zeit ist ein Problem. Das kenn' ich, werden Sie sagen. Schon der alte Kant hat gesagt: „Das Seiende kann nur betrachtet werden im Rahmen von Zeit und Raum". Nur mit einem sterblichen Körper, der in Raum und Zeit gebettet ist, kann man sich betrachten, sich erkennen, an sich arbeiten und die Vollkommenheit anstreben, die jedoch letztendlich ein Absterben zum Resultat hat, egal was man in seinem geschenkten Leben angestellt hat. Kein Leben ohne Tod. Ohne Zeit kein Leben...und kein Tod. So einfach ist das. Eigentlich will ich nie sterben.
Die Frage, die sich natürlich immer und immer wieder stellt, ist: Gibt es eine Aufteilung von Seele Körper Geist?
Welche dieser Komponenten ist zum Weiterleben zum Weiterexistieren vorbestimmt. In unserem Kopf, wir denken, es ist natürlich die Seele. Was ist die Seele und der Geist?
Wohnt der Geist in der Seele oder umgekehrt; oder ist das egal, Hauptsache, man denkt, das ist alles gut so und fühlt sich zufrieden und glücklich?

Erster Akt – Siebte Szene

Klaus und die Religion

Klaus denkt weiter: „Eine Auflösung vor dem Tod, eine Erlösung vor dem Seelentod, ein Eintauchen in Buddhas Nirwana, eine Himmelfahrt in Gottes Reich, eine Höllenfahrt ins Reich des Dunkeln, was wird kommen?"
Jeder Mensch, der hier eine Antwort geben will, ist größenwahnsinnig. Es sei denn, man ist Christ. Dann ist das alles ganz einfach. Die Antworten gibt es schon. Man muss lediglich glauben.
Das war es dann auch. Die Hardcore Abteilung der Christen setzten noch einen drauf.

Nicht nur die wahnwitzige Idee, es gibt einen Gott bringt sie in Hochstimmung, nein, das ganze Leben macht auch noch einen gottgegeben Sinn und jetzt kommt noch eine bodenlose Unverschämtheit hinzu: Sie Sprechen von einem lebendigen Gott und der Fähigkeit, Jesus zu spüren!
„Ich spüre Jesus!", wenn jemand in Ihrer Nähe diesen Satz aus sich herauslässt, dann gehen Sie in Deckung. Dieser Mensch hat es geschafft. Gegen dieses auserwählte Geschöpf haben Sie keine Chance. Falls Sie selbst solche Halluzinationen bekommen, dann sollten Sie zum Onkel Doktor gehen.
Eine Heilung ist schwer vorstellbar und noch viel schwerer zu realisieren. Nur mit jahrelangem Studium der Religionswissenschaften, Soziologie, Philosophie sowie der Psychologie könnte eine Heilung in Aussicht gestellt werden. (Kommentar der Lektorin: "Diese Studien helfen nicht!") Parallel dazu sind eine ordentliche Psychotherapie, kurzes Brainwash und Psychoanalyse über 250 Stunden unausweichlich. Hinzu kommt noch Fernsehentzug und täglich Sport. Sie denken jetzt ich mache eine Witz? Nein. Die fast tödliche Infektion mit der Vorstellung „Gott" ist eine Krankheit , wird Sie Ihr ganzen Leben verfolgen.
Kein Mensch kann sich aus eigener geistiger Kraft in Gottes Himmelreich erheben. Gott sucht sich seine Kandidaten selbst aus. Das Einzige, was für euch bleibt, meine Lieben, ist beten, hoffen, glauben und nicht vergessen...bitten. Aber wenn er euch erst einmal hat, dann hat er euch, für immer.

Wie ein Heroinsüchtiger, der es geschafft hat von dem Heroin loszukommen, und sich immer und immer wieder an diesen ersten Glückszustand, ein stink normales Bewusstsein, erinnert, genauso werden Sie sich verzweifelt mit Wehmut an Ihre schönste Zeit in

Ihrem Leben erinnern. Machen Sie sich jedoch keine Sorgen. Gott wird Sie immer und immer wieder finden. Vor ihm gibt es kein Entrinnen.

Aber es gibt dabei ein Problem! Eine Heilung ist unmöglich, da unnötig. Haben Sie schon mal jemanden kennen gelernt, der unter seinem Glauben gelitten hat?
Nach dem Motto: Hilfe, ich habe ein Problem. Ich glaube an Gott, und noch viel schlimmer, das Leben, mein Leben, hat einen Sinn, ohne mein Hinzutun. Gott hat mir gesagt was ich machen soll.
Ich möchte Sie jedoch nicht beunruhigen. Machen wir weiter mit dem Zeitproblem. Mit fortgeschrittenem Alter wächst die Erkenntnis, dass die Zeit immer schneller zu laufen scheint. Man möchte die Zeit verfluchen, man möchte den Begriff Zeit aus seinem Gehirn für immer streichen wollen, man will den körperlichen und geistigen Zerfall nicht wahrhaben, man will, dass die Zeit stillsteht! Jedoch solange Sie und ich noch einigermaßen fit sind, erzähl' ich die Geschichte weiter. Vielleicht verlässt uns zwischendurch die Contenance, ich werde verbal etwas derb und Sie gehen einfach hin und werfen das Buch weg, oder sie lesen den Schinken fertig bis zum Schluss, um ihn dann zu verbrennen.
Hier geht es knallhart um Prävention. Der Schutz des ungeborenen Gläubigen, des unwissenden Menschen. Dieses muss verhindert werden. Es muss verhindert werden, dass wir in einen religiösen Wahnsinn verfallen, aus dem wir mit eigenen Kräften nicht mehr herauskommen können.
Lassen Sie uns jetzt langsam zu unserem Klaus zurückkehren.
Also, sieben Phasen im Leben verleihen Klaus eine gewisse Struktur. Jens ist ein Auserwählter.
Sein Leben spielte sich in Phasen ab, die immer sieben Jahre andauerten. Die siebte ist nun für Klaus angebrochen. Die Entwicklung schreitet voran. Er muss jetzt schreiben.
Wahrscheinlich aus demselben Grund sitze ich jetzt auch hier und schreibe, also praktisch mit Ihnen rede, nur mit einem kleinen Zeitunterschied. Ich schreibe also bin ich, könnte man angelehnt an den berühmten ähnlich klingenden, ursprünglich lateinischen Satz herausposaunen.
Ich lasse Hans nun Zug fahren, nein, stopp! Doch Hans fährt mit dem Zug und Klaus sitzt zuhause mit Gipsbein und schreibt über Jens der die Schnauze voll hat von diesem Leben und abrechnet.
Ja, der Klaus sitzt an seinem Schreibtisch und hat seine Besucher. Erinnern sie sich an die Engel am Fenster. Er hat sie noch gar nicht bemerkt. Die wird er so schnell nicht los. Schade, dass Klaus keine Ahnung hat, in was für einer Geschichte er steckt.
Seid ihr noch alle da? Hans, Klaus, Jens, wo sind eigentlich deine sieben Freunde?.....ach ja die sind ja auf dem Weg zum

Klassentreffen. Und die Engel? Nur noch einer der lieblichen Gestalten wacht bei Hans am Fenster, die andern sind bei Klaus und Jens. Sieben der Engelchen sind auf dem Weg zu den sieben Freunden um sie auf ihren Besuch vorzubereiten. Jeder von Ihnen hat ein paar Bücher unter die Flügel geschnallt. Was das wohl geben wird?
Ok, ist ja egal. Wir sitzen sowieso alle im selben Boot oder Zug.

Aufgrund des Zeitdrucks schreibt Klaus überall. Es gibt keinen Platz auf der Erde, an dem er nicht schreiben würde. Schreiben ist für ihn wie atmen. Das haben Sie aber wahrscheinlich schon mitbekommen, in welcher schwierigen Lage sich dieser arme Mann befindet. Er ist vom Schreiben finanziell wie mental abhängig.
Klaus schreibt seine Gedanken in einem Höllentempo. Wie ich schon erwähnt habe, besitzt er die Fähigkeit seinen Gedankenfluss eins zu eins niederzuschreiben.

Wir passieren gerade einen lang gezogenen Weiher, umgeben von einem Mischwald, der mit seinen vielen Herbstfarben...Was ist das für ein armselige Ausdrucksweise? Leute, das hat einfach nur überwältigend ausgesehen! Wenn man sich die Natur betrachtet, als ob man sie noch nie betrachtet hätte, wenn man die Matschbirne nur halb leer machen kann, hat man schon den doppelten Genuss beim Betrachten.
Beim totalen Leermachen ist der Genuss um ein Vielfaches gesteigert. Diese Leere erlaubt bildfreies Denken, kein Vergleichen mit schon gesehenen abgespeicherten Bildern. Betrachten Sie zum Beispiel einen Baum und stellen Sie sich dabei vor, sie hätten noch nie in ihrem Leben einen Baum gesehen. Ich weiß, es ist unheimlich schwer, aber wenn es Ihnen nur ansatzweise gelingt, werden Sie überrascht sein.

Der Zug ist fast voll besetzt. Angenehme Atmosphäre. Das übliche Stimmengewirr ist heute Mittag nicht störend.

Hans fühlt sich relativ gut. Beim Schreiben ist er zufrieden. Ja, ich muss zugeben, schreiben macht mich glücklich. Es gibt keine andere Beschäftigung, die mir mehr Zufriedenheit suggeriert wie das Schreiben. Doch zurück in die Realität.

Ein junges Mädchen aus Ghana sitzt mir gegenüber. Eine zierliche Person mit einem zarten Stimmchen, 18 Jahre, zeigt mir ihr mittleres Reife Zeugnis und erzählt aus ihrem Leben als Arzthelferin....Cool. Wir lassen uns gemütlich durch den grünbraunen Pfälzerwald nach Hause fahren.
Also, während der Fahrt erklär' ich Ihnen noch einmal kurz, um was

es hier geht. Mein Name ist Joseph D. Varth. In meinem Roman schreibt Hans einen Roman über einen Schriftsteller namens Klaus, der selbst wiederum einen Roman über einen Jens schreiben lässt, der eine Abrechnung mit sieben Freunden Nelson, Gerhard, Eiko, Siggi, Ehrhard, Veith und Angelo durchzieht. Ist doch ganz einfach.

Jens ist folglich der Protagonist. Ich bin nur eine Randfigur. Warum schreib' ich das so verstrickt? Ich möchte nicht erkannt werden oder es könnte sein, dass Sie auf die Idee kommen, diese ganze Geschichte hätte irgendetwas mit mir zu tun. Das alles hat mit mir persönlich überhaupt nichts zu tun. Ich bin nur der Schriftsteller.

Es ist schon irgendwie eigenartig. Jede Sekunde im Wachzustand mit sich selbst beschäftigt zu sein. Permanent unter dem Schirm der Selbstreflexion.

Gespäche mit sich selbst erscheinen von Zeit zu Zeit ganz lustig, jedoch nicht 16 Stunden am Tag.

Eigentlich hatte ich vor, unter einem Pseudonym zu schreiben. Fritz Flunke. Eine toller Name. Fritz Flunke wäre jedoch auf Horst Schlemmer Niveau. Das war natürlich nie und nimmer meine Absicht. Professor Joseph D. Varth klingt viel nobler. (Hups', jetzt haben Sie mich erkannt) Mit einem solchen vornehmen, kultivierten, fast aristokratisch klingenden Namen kann man doch viel eher Bewunderung hervorrufen.

Hans hört die Englein pfeifen.......Warum hat er Angst? Es ist doch das Natürlichste der Welt. Der Schreiber stellt sich gegenüber der restlichen Welt auf und sagt nur, was er zu sagen hat. Er schreibt aus der „Gott"-Perspektive, oder aus der „Ich"-Position heraus.

Ich hab' was zu sagen, desshalb schreib' ich. Die Grammatik, die Semantik, die Kunst mit den Wörtern zu jonglieren, ist doch nebensächlich. Die Wortwahl, die Bedeutung der Worte ist entscheidend, die Aussage, der Inhalt, ist wichtig. Ich hoffe, wir benutzen dasselbe Vokabular.

Sonst geht das alles hier in die Hosen. Wie es auch im richtigen Leben ständig passiert. Das Falsche gesagt und Schwuppdiwupp ist die Stimmung dahin. Was nützt ein Studium an der Universität, wenn sie unseren heiligen, sozialen Verhaltenskodex für Comedy halten. Lernen Sie die Sprache, die Sie mit Ihren Lieben verbinden soll.

Wenn Sie mich ernst nehmen, werden Sie dieses Buch auch bis zum Schluss lesen. Es handelt sich hierbei nicht um Prosa. Hier singen nicht die Bäume und es hüpfen keine Schneeflocken über das stumme Wellblechdach.

Erster Akt Achte Szene
Klaus, der Meister des Brainstorming

Zur selben Zeit, genau im gleichen Augenblick, schleppt sich Klaus die steile Treppe hinauf in den dritten Stock. Nichts erwartet ihn. Niemand. Hier lebt er also, unser Schreiber, unser Rächer. Unser eigentlicher Protagonist, der alle Fäden in der Hand hat. Der über ihr Befinden entscheidet. Der Klaus ist unser Mann. Er ist der Entdecker von Jens. Klaus ist ein Brainstormer. Klaus ist eigentlich der Protagonist. Er ist der, der die Fäden in den Händen hält. Ich sag' es nochmal, nicht damit sie auf die Idee kommen ich, Prof. Joseph D. Varth, habe damit etwas zu tun.

Also nochmal. Ich bin Hans, ach Quatsch, Klaus und schreibe ein Buch über einen Westentaschenromanschreiber, der jetzt mit einem seriösen Roman seine finanzielle Situation etwas entspannen will. Er will nicht reich werden.

So, und dieser unser Klaus, frustriert vom Leben, schreibt eine Abrechnungsklamotte, deren Protagonist Jens mit einigen seiner sogenannten Peiniger abrechnet. Wer aber mit wem hier letztendlich abrechnet, ist eigentlich egal, Hauptsache Sie haben auch noch ihre Unterhaltung dabei. Verstehen Sie ? Ich will doch eigentlich nur meine Ruhe. Verstehen Sie? Lassen Sie mich doch in Ruhe!

(Klaus ist einsam. Klaus ist ein MoF. Mensch ohne Freunde.
Das Schreiben ist sein Leben. Solange er schreibt, ist er nicht allein. Er ist in diesem Schreibzustand nicht allein. Er und der Schreiber sind ein Team. Ja, es klingt etwas schizophren.
Das ist jedoch für Klaus normal. Diese innere Widersprüchlichkeit, diese Zwiespältigkeit, ja, diese absurde Vorstellung...nein, es ist nicht nur eine Vorstellung, es ist das Gefühl, von dem wir gesprochen haben, ein beruhigendes Gefühl nicht allein zu sein.)

Er ist das Gehirn, dem alles entspringt. Verwechslungen, Wiederholungen, furchtbar langweilige Phrasen, das ist seine Schuld.
Das Nichts wartet auf ihn in einer kalten Wohnung. Klaus lebt schon immer allein. Kleine Ausnahmen. Kurze Episoden mit irgendwelchen Frauen haben ihn nur noch mehr frustriert. Vor 2 Jahren glaubte er, die Frau fürs Leben gefunden zu haben. Nach 6 Monaten war jedoch Schluss. Am Anfang war ein Gläschen Wein am Abend für Klaus kein Grund, sich Gedanken au machen. Am Ende lag er schon frühzeitig im Bett, wobei sie noch eine Flasche Wein entkorkte. Anja war Alkoholikerin. Klaus konnte und wollte sich mit dieser Problematik nicht befassen. Sein Vater war auch Alkoholiker. Den Typen ist nicht zu helfen. Kurz und knapp ...finito.

Klaus will sich bis heute eigentlich dieser moralischen Herausforderung der Sexualität nicht stellen. Was das bedeutet, müssen wir leider verschieben. Über den Austausch von Körperflüssigkeiten sowie die Frage, was ihre Mutter mit ihrer Frau gemeinsam hat.

Sex macht man. Über Sex redet man nicht. Es sei denn, man heißt Tiger Woods, ist sexsüchtig und muss in Therapie. Früher sagte man Hurenvogel. Naja, das ist ein anderes Thema.
Heute bevorzugt Klaus nur noch kurze Besuche bei alten Kolleginnen, die, wie er, nur dieses kurze heftige Aufladen und Entladen brauchen. Klaus bezeichnet es als „lebensnotwendige, rein körperliche Kommunikation der gehobenen Güteklasse". Das hat mit Moral nichts zu tun.
Übrigens hatte er mit all seinen Spielerinnen ernsthafte Beziehungen ...versucht...
Klaus ist Diplom Ingenieur für Maschinenbau (ohne festen Job) und wohnt in einer für ihn viel zu großen Wohnung, jedoch nicht mehr lange. Klaus ist Harz IV-Empfänger; er wird sein Haus verkaufen müssen...aber das ist nicht das Schlimmste. Die Frau ist weg, nur noch der Hund ist ihm geblieben. Das Buch könnte ihn retten, wenn es gekauft wird. Alles, aber auch wirklich alles, hängt nun an diesem Buch. Kennen Sie das Gefühl, dass alles von einer bestimmten Sache abhängt. Das ganze Lebensglück, denkt man, hänge davon ab.
Es ist dieses Ohnmachtsgefühl, dieses Gefühl, an dem man eigentlich nichts ändern kann.

Man fühlt sich gefangen und ausgeliefert. Sein Leben, seine Zukunft, alles hängt davon ab, ob diese Anstrengung belohnt wird. Sein oder nicht Sein. Schreiben oder nicht Schreiben.

Nachdem er kurz etwas gegessen hat, schleppt er sich mit seinem Gipsbein in sein Arbeitszimmer und setzt sich an seinen geliebten Schreibtisch. Soll ich dem Leser reinen Wein einschenken? Warum arbeite ich nicht als Diplom Ingenieur? Nein... das kann ich jetzt noch nicht sagen .. vielleicht später, wenn wir uns besser kennen. Ich möchte Ihre Sympathie nicht verlieren. Und dann noch die Geschichte mit dem Gipsbein. Nein, so blöd kann nur ich sein , aber dafür hat er jetzt sechs Wochen Zeit zu schreiben.

(Ich bin ehrlich zu Ihnen..., die Personen, die hier auftreten, spielen überhaupt keine Rolle. Jeder hätte alles sagen können. Jeder ist austauschbar. Merken Sie sich keine Namen. Merken Sie sich nur Ihr Gefühl. Das reicht. Anmerkung von Prof D. Varth)

Klaus fängt einfach an zu schreiben. Die Geschichte könnte den Namen tragen: Jens und seine Freunde, zuvor jedoch...

Der Bücherwald treibt Keime aus dem Boden
Nirvana, Atomteilchen und Süsskind

Ein langer beschissener Tag geht wieder zu schnell zu Ende ohne den Schein einer noch so kleinen Hoffnung. Das Rad des Lebens dreht sich immer schneller. Nirwana oder Samsara. Himmel oder Hölle.
Was wäre wenn? Ist die Welt noch genauso, wenn ich tot bin? Was ein Quatsch! Was soll ich eigentlich hier? Keine Ahnung! Mal sehen, was es Neues gibt. Auf dem Schreibtisch liegen Taschenbücher. „Neurosen und Psychopathien, Signale der Persönlichkeit, Marx, Sartre, Jung, Jaspers und Nietzsche stehen in der Reihe mit Dalai Lama, Rudolf Steiner und Dostojewski. Ein Laptop, Boxen, eine Tasse Tee und tausend Bücher in den Regalen rund ums Zimmer.
Wer hat denn die Rechte für den Kinofilm über das Leben von Natascha erbeutet? 8 Jahre eingesperrt hinter einer Betontür .
Das ist schon der Hammer.
E-mail? Nur Werbung! Dieser Bericht gestern in der Zeitung über diese Atomteilchen, ich bin aus jahrtausendealten Atomen zusammengebaut. Was allein so ein Kohlenstoffatom für eine Reise macht - nicht zu fassen! Doch wenn man sich in der Realität versucht vorzustellen: die Kohlenwasserdioxidatome lösen sich unter anderem wieder in Kohlendioxid auf, in Luft.
Daher die Redewendung: „Er hat sich in Luft aufgelöst". Ah, daher weht der Wind: Wasserstoffatome so alt wie der Urknall in mir?
Rein praktisch gesehen gibt es in mir einige Wasserstoffatome, die, bevor sie dazu beitrugen, meinen Körper zu gestalten, in einem Salatblatt oder einem Tier waren, also bevor ich überhaupt auf diese Welt gekommen bin.

Quatsch ich muss zum Psychiater. Ich hab sie ja nicht mehr alle, alles ist nur in meinem Kopf? ja das stimmt schon. Die Frage ist nur, wie weit darf ich beim Schreiben gehen? Wie kommt zum Beispiel so ein Typ wie Süskind auf eine solche Story wie das Parfum? Der muss doch verrückt sein!
Süsskind ist ein Moralist erster Güteklasse, wobei er noch die Kunst der Sensation beherrscht. Eine Metapher nach der anderen, Sinnbildlichkeit bis zum Erbrechen und Erstaunen. Kann Liebe verschenken, hat aber keine für und an sich. Der Süskind muss ein armer Mensch sein. Wie schrecklich.
Und ich? Wie stehts mit mir? Kann ich lieben? Spür' ich, wenn ich geliebt werde? Spüren andere, wenn ich sie liebe? Das Parfum ist

genial und widerlich. Ja, wie komm ich jetzt darauf? Meine chemischen Verbindungen lösen sich schneller auf. Ok! Den Geist sammeln, Gedanken beobachten, Sinneseindrücke beobachten, die vielen Bilder in meinem Kopf, langsam, Bilder, Bilder, überall Bilder und Menschen, Gefühle beobachten, Absichten beobachten, langsam Gedanken benennen. Erinnere ich mich? Plane ich? Fantasiere ich?

Reflexive Meditation welche Bedeutung und welche Konsequenzen hat diese meine Gedankenflut auf die Entfaltung meiner Tatkraft? Langsam, wie siehst du es in 5 Jahren wenn ich so weiter denke? Welche Zukunft, welche Qualitäten? Hab' ich die zweifache Wirklichkeit im Griff? Bin ich Herr meiner vier Elemente Erde, Wasser, Feuer. Luft? Langsam, ruhig, ich glaub' ich werde verrückt. Psst, zu viel esoterischer Schrott gelesen. Bin ich in der Lage eine körperliche Leere herzustellen, um dann Ausdehnung und Verkleinerungsübungen zu machen? Bin ich plemmplemm? Die Gedanken überschlagen sich, ein Gedanke jagt den andern, ohne die geringste Chance fertig gedacht zu werden. Bruchstücke von angefangen Sätzen...stopp.

Universum im Brustraum...R U H E... Also kommen wir gleich auf den Punkt. Warum bin ich geboren worden? Warum durch diese Eltern? Warum hier in Europa im 20 Jahrhundert? Hab ich das gewollt? Nein! Ja, was will ich jetzt? War ich schon einmal auf der Welt? War ich schon tot? Wo ist Jesus? Wo ist Gott? Wo bin ich? Er erweckt die Toten. Hab ich jemals überhaupt richtig gelebt?

Was soll das ?...ich bin nur durch Zufall hier...und das noch geschenkt.

Einfach....peng hineingeworfen...jetzt habe ich den Salat!

Und wie bitte soll ich mein Leben bestreiten? Das ist doch jedem egal. Hauptsache das Geld rollt. Ich lebe doch nicht für zu arbeiten. Wenn das Leben Arbeit bedeutet und sich fortzupflanzen, wenn zum Leben Spaß gehört oder auch nur sich zu profilieren und sich hervorzutun aus der Masse, wenn Leben Erfolg und Exponieren bedeutet, dann hab ich gelebt. Aber das kann nicht sein. Ich kann diese Geheimcodes des Lebens mit meinen eigenen geistigen Kräften nicht auflösen. Mit der Kraft meiner Gedanken, meiner Sinnesorgane und noch all meiner Fähigkeiten, die ich heute, jetzt besitze, werde ich das Geheimnis des Lebens voraussichtlich nicht erkennen.

Gebetsmühlenartig immer und immer wieder stellt er sich die gleichen Fragen, seit Jahren. Was für ein armseliges Leben. Ist der

Tod angenehmer? Gewiss. Tot ist Tot, aber dafür keine Schmerzen, kein schlechtes Gewissen, keinen Stress, keine Anforderungen, kein Hass, kein Neid mehr. Einfach nichts.
O.k. Jens so sollst du heißen.

Zweiter Akt – Erste Szene

JENS war immer Schuld
Klaus beauftragt Jens mit der Racheaktion

Jens! Ich schick' dich hinaus in die böse Welt. Mach du die Abrechnung. Rache!
Wer würde trauern? Wem würde etwas fehlen, wenn er nicht mehr da ist?
Klaus sitzt an seinem Schreibtisch und wütet gegen die Welt. Jetzt hat er sich entschlossen, ein Buch zu schreiben. Die Abrechnung mit sich und der Welt! Jens ist sein Mann. Er wird alles richten.
Jens ist ein Brainstormer. Das Schreiben ist sein Leben. Das Schreben ist sein Tod.
Warum? Wenn er schon ganz langsam kaputt geht, dann will er zumindest die ganze Scheiße aufschreiben.
Alles die gleiche Scheiße. Ganz egal, welches Problem Jens angehen will. Jedes Problem, dem er sich wirklich stellen will, führt in die gleiche Sackgasse. Immer und immer wieder das gleiche Gefühl. Das Gefühl der Einsamkeit, nicht der Einzigartigkeit, und das Gefühl der Minderwertigkeit, nicht der besonderen Wichtigkeit.
Das Leben war für ihn bis heute nur ein Monolog. Jetzt soll es anders werden.
Jens wird eine Lanze für mich brechen. Er muss es tun.
Klaus legt die Hände auf die Tastatur seines geliebten Laptops und beginnt zu schreiben. Er muss sich jetzt konzentrieren. Die Gedanken müssen jetzt geordnet werden. Sprache und Ausdrucksform bedürfen ab sofort einer anderen Qualität. Er muss die richtigen Worte finden.
Klaus hatte schon immer den Wunsch, etwas darzustellen. Ein Gedanke nach dem anderen versucht er nun ganz langsam zu bremsen, in eine Geschwindigkeit, bei der er noch während er den Gedanken aufgreift, diesen schon ausformulieren kann. Fünf Worte vor, zwei zurück. Satzstellung, Ausdruck, Wortwahl und Form. Das muss viel schneller gehen.

Klaus begreift, dass er sich selbst wieder eine größenwahnsinnige Aufgabe gestellt hat, aber so kann er wachsen.
Sie leiden wie ein Hund? Sie leiden nicht? Aber Sie leiden, ohne zu wissen, dass diese Leiden selbst der Grund sind, warum Sie hier sind. Das ist der einzig wahre Grund, warum Sie auf der Erde sind. Der Mensch ist voll Sünde, sagt Gott durch die Bibel. Und wir müssen leiden, sagt Buddha durch seine Schriften. Das Leid und die Gier nach Leben sind die Gründe unserer Existenz. („Es gibt einen großen Unterschied zwischen der spirituellen rein geistigen

Betrachtungsweise und der uns allen plausibleren biologischen Erklärung." Anmerkung Varth)

Die vier Buddhistischen Wahrheiten sind: Die Wahrheit vom Leiden. Die Wahrheit vom Ursprung des Leidens. Die Wahrheit von der Beendigung des Leidens und die Wahrheit von dem Pfad, der zur Beendigung des Leidens führt. Wenn Sie das nicht glauben, dann werfen Sie das Buch jetzt sofort soweit weg, wie es nur geht. Jetzt!

Klaus rutscht ständig ab. Seine Gedanken und Gefühle sind ungebändigt. Wird der Leser auf diese plumpe Art und Weise mit sich umspringen lassen?
Warum redet Gott nicht mit mir? Bin ich denn ein Arsch? Ja, du bist dumm. Du sollst Gott, deinen Herren, nicht versuchen!
Nicht versuchen, was ein Quatsch. Wenn ich ihn brauche, ist er nie da . Was soll ich mit so einem Gott? Ich brauch' jetzt seine Hilfe. Jetzt gleich!

Würde er mich nur einmal besuchen. Dann könnt er mich auch durchsuchen...ein einziges Wort...nur ein einziges Zeichen.
Er könnte mich durchschauen, ohne Vorbedingungen, ohne Kompromisse, ohne Erwartungen, ohne Versprechungen. Nur drei Sekunden das Gefühl realisieren, dass es ihn gibt. Drei Sekunden glücklich.
Ein kleines Zeichen, dass es ihn tatsächlich gibt. Wenn ich nur daran glauben könnte, es wäre drei Sekunden möglich, ihn zu spüren. Meine Anstrengungen, mein ganzes Denken, mein Philosophieren um den Geist, meine gesamte Bildung, mein Intellekt, mein ICH, mein ganzes MenschSein, meine Seele...es reicht nicht aus, den Sinn zu erkennen.
Welche Kraft fehlt mir? Wo gibt es die Kraft des Glaubens?
Warum hat er mich noch nicht ein einziges Mal besucht. Kein Zeichen, kein Nix, kein Scheißdreck. Die ganze Welt redet von Gott, Allah, Jesus und Mohammed und so weiter. Milliarden Gläubige beten zu „Gott". Und ich?...bin ich den blöd?....Glauben ist nicht Wissen, haben meine Lehrer immer gesagt.
Ihr Atheisten, ungläubige Intellektuelle, Kulturbanausen, Alkoholiker und Kinderquäler...ersticken sollt ihr an euerm wertlosen Datenmüll.
Wann war der dreißigjährige Krieg? Scheiß drauf, in Kabul sprengen sich die Menschen in die Luft, um ins Paradies zu den Jungfrauen zu kommen. Super Zukunft.
Und ich? Was ein armseliges Leben! Weshalb? Ich fühl' mich minderwertig; das hat auch was mit dem Gott zu tun, der einfach still ist.....wie tot.
Ist der Tod eigentlich jetzt letztendlich angenehmer? Gewiss, tot ist tot, aber dafür hat man keine Schmerzen, kein schlechtes

Gewissen, keinen Stress, keine Anforderungen, keinen Hass, keinen Neid mehr. Einfach Nichts. Oh Mann, was denk' ich gerade wieder. Ruhig...ruhig...ruhig...Ich muss meine Gedanken tieren. Konzentriere dich...so geht das nicht. Brainstormingmäßig komm ich nicht ans Ziel o. k. Punkt eins: Wem würde überhaupt auffallen, wenn ich nicht mehr existierte? Wer würde trauern, wem würde etwas fehlen? Niemandem. Mir sicher nicht. Gott auch nicht.

Klaus sitzt an seinem Schreibtisch und wütet gegen die Welt. Solange er denken kann, ist er nur ständig am Grübeln. Ich denke – also lebe ich! Was für ein Quatsch! Ich denke ich lebe, aber weit gefehlt: ich vegetiere dahin. Nichts gegen Pflanzen, aber das hier kann's wirklich nicht sein. Hätte mir jemand gesagt, wie ich noch ein Kind war, dass die Welt so scheiße, ist, wie sie ist? Ok, ich hätte es geglaubt, weil das wär nichts Neues gewesen wäre. Meine ganze Kindheit war ein Drama, aber hätte er, der Jemand, gesagt: „Junge, das wird auch nicht besser, wenn du Erwachsen wirst, nein, es wird noch schlimmer, die Scheiße wächst noch bis in den Himmel". Ja, da wäre ich vielleicht etwas überrascht gewesen, aber vielleicht besser vorbereitet. Jetzt, jetzt ist alles kaputt. Die Welt ist kaputt, ich bin kaputt.

Jetzt hat er sich entschlossen, ein Buch zu schreiben. Die Abrechnung mit sich, für sich und der Welt. Ein Testament. Warum? Wer soll das lesen ? Wenn er schon ganz langsam kaputt geht, dann will er zumindest die ganze Scheiße aufschreiben. Er will mitleiden lassen, Nein, eigentlich will ich das gar nicht, nicht mitleiden lassen. Nee, nur begreiflich machen, ja, der Welt begreiflich machen, dass er, ich, der Jens, zu Unrecht ein armes Arschloch war und ist. Ich bin doch nicht dieses armselige Arschloch.

Ja, genau, Jens soll der Welt zeigen, warum das Leben sinnlos ist. Er soll nicht Mitleid verstreuen oder nach Mitgefühl sabbeln. Nein, er will die Abrechnung, die Abrechnung mit der ganzen Welt. Er will sich der ganzen Welt entgegenstemmen, sein Hass ist die Energie, die aus seinem tiefsten Inneren kommt und ihn antreibt. Kann das gut gehen, gespeist von Hass schreiben? Ehrgeiz powered by Hass.

Die Finger fliegen über die Tastatur. Seine Gefühle sind zusammengeballt. Ein einziger Klumpen Hass, Trauer, Neid und Selbstmitleid. Ein Katalog von Selbstwertdefiziten quält ihn, seit er denken kann, dazu keine Chance, ein Gefühl vom anderen zu trennen.Verwickelt, eng zusammengeschnürt. Nur wenn er die verschiedenen Emotionen zusammengeschnürt lässt, kann er im Moment überleben. Ich kann jetzt keines der Gefühle loslassen. Was wäre mein Hass ohne meinen Neid, was wäre die Gier ohne die Eifersucht? Ich muss die alle zusammenhalten. Davon kann ich im Moment nichts abgeben. Nein, ich geb' nichts her!

Die Wochenenden sind das Gruseligste, was es überhaupt gibt. Er hat schon Angst davor. Kann er überhaupt so weitermachen.
Ein Blick durchs Fenster. Alte, graue Häuser, davor stehen immer die gleichen schwarzen Autos und er hat schon wieder die Schnauze voll, die Schnauze voll von diesem Gefühl, dieses Gefühl des Unrechts, der Ungerechtigkeit, der widerliche Sozialneid, der permanente Neid als Ganzkörperstimulant, als Ganzkörper-lähmungssofortvirus. Dieser unerträgliche Hass, diese unüberwind-liche Eifersucht, diese mich auslachende Sinnlosigkeit meiner und der gesamten menschlichen Existenz, der krankhafte Ehrgeiz, dem Leben doch noch etwas abzugewinnen, die Tatsache der Verlassenheit vor Augen und die Angst in allen Farben. Dazu immer die gleichen Gesichter, Gelächter, Gerüche, Gerichte, Geschichten, Gesten und Bilder.

Ausgeliefert.

Ganzkörperlähmungssofortvirus.

Sehen und gleichzeitig spüren, wie die Bilder exakt auf die Bilder passen, diese Kopierscheiße, immer derselbe Rotz! .....ich brauch was Neues, nicht immer diese alte Scheiße, der schon im Hirn abgespeichert ist und mich nur peinigt. Was denk' ich jetzt wieder für einen Müll, nein das ist kein Müll.
Das ist die Realität. Immer das Gleiche, Wiederholungen und Wiederholungen. Nee, das stimmt schon, ich kann diese ganze Scheiße nicht mehr sehen, nicht mehr fühlen, nicht mehr ertragen. Ich will auch gar nicht daran denken. An was? An alles. Alles ist Scheiße! Ich hasse diese Routinescheiße, diese banalen Marotten. Diese widerlichen Rituale. Mich ekelt es vor jeder Reproduktion!

Alles muss sofort raus. LEERMACHEN. Rituale, Marotten und banaler Alltag, es muss abgestellt werden. Der Dreck muss raus.
Wenn ich nicht mehr bin, läuft alles genauso weiter. Von wegen „bist du wieder schlecht gelaunt...?" Wenn ich mal erst in der Badewanne liege und dann, verdammte Kacke, dann bin ich leer und frei und nie mehr schlecht gelaunt, nie mehr cholerisch, nie mehr ungerecht, nie mehr ungeduldig, nie mehr arrogant und vorlaut, nie mehr eingebildet und stolz... Eine Person einfach nur frei, frei von allen Gefühlen frei von mir selbst gelöst von meiner Person. Ich bin dann nur noch ich. Meine widerliche Person ist tot.

Mein Selbstmord ist die einzige Möglichkeit, etwas Aufmerksamkeit von euch zu bekommen.

Das Leben war für Jens bis heute nur ein Krampf, weitestgehend nur ein Gespräch mit sich selbst. Gedankenfetzen fliegen durch die Luft. Ich muss mich befreien... Ja, befreien von Gedankenmüll. Ich denke zu viel wertloses, unnützes Zeug...

Klaus setzt sich wieder an den Schreibtisch.Jetzt soll es anders werden. Ich werde mich entleeren, ich werde mich befreien von mir selbst, von euch, von Gott, von allem, was mich fesselt, von allem, was mich zerstören will. Jetzt rede ich. Klaus Mermerich, der Missachtete, der Unterschätzte, der Missverstandene, Ausgelachte und und und...

Klaus wusste gar nicht, wie schnell er diese Gedanken in seinem Laptop erfassen kann. Er ist fast in der Lage, so schnell zu schreiben, wie er auch den Satz gerade in seinem Kopf zurechtlegt. (...so schnell wie Hans) Er muss sich nur ständig konzentrieren. Das hier soll sein Buch geben. Natürlich hat er die Grenzen zwischen sich und dem einzigen Hauptdarsteller in seinem Buch – Jens schon geöffnet. Es geht nicht anders. Er schlüpfte aus sich heraus in Jens. Was Jens denkt, denkt auch er. Wie Jens im Buch fühlen soll, so fühlt auch Klaus Gibt es ein fiktives Gefühl?

Wer bin ich jetzt?

Ich bin nicht der, den Sie meinen, der ich bin, wenn sie mich hier lesen. Ich bin Fiktion, Ihre Fantasie. Haben Sie sich schon ein Bild gemacht? Sie lesen die Worte, fühlen die Begriffe und bilden Sie sich ein Bild in Ihrem Kopf. Ich bin nicht der, der Sie meinen, der da schriebt.

Kann er sich überhaupt hinter einem Buch verstecken?

Ist es nicht eine Falle?

Muss er sich outen?

Wer ist jetzt wahrhaftig von uns?

Der Wahrhaftige ist der Ehrliche?

Der Ehrliche ist der Dumme?

Ist ein Mensch schon ehrlich, wenn er die Ehrlichkeit anstrebt oder erst wenn er die Wahrheit kennt. Ist die Wahrheit vielleicht sogar noch so eine fließende Sache ohne Übergang, so eine dynamische, die sich anpasst? Ist die Wahrheit lediglich das Resultat der einen großen Kausalität?

Gott schuf den Menschen aus Erde. Was heißt das für uns?

Die Gedanken müssen immer und immer wieder geordnet werden. Die Gefühle aus dem Bauch müssen herausgezogen werden, wie mit einer Riesenspritze. Gefühle, Gefühle, will ich eigentlich über Gefühle sprechen oder nur über nackte Tatsachen. Aus Gefühlen werden Tatsachen und aus Tatsachen werden Gefühle. Wir sprachen eben von der Wahrheit.

Wie steht es mit der Wahrheit und den Gefühlen ?
Es muss in Sprache und Ausdrucksform ab sofort eine andere
Qualität her. Er muss die entsprechenden Formen finden. Es hat ja
auch nichts mit Literatur zu tun, sondern mit Exhibitionismus. Oder
ist es vielleicht doch nur ein Drama...mit und wegen dieser meiner
unsereiner Profilneurose?
Über den Vorwurf der Selbstinszenierung sind wir, die auf der
Bühne unsere Heimat gefunden haben, ja, wir, die Bekloppten, die
sich zur Schau stellen, um Sie zu amüsieren, wir sind darüber
erhaben.

Hallo! Nochmal: Gott schuf den Menschen aus Erde. Was heißt das
für uns?

Ja, Moment! Das ist Klaus alles vollkommen klar, aber da ist noch
ein anderer Punkt. Wenn ich jetzt hier loslege, dann fliegen die
Fetzen. Ich werde mich prostituieren müssen... Ich mache mich
lächerlich! Nicht nur die Kleider ausziehen, nein, auch die
Haut....Ich werde kokettieren mit meiner anwidernden Mittelmäßigkeit, mit meiner derben, einfachen und rustikalen Art. Sie
werden mich zum Kotzen finden, genauso wie ich mich selbst. Oder
vielleicht verstehen? Verstehen ohne es zu begreifen oder Sie
werden es verstehen, ohne es zu fühlen. Dann bringt unsere ganze
Kommunikation nichts!

(„Das Traurige, ok, ich weiß, alles was ich schreibe wurde schon
einmal geschrieben. Es hat natürlich eine besondere Bedeutung
und eine außerordentliche Wirkung falls das hier das erste Buch in
ihrem Leben ist, das Sie von Anfang bis zum Schluss lesen. Wenn
das wirklich so ist, würde ich Ihnen dringendst empfehlen einen
Blick in das Literaturverzeichnis dieses Buches zu werfen und sich
noch ein paar Standardwerke auszusuchen, um sie natürlich zu
lesen. Lesen verbindet und macht schlau, nicht glücklich. -------
Anmerkung. Prof Varth")

Sie müssen wissen, alles, was wir denken, wurden schon einmal
gedacht.
Alles was ich fantasiere, wurde schon einmal fantasiert. Ich bin nur
ein Mensch, eine organische Verbindung aus Milliarden Molekülen,
im grenzenlosen Universum.

Jedes einzelne kleine Wort, jetzt, selbst in diesem Moment, sogar
das, was Sie jetzt gerade denken, wurde schon millionenfach
gedacht.

Na und ?

Haben Sie sich schon überlegt was „denken" überhaupt ist? Die Quelle allen Übels, der Motor, der Sie fälschlicherweise vielleicht auch einmal im Leben glücklich scheinen lässt, auch wenn es das gar nicht gibt. Nur das Gefühl gibt es, sonst nichts!

Sie denken vielleicht Sie wären glücklich. Das gibt es aber nicht. Man kann nicht denken, man ist glücklich, man muss es fühlen. Wenn man es fühlt, ist man es. Man ist es. Man kann es dann wiederum nicht objektivieren. Man weiß es eigentlich dann gar nicht, man ist zu dumm um es überhaupt zu merken, weil man selbst drinsteckt.

Das Glück selbst, das man fühlt, weiß nicht, dass es das Glück selbst ist.

Wenn also verschiedene Parameter dieses Lebens zufällig und gleichzeitig ihren Höchstausschlag auf der Tafel zeigen, könnten Sie dann glücklich sein?

Fantasiert, gedacht, geschrieben, alles schon da gewesen. Es geht um die Zusammenhänge, die kleinen Dinge im Ganzen zu erkennen.

Rhythmus ist entscheidend. Die Sprache fließend zu nutzen. Wie in eine Melodie eingelegt . Eine Struktur bedienen. Einem Rhythmus folgen, eine neue Melodie erfinden.

Ein Gesamtkunstwerk.

Sind wir praktisch mit dem Anfang schon am Ende, weil alles schon gesagt wurde? Und überhaupt: Kann ich von Ihnen verlangen, mir zu folgen? Kann ich Mitgefühl, kann ich Mitdenken, kann ich Mitfühlen verlangen? Kann ich Mitleid auch erzwingen oder bekommt man das wirklich nur geschenkt? Können Sie überhaupt Mitleid mit einem Arsch wie mir zumindest vortäuschen. Interessiert Sie das überhaupt. Haben Sie sich überhaupt schon einmal im Leben um die Sorgen eines Mitmenschen angenommen?
Wie?
Ich hör' Sie nicht!
Lauter!
Kennen Sie das Gefühl, richtig im Arsch zu sein. Gedemütigt, ausgenutzt, missachtet...?
Ist eine Fähigkeit dessen überhaupt vorhanden? Ist der Wille überhaupt vorhanden? Können wir unseren Willen sinnvoll

umsetzen? Wo sind die Protagonisten unserer Welt, die altruistischen Hilfsmönche? Kommt zu mir, ich geb' euch Nahrung. Und außerdem was hat der Wille mit dem Sinn zu tun? Reicht der Wille aus?

Plötzliche, dumpfe, schmerzliche Gedankenblitze stören ihn dabei, konstant an einer Idee dranzubleiben.

Dies hier ist unsere letzte Chance, im Leben überhaupt noch einmal etwas Vernünftiges zu machen. Alles hängt nun von diesem Projekt ab. Klaus fühlt diesen Druck, ja diesen schönen Zwang, diesen Halt, diese Sicherheit, jetzt die Sache in die Hand zu nehmen und er fühlt sich nicht allein. Toll! Millionen haben bereits schon vor ihm genauso vor einem leeren Blatt gesessen und nachgedacht. Lesen oder Schreiben bedeutet, nicht allein zu sein. Nachdenken über sich und die Welt und Gott und den Sinn...wie schön...sich ausbreiten, ausschweifen und träumen, sichtbare Gedanken erstellen, Gefühle zum Anfassen, Worte, die verbinden. Einen Gedanken nach dem anderen versucht er nun ganz langsam zu bremsen, in eine Geschwindigkeit, bei der er, noch während er den Gedanken aufgreift, ihn schon besser ausformulieren kann. Disziplin! Klaus begreift, dass er sich selbst wieder eine größenwahnsinnige Aufgabe gestellt hat. Er muss dieses Durcheinander im Kopf bekämpfen. Geordnet denken, konzentriert die Gefühle wahr- nehmen, eventuell reaktivieren, rekonstruieren und dann kommt sie: Die Abrechnung. Um zu überleben, muss er jetzt schreiben. Sein Leben hängt davon ab. Klaus hat alles in der Hand. Gedanken beobachten. Ruhig werden. Hätte er zumindest seine Gedanken der letzten Stunden notiert. Das wäre ein Anfang. Das Beste heraussuchen, umformulieren, wo es notwendig ist. Er, der Schreiber, entscheidet über sein Schicksal. Er entscheidet über sein Weiterleben. Er entscheidet über sein Glück. Er entscheidet darüber, wann und wo er sich zufrieden gibt. Er entscheidet, mit wem er was redet. Er entscheidet wen er liebt. Er entscheidet, von wem er geliebt werden darf. Er kann alles. Er ist der Chef. Er entscheidet, was er denkt. Er will was er denkt. Er denkt, was er will. Er denkt und entscheidet wer, wann mit wem will. Es geht um Leben oder Tod. Sein Wille zum Leben hängt vom Ausgang dieses einen langen Denkvorgangs ab. Dieses ist eine

lange Abrechnungsession. Er entscheidet über die Klarheit, die Wahrheit, er wird mit dem Leben, er wird mit Gott Frieden schließen wollen, nachdem er die Widersacher zu Fall gebracht hat.
Er will jetzt alles. Wahrheit.
Gedanken beobachten. Ruhig werden.
Klaus spürt das Gefühl der Freiheit in sich hinaufsteigen. Er spürt er kann die Wahrheit nur begreifen, wenn er sich freimacht. Er will jetzt die Wahrheit und die Klarheit über die Dinge, die im Begriff sind, ihn zu zerstören. Er will nicht in die Kiste springen, ohne noch vorher die Abrechnung abzugeben. Seine klaren Augen blicken auf sein Heiligstes, seine Bücherwand. Die Objekte der Begierde stehen mit dem Rücken zu ihm gerichtet.
„Ich werde euch aussaugen, ich werde auf euch herum kauen und ausspucken. Ihr nutzlosen Geister!"
Rache.
Ihr Geister, ihr seid mein. Ich habe euch die Plattform geschaffen, ich ernähre euch, ihr Geister des Hasses, der Eifersucht und des Neides. Ich werde euch die Kleider vom SeelenLeib reißen; ich werde euch in eurer ganzen Scheußlichkeit betrachten, ohne Angst. Abrechnung. Gedanken beobachten. Ruhig werden.

Also ...ganz locker bleiben! wo sind wir jetzt?
Erstens: der Plot steht.

Einteilung ist klar: Ich lasse jetzt Hans über Klaus schreiben, der gerade Jens geboren hat.....

(Prof. Varth:"Ich schreibe über Klaus, den Romanheftchenfritze, der einen Bestsellerroman hinlegen möchte, wobei er überhaupt nicht schreiben kann. Dieser Typ will nun einen Roman schreiben über diesen verrückten Jens, der total durchdreht, sich das Leben nehmen will und mit seinen sieben Freunden abrechnet.")

Seine schönen Freunde kommen dann später noch. Alles klar? Nelson, Gerhard, Eiko, Siegmund, Ehrhard, Veith und Angelo seid ihr alle bereit?
Hans macht kurz eine Pause, geht in die Küche, um sich eine Tasse Kaffee zu holen. Klaus schreibt seinen ersten Satz über Jens. Seine Tasse mit den Teerändern bleibt leer. Er hat jetzt keine Zeit um Tee zu kochen. Jens ist der Mann mit den vielen Gesichtern im Kopf, die ihn zur Verzweiflung bringen, obwohl sie ihm helfen wollen. Stimmt das überhaupt? Jens beschließt, bevor ich mich verabschiede, muss er noch abgrechnen. Abrechnen mit diesen sogenannten Freunden.
(Wir sind jetzt auf Stufe 6)
Traurigkeit, Leere, Gottlosigkeit, Unzufriedenheit, materielle Armut,

Haltlosigkeit, Unruhe, diese Unüberschaubarkeit, unbeeinflussbar und das Gefühl, dass es sowieso nicht mehr lange so weitergehen kann, treiben ihn in den Wahnsinn. Alles falsch gemacht. Genauer kann man sich nicht ausdrücken. Oder?

Es gibt keinen QuickFix mehr. Eine Reparatur des Gefühls-apparates würde zu lange dauern, vielleicht das ganze Leben, und dann kratze ich ab. Das ist doch nicht erstrebenswert. Gedanken beobachten. Ruhig werden.

Was soll jetzt, in diesem Moment, schön sein? NICHTS! Dieses scheiß Klassentreffen morgen...Nee, nicht mit mir. Verlierer trifft Gewinner! –Nee, nicht mit mir. Wie oft soll noch auf den Brustwarzen durch das Tal der Tränen kriechen. Einen jeden soll es schaudern beim Lesen, ein schlechtes Gewissen sollen sie bekommen, weil sie mich nie ernst genommen haben. Immer nur gesagt haben: „jetzt weiß ich nicht, wie du das meinst, ernst oder ironisch?"

Verflucht seid ihr! Seid ihr alle blöd ? Versteht ihr mich denn nicht? Niemand versteht mich! Jens hat alle Höhen und Tiefen seines bisherigen Lebens aufgezeichnet. Verzweifelte Appelle an Gott, Hilfeschreie, praktisch ins Nichts, Erinnerungen und Selbst-analysen, Unwichtiges, Unsinniges, absolut Geheimes sowie auch die für ihn wichtigen Wendepunkte im Leben. Es bleibt ihm nur, seine einfache Sprache zu benutzen. Wird diese ausreichen seinen Entschluss deutlich zu machen. Wird alles am Schluss für ihn einleuchtend und seine Begründungen stichhaltig sein? Kann man mit einfachen Worten zum Ausdruck bringen, wie kompliziert und anstrengend dieses kleine kurze Leben ist. Muss der kleine einfache Mann das überhaupt? Muss ich mich jetzt so wichtig machen?

Ein Leben das sich in Wirklichkeit nur jetzt im Moment abspielt. Die Realität ist in Wirklichkeit jetzt die Gegenwart, die spürbare Gegen-wart, und die kostbarste Frage an Sie ist in diesem Moment, wie wichtig Sie sich selbst nehmen jetzt und wie ernst Sie ihre Gedanken nehmen jetzt. Besteht das Leben nur aus Vergangenheit und Zukunft?

Von wegen: Die Gegenwart ist das Fenster in die Ewigkeit?

Spinne ich? Ergibt das alles überhaupt einen Sinn? Ich bin doch wirklich nur ein Furz im Weltall!

Was schreibe ich denn da? Seit 20 Jahren schreibe ich jeden Scheiß auf und jetzt soll ich auf einmal Gründe aufschreiben? So schreiben, damit jeder versteht, warum ich mich umgebracht habe? Aber es bringt doch alles nichts! Von Tag zu Tag wird das Leben unerträglicher, es wird alles schlimmer. Die Probleme sind nicht mehr zu bewältigen. Es staut sich zu viel an.

Ich pack' das nicht! Nie im Leben pack' ich das! Gedanken beobachten. Ruhig werden.

Ein warmes Gefühl in den Wangen, er schließt die Augen, um zu lauschen. Was sagt mir dieser Körper? Was will mir mein Verstand mitteilen?

Klaus sitzt erstarrt vor seinem Bildschirm. Das warme Gefühl kommt nur vom Blutdruck, vom Hass; leicht kauen die Backenzähne auf dem Fleisch der Wangeninnenseite.

Ich hasse mich und nicht erst seit gestern! Am liebsten würde ich jetzt einen Roman schreiben über einen Selbstmordattentäter. Ich glaub', das könnte ich gut rüberbringen. Das wäre für mich kein Problem. Ich wüsste schon, wer da eventuell mit auf die Reise geht. Eine Reise ohne Heimkehr.

Zweiter Akt Zweite Szene
Ein sauberer Schnitt

Es ist eigentlich nicht möglich, aus dem Leben zu gehen, ohne noch einen nachträglichen Hass auf sich zu ziehen. Kein Mensch wird verstehen, warum ich mich umbringe. Haus, Frau, Hund, Z4 etc.(hatte ich einmal).
Keiner wird es verstehen. Niemand. „Ich bring' mich um", hab' ich schon öfters wie einmal gesagt und meine Frau darauf immer: „Dann mach' es doch!" Es ist tief traurig, nicht traurig weil er sich umbringen wird, nein, es ist für ihn zutiefst traurig, dass man sich von dieser Scheißwelt nicht verabschieden kann, ohne schlechtes Gewissen. Soll Jens noch weiter schreiben oder gleich Schluss machen? Alles Scheiße, wenn ich nicht mehr da bin geht alles genauso weiter, die Welt ändert sich durch meinen Tod nicht!...nur ich hab' dann meine Ruhe!
Wie oft hab' ich das schon gedacht? Das ist nicht gut! Und warum soll er, ich, eigentlich seine ganzen Erfahrungen und Niederlagen auch noch aufschreiben. Das interessiert doch keine Sau! Nee, Quatsch, ich bring' mich um, auch ohne Buch. Ich und Buch schreiben, was für ein größenwahnsinniger Scheiß. Ich kann nicht schreiben, aber ich muss, gehen ohne Abrechnung, ohne Abschiedsbrief geht nicht. Wer ist schuld an allem? Ich? Ich hab' genug gekämpft. Ich wollt' doch nur ein bisschen Anerkennung, ein bisschen Liebe, ein bisschen Glück. Sinnlos, ziellos, wertlos, hoffnungslos, das sind die Adjektive meines Lebens, scheiß drauf! Sinnlos, ziellos, wertlos, hoffnungs-los....Vater, wo bist du? Herr im Himmel, hör' mein Flehen, gib mir doch ein Zeichen.
Tabletten oder Rasierklinge? Wann? Jens weiß ganz genau, dass diese Aktion keine Affekthandlung sein wird. Seit Jahren quält er sich durchs Leben. Zu viele Tiefschläge hat er erleiden müssen. Sieht man von den mselbst gemachten, künstlichen und zum Teil witzigen Selbstinszenierungen, die Wichtigtuereien, die für seine Kollegen die täglichen Brote sind, nein, er konnte das eigentlich nicht. Sinnlos, ziellos, wertlos, hoffnungslos. Ich will doch nur meine Ruhe.

Er hat sich für die Rasierklinge entschieden. Der angenehmste Zeitpunkt wäre ein Samstagnachmittag. Wenn seine Kollegen auf dem Fußballplatz stehen oder in der Sauna sitzen, wird er sich ganz genüsslich die Pulsadern aufschneiden, um denen mal zu zeigen, dass er derjenige ist, der den Durchblick hat, dass er derjenige ist, der ganz genau weiß, dass dieses Leben für den Arsch ist. Sinnlos und wertlos.

Er hat den Durchblick also du Scheißwelt ... wenn mich nur zumindest ein Mensch ernst genommen hätte!

Am Radio läuft sanfte Popmusik, auf die Badewanne hat er noch ein paar Teelichter gestellt, eine Extraportion Schaumbad macht sich auch gut. Wie heiß soll ich das Wasser hineinlaufen lassen?. Jens, komm, du hast doch Klaus versprochen, noch ein paar Zeilen zu schreiben, warum das Ganze, nimm dein Leben in die Hand, aber doch nicht so!

Hallo, ihr Ärsche! Schaut mich an, mein Gefühlsmantel ist nicht nur voll mit riesigen Löchern, nein, der ist nicht mehr zu flicken, da fehlt ein ganzer Ärmel und das Innenfutter hab' ich schon längst weggeworfen, weil es schon begonnen hat, sehr streng zu riechen...sozusagen der moralische Verwesungsgeruch war unerträglich.

Das Wasser muss so heiß in die Wanne, wie es nur geht.
Ich hab' schon Angst. Ich warte nicht lange, und halte die Rasierklinge direkt über den etwas helleren Streifen Haut, der kommt von der Armbanduhr, der Sommer war super, so und jetzt drück' ich ganz langsam, drück' ich die Klinge in meine Haut, und ich schneide mich... Ich kann jetzt nicht zurück oder bin ich vielleicht auch noch zu blöd, um mich umzubringen? War das tief genug?
Sofort spritzt eine kleiner dünner Strahl Blut heraus. Ich lass den Arm ins Wasser sinken und sehe ihn jetzt nicht mehr. Spür nur ein kleines Bitzeln am Handgelenk. Ich sehe kein Blut. Es spielt sich alles unter der schneeweißen Schaumdecke ab. Ich schließe die Augen bin jetzt müde...auf Wiedersehen, du schöne Welt! Grüß mir die Heimat! Sehen Sie, ich kann nicht ernst bleiben, immer ironisch und sarkastisch, die Leute haben recht, wenn sie sagen, sie verstehen mich nicht. Ich versteh' mich selbst nicht. Bin ich wirklich nur zu schwülstigen Gefühlen fähig, selbst wenn es die letzten sind. Schande, da muss man sich noch vor sich selbst schämen beim Abgang...Ich schäme mich sogar beim Sterben.

Keiner nimmt mich ernst. Spiel' ich hier nur Theater? Nehmen Sie mich wenigstens ernst in Ihrer Fantasie?.
Die ganze Welt ist nur im Kopf. Das muss man wissen. Die Welt, die ich kenne, ist nur in meinem Kopf. Die Welt, die Sie kennen ist in Ihrem Kopf.
Und hier liegt der Unterschied, der eigentlich keiner ist. Die Welt da draußen ist für alle gleich.

Die Verarbeitung

in meinem ersten dreiteiligen Werk, das sich nicht nur wissenschaftlicher Verfahren und Methoden bedient hat, waren Sie in den ersten beiden Akten im ersten Buch, Zeuge der Geburt von Klaus und Jens, sowie seinen 7 Freunden unter unserem Protagonisten Hans Keinhuhn. Er ist die Triebfeder, er ist der Mann, der ihre Nerven mit einem überlangen Brainstorming am Anfang strapazierte.

Nun beginnt das eigentlich Drama mit dem dritten Akt, in der dritten Szene, in der Jens von seinem Kamerad Nelson heimgesucht wird. Es folgen in Band zwei und drei noch 6 weitere Freunde.

Zweiter Akt – Dritte Szene

Das Ende hat immer einen Anfang

(Backspace, Klaus sitzt wie gelähmt vor seinem Laptop. Immer wieder liest er die Stelle in der Badewanne, die gefällt mir nicht. Quatsch ! Was soll an dieser Situation schön sein, oder interessant? Die Stelle ist schlicht und viel zu primitiv, aber wie geht es jetzt weiter?)

Jens liegt in der Badewanne und blutet. Langsam schwindet sein Bewusstsein. Seine Gedanken kreisen jetzt um einen Schulkameraden nach dem anderen. Der erste ist Nelson. Morgen ist doch dieses Klassentreffen. Nelson wird auch kommen. Nelson sagte immer: „Jeder bekommt das, was ihm zusteht" . Also Nelson war irgendwie eigenartig, und er hatte recht, jeder bekommt das was ihm zusteht. Genau, deshalb lieg ich hier - ich habe es empfangen. Es, das Etwas .....Aber was ist eigentlich? Doch es scheint zu spät zu sein, Nelson steigt in mir empor. Ich sehe ihn, ich spüre ihn, eigentlich waren alle 7 Klassenkameraden eigenartig, einzigartig. Einer davon war Nelson.

Nelson und die lauwarmen Volksmusikanten

Also, wir wollen Nelson jetzt nicht unbedingt zum Helden machen, ohne ihn vorgestellt zu haben. Aber man muss schon vorwegschicken, dass Nelson noch nie vor einer Herausforderung zurückgeschreckt ist.

(Wir haben nun Stufe 7 erreicht)

Sein Motto: Größenwahn ist eine Zier, die erlaub' ich mir. Nelson wäre gern international bekannt, ein richtiger Profimusiker, ein Jazzmusiker, oder ein klassischer Musiker. Seiner Fantasie sind in diesem Punkt keine Grenzen gesetzt. Gemessen an seinen Idolen und Idealen ist er nur ein lauwarmer Volksmusikant, der sich mit einfachem Blues und Folk zu profilieren versucht.

(Prof Varth: „Es ist heute lukrativer, sich der Tanzmusik hinzugeben!")

Seine Herausforderungen sind alle selbst gemacht. Ganz ehrlich gesagt, ist er in seinem Leben bis jetzt immer den bequemen Weg gegangen. Die Betonung liegt auf „immer!"

Er ist ein Beschenkter. Die Neider stehen bei ihm Schlange.

Nelson ist bekannt wie ein bunter Hund. Durch sein arrogantes und selbstgefälliges Auftreten versucht er den Eindruck zu vermitteln, als sei er der Beste, omnipotent und trotzdem hilfreich. Wobei ihn seine Mittelmäßigkeit innerlich tötet, jedoch schleichend. Mittelmäßigkeit bedeutet für ihn ein Verlust, eine Niederlage - sie ist ein fauler Kompromiss. Öffentlich Musik zu machen ist für ihn mehr als nur Spaß haben. Es ist Therapie. Es darf niemand erfahren, dass er krank ist. Krank ist das richtige Wort. Krank im Kopf. Es darf niemand erfahren. Das wäre die tödliche Schande.

Nelson ist ein Brainstormer. Das Musizieren ist sein Leben. Nelson weiß über seine Krankheit nicht viel. Kann er sich überhaupt behandeln lassen. Wer soll ihn behandeln? Die haben doch alle keine Ahnung wie es ihm wirklich geht! Niemand kann sich vorstellen wie so einer wie er, der ständig irgendwo auf der Bühne steht und den Musikkasper spielt, Probleme hat. Dabei noch lockere Sprüche vom Stapel lassen. Wie sein Vater. Lockere Sprüche, ohne jeglichen Tiefgang, vielleicht etwas Moralisches, vielleicht etwas mit Schadenfreude Vermischtes, aber das war es dann auch schon. Diese dunkelbraune Masse, in der er sich seine ganze Kindheit durch selbst gesehen hat, stinkt jetzt noch. Kein Tag geht vorbei, an dem er nicht diesen spießigen Geruch in der Nase verspürt. Wer war dieser Mann und wer war die Frau, die ihm auf Schritt und Tritt folgten?

Vielleicht ist es doch zu viel verlangt, von seinen Eltern geliebt zu werden. Nelson kann sich nicht erinnern, dass seine Mutter nur einmal zu ihm gesagt hat, dass Sie ihn liebt oder lieb hat - nichts. Kalt. Wortlos. Ohne Herz. Ohne Verstand. Generell ohne Gefühl. Das ist Nelsons Geheimnis. Er hasst seine Mutter und seinen Vater. Sein kleines rundes Gesicht mit den abstehenden Ohren strahlt nicht das aus, wie er gern gesehen werden möchte. Ja.. ja, mehr „Schein als Sein", hat seine Oma immer zu ihm gesagt.

Seine Knollennase, die über dem Schnauzbart hervorragend herausragt, ärgert ihn nicht so sehr, wie sein lichtes Haar und die etwas abstehenden Ohren. Seine Frau bekam fast die Krise, als er mit diesem hässlichen Brillengestell nach Hause kam. Es musste sein, Nelson hatte jede Menge Gründe dafür: billig, einfach, stabil und es hatte auch etwas für ihn politisches. Kein Mensch wird das verstehen, nur er. Nelson ist und bleibt ein hässlicher Vogel. Immer, wenn er verlegen wird, kratzt er sich am Hinterkopf, so wie jetzt gerade. Wenn er ehrlich sein soll, bezweifelt er, ob er jemals eine Frau bekommen hätte , ohne seinen Rampensau Bonus.

1 Kind, verheiratet, Beamter, Freizeitstresskandidat, Mitläufer seit seiner frühsten Kindheit. Wie geht das zusammen - Mitläufer und dennoch Protagonist, Rampensau auf der Bühne? Zuhause unglücklich. Sein alltäglicher Festigungspunkt ist sein gesellschaftlicher Status. Ein Einäugiger unter Blinden. Er will es nicht wahrhaben, aber seine Position als Beamter in der Stadtverwaltung verleiht ihm einen Status, den er nur schwer von sich schütteln kann. Nelson, das introvertierte Arschloch, der Schauspieler in der daily Soap „ Kumpel Nelson im Büro" - alles Quatsch. Die Leute kennen ihn in keinster Weise. Was seine Mitarbeiter von ihm wissen, ist gleich null. Alles, was sie wissen, ist dass er Musik macht. Dieser „Hans Dampf in allen Gassen".

Lediglich einnen einzigen Kollege von ihm sieht er als vertrauenswürdig an. Diesem werden dann Geheimnisse wie: „ Uuh....ich hätte niemals diesen Beruf ergreifen sollen....Uhh... ich hätte nie. in dieser Stadt diese Wohnung beziehen sollen.......uuhh......Das sind für Nelson schon höchst intime Informationen. Lachhaft.

Diese Weitergabe von Informationen kommt Nelson schon einem Geheimnisverrat gleich. Eigentlich nur kleiner Scheißdreck. Für Nelson aber schon etwas sehr Privates. Ich lach mich kaputt. Nochmal. Der Mann weiß einen Scheißdreck........

(Schnitt)

Klaus muss sich bremsen, so Typen wie den Nelson hasst er bis aufs Blut. Das nützt jetzt aber nichts. Lass Klaus sprechen über Nelson. Los, los !

Also, das sind eigentlich schon viel zu viele Informationen, die

65

dieser verehrte Kollege von ihm hat. Gott sei Dank, hat sich Nelson bis jetzt nur einmal verplappert. Seine größte Lüge - oder anders formuliert: sein größtes Geheimnis ist, dass er der große Abgucker ist. Weder die Mittlere Reife noch seinen Verwaltungslehrgang hätte er ohne Abspicken geschafft. Er würde heute vielleicht, mit Beziehungen, Mülleimer leeren. Mehr nicht. Die quälende Mittelmäßigkeit streckt sich bei Nelson erstens über seine geringe Musikalität, die er mit hervorragenden Bandkollegen kompensieren kann, die ziehen ihn musikalisch aus der Gosse, und zweitens über seinen ungenügenden Elan oder nennen wir es Ehrgeiz.

Das hat er jedoch noch niemals irgendjemandem gesagt, noch nicht einmal seinem Psychiater, den er vor 13 Jahren aufsuchen musste, um nicht verrückt zu werden. Jeden Morgen erwischt ihn das kalte Grausen, wenn er ihn den Spiegel schaut. Der Bauch wird auch immer schwabbeliger, die Lieblingshosen liegen schon einige Jahre auf dem Speicher. Größe 56 reicht schon lange nicht mehr. Schon lange wünscht er sich, wie ein normaler Mensch auszusehen.

Nelson ist eine Rampensau. Trotz ständigem Alkoholmissbrauch, verfügt er über einen Restverstand, den er noch nicht ganz versoffen hat, der ihm sagt, dass es Anerkennung und Liebe ist, die er sucht. Die er suchen muss. Liebe. Diese bekommt er tröpfchenweise aus dem Publikum von Vater und Mutterfiguren. Er sucht sich seine Eltern praktisch aus der Menge selbst aus. Auf der Bühne ist er jemand. Er steht oben, der Rest unten. Er oben, die Elternmimikries unten. Selbst Nelson, der von Psychologie keine Ahnung hat, weiß über die Existenz eines Unterbewusstseins.

Nachdem die Verstärkeranlage abgeschaltet, das Bühnenlicht ausgeschaltet ist, scheint der Zauber vorbei zu sein. Vereinzelt suchen ihn nach dem Auftritt noch ein paar Fans auf, um ihm zu sagen, wie toll er war, wie super er sein Instrument beherrscht. Doch das lässt ihn schon lange Jahre kalt. Kurz noch die Mundwinkel hochgezogen, ein freundliches Dankeschön, bis zum nächste Mal.

Beim Einladen des Equipments überkommt ihn aber schneller als ihm lieb ist die Depression. Die künstliche, kalte, stahlharte Wahrheit über sein Ich. Warum fühl ich mich nicht als Künstler? Warum fühl ich mich eher absolut künstlich, unnatürlich, unästhetisch, unglücklich. Unzufriedenheit gepaart mit Neid, was für ein teuflischer Cocktail.

Trotz all des Trubels und seines Bekanntheitsgrad fühlt er sich eingesperrt, offensichtlich allein, ratlos, am Ende, schon zum tausendstens Mal, immer und immer wieder und am Anfang immer wieder, in Wahrheit, niemand kennt Nelson auf dieser Erde, noch nicht einmal seine Frau. Die Wahrheit über ihre Heirat offen auszusprechen wäre ein Scheidungsrund. Es darf niemand irgendetwas Privates, Intimes von ihm erfahren. Es wäre sein Tod. All die Jahre hat er ein Bild von sich aufgebaut. Das kann er nicht aufgeben. Es aufzudecken, die Wahrheit sagen zu müssen, würde ihm die Seele aus dem lebendigen Leib reißen.

Morgen ist das Klassentreffen. Der Glaube, alles könnte etwas besser werden, ist weit weg. Hab' ich überhaupt mit dieser Scheiße auf dieser gottverdammten Erde etwas zu tun. Bin ich verantwortlich? Bin ich mitverantwortlich, bin ich vielleicht sogar mitverantwortlich nur weil ich hier bin, jetzt in diesem Moment jetzt? Wissen die bei dem komischen Klassentreffen überhaupt, wer ich jetzt bin ? Ich bin es Nelson, werde ich sagen, Musiker... ja, eigentlich nur Beamter. Ja was jetzt?, werden die fragen. Ja und ich werde sagen, ich bin Musiker und Schriftstelller, verdiene aber den größten Teil meines Lebensunterhaltes mit dem BeamtenDing.

Es ist mir lästig, immer diese Rechtfertigung. Ja ich bin das. Aber eigentlich bin ich ja das. Ich bin nicht das, was ich sein will - wie schrecklich. Aber die Wahrheit sag ich niemandem, lieber bin ich tot.

Nelson fühlt sich als einsamster Menschen auf der Welt. Seine innere Balance zwischen seinem Ich, seiner Person und seiner Erscheinung, zwischen seinem Innersten, seinen Idealen und der ihm aufgedrängten Realität stimmt nicht. Er wäre vielleicht etwas zufriedener, wenn er materiell und finanziell besser ausgestattet wäre. Was für ein Quatsch! Geld hatte ich eigentlich noch nie, sagt Nelson. Aber wo war ich denn stehen geblieben? Ach ja bei der Verantwortung.

Wann war ich zum ersten Mal in meinem Leben für etwas verantwortlich?

Starr vor Angst, es könnte wirklich ein Notlicht eines in Seenot geratenen Schiffes am Horizont über der Ostsee kreuzen, ließ uns 16 Jährige natürlich auch nicht schlafen. Unser Schullandheimaussichtsturm mit pädagogischer Langzeitwirkung war schon ein geiles Gestell aus altem Holz. Nicht zu fassen, aber es war die Geburtsstunde meiner Verantwortlichkeit. Hellwach. Es war auch viel zu kalt zum Schlafen. In dieser Nacht war ich wach. So wach wie noch nie. Ich war dafür verantwortlich, nicht einzuschlafen.

War diese Wachheit nur ein Gefühl oder war das schon so etwas wie Bewusstseinserweiterung? Oder einfach Angst, Angst als Gefühlserweiterung, nur weil ich einen Hauch von Hilflosigkeit gespürt habe? Nachdem Endlichkeit sich vorgestellt hat wie ein unbegreifliche Formel in der Mathematik. Heute ist dieses Gefühl klarer und schwerer, doch vor 35 Jahren im zarten Alter von 16? Bis zu diesem Zeitpunkt 1985, gab es überhaupt kein Gefühl von Wachheit kein Versuch, die Wahrheit über die Wachheit

herauszufinden - Der Wahrheit über die Wachheit. War vielleicht die Wachheit auch schon die Wahrheit. Wachheit und Wahrheit lagen an diesem Abend so eng zusammen.
Was erzähl ich hier, verstehen sie das?

Für heute unbegreiflich, nicht nachzuvollziehen, ich kann das gefühlsmäßig heraufholen aus dem dunkeln Keller, aber ich weiß nicht. Heute stehe ich abends im Freien und schaue in den Himmel. Das gleiche Bild mit dem gleichen Gefühl wie gestern. Jeden Abend das selbe Gefühl. Der gestrige Abend ist nur wenige Sekunden weit weg. Die Gegenwart erscheint ewiglich. Ich bin immer ich mit mir allein.

Dritter Akt Zweite Szene
Nelson und der tolle Hecht

Nelson: „In jungen Jahren hab ich mich schon mit Wiedergeburtstheorien befasst. Manchmal hab ich heute das Gefühl, bei meiner Person handelt es sich um eine Reinkarnation aus KZ Zeiten".

Ich hab ein Buch von Steiner gelesen. Vielleicht war das Gift? Die Einführung in die Anthroposophie. Es ist mir nur noch nicht klar auf welche Seite ich war. Häftlingsseite oder Aufseherseite. Wie soll ich nur in dieses Durcheinander Ordnung bringen. Lassen wir meinen Bewusstseinsstrom einmal rückwärts fließen. Das klingt gut, ist aber nicht machbar. Man spinnt sich so einiges im Leben vor sich hin. Ich frag mal Eiko morgen, der hat sich jahrelang mit dem Thema beschäftigt. Die Gedanken sind frei. Jeder kann denken und fühlen was er will warum und wieso. Gott sei Dank.

Stellen Sie sich vor sie laufen durch die Fußgängerzone und Sie hätten die Möglichkeit jeden Gedanken eines Passanten den Sie sich aussuchen gedanklich mitzuverfolgen, also direkt in sein Bewusstsein hineinzusteigen um zu hören was er gerade denkt. Ist mein Bewusstseinsstrom auch so ähnlich? Wär das ein Fortschritt. Ich denke nicht. Zu gefährlich, zu destruktiv, zu depressiv, zu aggressiv, zu einfach und zu direkt. Verstehen Sie, was ich meine? Da gibt es doch diesen Film mit dem Multimillionär Mel Gibson, Was Frauen denken! Möchten Sie dass jemand in ihr Hirn sieht, wenn Sie gerade wieder depressiv sind? Wenn Sie ihren Chef umbringen, wenn Sie Ihren sexuellen Fantasien nachgeben?

Nelson: „Möchten Sie irgend jemanden auf dieser Welt in sein upgefucktes Hirn sehen ? Möchten Sie selbst wegen primitiven menschlichen Gefühlen ausgelacht werden? Nein."

Also halten Sie den Mund. Sie schweigen. Sie sehen nur zu. In meiner Ausbildung zum Ingenieur habe ich schließlich jahrelang Berichte geschrieben, aber nicht deshalb weil ich so ein toller Hecht bin, nein, ich schreibe um zu überleben...Ja, der Nelson ist ein toller Hirsch...ICH....Ich will in das Gehirn anderer hineinschauen, ja ich will wissen was der andere denkt, ich will wissen was er fühlt und warum, ich will wissen wie er sich die Welt zusammenspinnt, ich will wissen was ihm wichtig ist, ich will wissen mit was er sein Unterhalt verdient, ich will wissen ob er zufrieden ist, ich will wissen ob er weiß wie man Glück buchstabiert, ich will wissen ob er Angst hat vor dem Tod, ich will wissen ob er gläubig ist....doch zu oft bleibt nur ein Spekulieren übrig, was der Mensch der gerade neben mir sitzt wirklich denkt. Wo steh ich dabei?

Mein Ego, dass ich schon seit 4 Jahrzehnten hege und pflege, kann meinem innersten Ich nicht gerecht werden. Jetzt, spätestens jetzt werden Sie denken, uhh, der hat ja ne ganz schöne Macke, Spricht von Ego und Ich wie von zwei verschiedenen Dingen.

Auf den Punkt gebracht, mein neidisches Ego kann machen was es will, es kann alle Arten von Aktionismus an den Tag legen, es beruhigt sich nicht. Der Neid ist ein Seelenbakterium, eines von vielen, an denen mein Ich zugrunde geht. Der Teufel ist der Neid. Ich bin der Neid. Ich bin der Teufel. Nelson und sein Neid das ist ein langes Kapitel. Ist Neid ein Gefühl oder nur eine Bewusstseinseinstellung.

Neid als angelernte „anerzogene" Einstellung zum Leben. Ich hasse mich. Ja halt STOP, werden Sie nun sagen, das war doch das Ego das versagt? Ja das stimmt, aber das Ego, das sich selbst nicht mehr leiden kann, weil es so klein und so armselig ist, reißt das ICH mit in die Tiefe.... es sei denn, das Ich ist intelligent genug, und kann sich selbst heilen, kann sich befreien von dem materialistischen habgierigen EGO, das wirklich nur sich selbst im Auge hat! Nelsons Vater hat sich unter dem Dach erhängt.

Buddhisten glauben es gibt kein ICH. Ja also was gibt es da noch zu retten? Abschied vom EGO bedeutet Abschied von Hass, Neid und alle Arten von Gier. Was wir wollen, ist einfach nur zufrieden und glücklich zu sein. Ein Funken des Heiligen Geistes, ein Moment mit Buddha, eine kurzes Gespräch mit Allah. Was ist das, was soll das, wie geht das jetzt weiter? Es ist und bleibt ein Gespräch mit uns selbst. Wir müssen, jeder muss mit sich selbst besser umgehen.

Wir werden sterben. Wir werden alle alleine sterben müssen.

Aber wir haben die Chance friedlich zu sterben. Wir haben die Chance friedlich zu leben und zu sterben. Jede Sekunde auf dieser Erde ist ein Geschenk.

Ich muss das mit dem Ego und dem ich noch in den Griff bekommen. Mit wem reden sie jetzt, mit meinem ICH oder meinem EGO, meinem Überich oder meinem ES?

Nelson war bemüht an sich zu arbeiten. Es war an der Zeit eine Veränderung herbeizuführen. Einige Bücher hat er gelesen, „Wokini" von Sparks, „Sorge dich nicht – lebe" von Carnegie, „Ich höre, also bin ich" von Berendt, ein Taschenbuch von Alice Miller und eins von Verena Kast und noch 2, 3 andere. Jedoch ohne sichtlichen und spürbaren Erfolg für ihn. Wie sollte das auch funktionieren?

Lese ein Buch und die Welt ist in Ordnung? Was soll das alles? Hallelulia! Wir sind nicht die Ursache für unsere Existenz. Das Leben wurde uns gegeben um das Beste daraus zu machen. Das bedeutet nicht Geld zu scheffeln und ein Haus nach dem anderen zu bauen. Es werden ihnen sofort noch einige Dinge einfallen, wozu das Leben nicht da ist, aber Ihr EGO denkt es braucht es.

Nelson: "Jedoch mein Leben ist so armselig, das begreift kein Mensch. Wenn ich jemanden begegne, schau ich erstmal genau hin, was diesen Mensch vielleicht beneidenswert macht. Danach entscheide ich, ob sich dieser Mensch qualifiziert um in meine Reihen aufgenommen zu werden oder nicht".

An Weihnachten ueberkommt Nelson jedes Jahr das gleiche unbeschreibliche Armseligkeitsgefuehl. Die Menschen um ihn herum feiern das Fest im Familienkreis. Und er ? Was hat er ? Nichts !

Wie machen Sie das ?
Nelson weiß, dass er sich selbst damit beraubt, er muss einen anderen Weg gehen. Er hasst Menschen, die praktisch ohne ihren Verdienst,nur durch Heirat, oder auch Erbschaft, reich werden oder schon sind. Kein Weg führt ihn zu diesen Menschen. Er würde einiges tun, um dieses Gefühl los zu werden.
Ein abgrundtiefer Neid, für ihn unbezwingbar, beschmutzt seine Seele, ja, er wäre gern ohne Neid. Jede einzelne Zelle seines Körpers scheint vom Neid zerfressen. Was für ein Gefühl das sein soll? Ein totes Gefühl.
Einmal ging ihm sogar der Gedanke durch den Kopf, nicht Gefühl, wenn ich den Neid bekämpfen könnte, wenn ich das Werkzeug zur Vernichtung dieser Behinderung hätte, diesen Staus erreichen könnte, ohne Neid zu sein, dann würde er dem Glück aus dieser beschissenen Welt etwas näher gekommen. Was ein beschissener Satz.
So bleibt aber Glück und Zufriedenheit nur eine Illusion. Gedanke und Gefühl, Geist und Psyche, Person und Ich, klassische Pole die ihn in Stücke reißen möchten. Er muss sich entleeren, frei machen, unabhängig machen, sein eigenes Leben gestalten, seine Zukunft planen, er muss, muss, muss. Seine Mutter ist an einer Überdosis Schlaftabletten gestorben. Sie hat ihre erste Abtreibung nie überwunden.
Nelson glaubt zu wissen, dass es einen Weg aus jeder Misere geben muss.
Wieder bei Klaus. Das Buch muss so schnell wie möglich fertig geschrieben werden. Dieses Verharren in der Depression kostet unheimlich viel Energie.
Klaus spürt, dass ihn die Schreiberei in die Tiefe zieht. Nelson ist ein harter Brocken. Klaus muss sich darauf einstellen in den nächsten Tagen und Wochen Seiten an sich zu erkennen, die er zuvor noch nicht einmal geahnt hat. Wie groß ist seine intellektuelle

Fähigkeit, wie weit kann man sein Bewusstsein öffnen, wie tief kann man in fremde Gefühle eintauchen, wie lange kann man sich in fremden Welten aufhalten? Wie vielen selbst erzeugten, künstlichen Gefühlen kann man widerstehen ?

Wie hoch ist seine emotionale Intelligenz im Umgang mit sich selbst?

Wie viele Wochen kann man in verschiedene Personen hineinschlüpfen? Wo sind die Grenzen?

Klaus hat das Gefühl mit diesem Stück, trotz aller Schwierigkeiten, auf dem richtigen Weg zu sein. Ehrlich.

Jedoch muss dieser Kampf am oberen Rand zum Wahnsinn bald ein Ende haben. Es muss Klarheit herrschen.

Jens der alle Liebe verloren hat, weiß nicht mehr ein noch aus. Gibt es Hilfe?

Dritter Akt – Dritte Szene

Das Theater kann beginnen

Vorhang auf für Nelson

(Hans sieht vor seinem geistigen Auge die genauen Platzierungen. Auf der linken Seite, vor dem schwarzen Bühnenhintergrund, Scheinwerfer auf Jens. Weiße freistehende Badewanne aus den 20er Jahren. Es werden alle 7 Kameraden einer nach dem anderen antreten. Alle bekleidet in grauen Strafklamotten.
Jens liegt mit aufgeschnittenen Pulsadern in der Badewanne. Seine Augen sind geschlossenen. Sein linker Arm hängt über dem Rand heraus auf den Boden. Blut tropft ganz langsam aus seiner kleinen Schnittwunde. Mit dem Rücken zum Publikum sitzt auf der rechten Seite Klaus, der die Zwischenpassagen vorliest. In hellem Scheinwerferlicht steht Nelson in der Mitte der Bühne. Kerzengerade, die Hände an der Hosennaht ausgestreckt und angepresst, steht Nelson wie sein Soldat vor dem Kriegsgericht. Jens hat ihn antreten lassen.)

Jens: „Also! Nelson was willst du hier?"

Nelson: „Ich hatte plötzlich das Gefühl dich besuchen zu müssen".

Jens: „Bist du immer noch auf diesem Scheißamt ? ist der, wie heißt er nochmal, ist auch egal".

Nelson: „Das kann doch dir egal sein!"

Jens: „Rede nicht so mit mir! Denke daran warum du hier bist, du Verräter. Wie soll es mir denn gehen? Ich liege hier und warte auf das Ende.

Nelson: „Wieso denn das?"

Jens: „Ich ....!"

Nelson: „Mit dem Auslöschen deines Lebens wirst du nichts gut machen. Du wirst nur deine nächsten Menschen verletzten, du Depp. An den Problemen änderst du damit auch nichts. So geht das nicht!"

Jens: „Soll ich dir mal erzählen was bei mir alles schief läuft?"

Nelson: „Brauchst du nicht ... ich kann das fühlen".

73

Jens: „Ich hatte kein so schönes Elternhaus!"

Nelson: „Ach der Armer! Ich glaube ich werde zum Tier. Du unzufriedener Mensch. Sei du doch ruhig!
Mann, Du hattest es doch super. Als Kind warst du behütet von Frauen, Omas, Tanten und Cousinen. Im Alter von 21 konntest du dich vor Schwägerinnen und Schwiegermüttern nicht mehr retten. Das war doch eine bequeme und gut versorgte Situation für dich! Ich, ich war allein, nicht du!
Ich war ganz allein. Ich durfte keinen Menschen mit nach Hause bringen. Weißt du, was das heißt. Du hast keine Ahnung! Freunde hatte ich praktisch keine. Die Freunde mit 17, als wir anfingen zu trinken und zu rauchen willst du mir sagen, dass das Freunde waren? Sauf und Kiffkumpane!
Das einzige Gefühl aus dieser Zeit war vielleicht ein Hauch von Solidarität, dass bei mir entstanden ist. Solidarisch mit anderen armen Arschlöchern, die emotional kaputt, und nur Alkohol und Haschisch im Kopf hatten."

Jens: „Ich kenn dich doch aus dieser Zeit. Nur die Abfallprodukte blieben für dich übrig. Du warst doch nur Mitläufer!"

Nelson: „Aber zu dieser Zeit nach außen hin ein glücklicher Mitläufer, wenn ich genug intus hatte, und umringt war von meinen „Freunden".

Jens: „ Aber trotzdem, du hast es doch geschafft. Toller Beruf, tolle Familie, tolles Haus, fährst immer in Urlaub, hast ein tolles Hobby, du wirst geliebt...."

Nelson: „ Ja, viele Äußerlichkeiten.....aber, was ist mit dir los? Was ist passiert? Warum muss ich jetzt bei dir erscheinen?"

Jens: „Warum, frag doch nicht so! Du gehörst zu der Gruppe von Menschen, die ich immer beneidet habe. Das war mein Untergang. Du bist mein Untergang. Deshalb schwebe ich jetzt hier zwischen Realität und Traum und Leben oder Tod."

Nelson: „Das ist doch dein Problem, nicht meines!"

Jens: „Sag ich doch, du hast damit gar nichts zu tun!"

Nelson: „...aber das ist doch mehr wie dramatisch, wenn du dir dein Leben nimmst, wegen mir?"

Jens: „........ja, nicht nur wegen dir, da gibt's auch noch andere."

Nelson: „Komm lass uns darüber reden!"

Jens: „Da gibt es Nichts mehr zu reden, soll ich jetzt alles nochmal wiederholen?"

Nelson: „Was wiederholen?"

Jens: „Das was ich die ganze Zeit schon gesagt habe. Ich habe täglich zu kämpfen mit der ausweglosen Leere, hoffnungsloser Gottlosigkeit, größter Unzufriedenheit, materieller Armut, nervender Eingeschränktheit, leichter Behinderung, schmerzender Haltlosigkeit, verwirrender Unruhe und quälender Sinnlosigkeit. Das hat sich über Jahre angestaut. Es ist nicht einfach. Verstehst du. Ich gehöre nicht hier her! Ich bin nicht von dieser Welt!"

Nelson: „Das hab ich mitbekommen, du bist vielleicht im falschen Film? Hör zu: „Ich erzähl dir von einem interessanten Typen (1). Er hat als junger Mann In New York gelebt und war sehr unglücklich. Um leben zu können, musste er Lastwagen verkaufen. Er hasste es in billigen Lokalen zu speisen. Er hasste alles, seinen Job seine Wohnung, die Stadt. Also, was macht der gute Mann er schmeißt seinen Lastwagenverkäuferjob hin und geht an eine Abendschule um Erwachsene zu unterrichten. Er hatte schließlich am Lehrerkolleg studiert, um Lehrer zu werden.

Jens: „Du erzählst mir hier einen Scheiß?"

Nelson: „Nein warte, es kommt noch toller. Zu allererst unterrichtete er in freier Rede, aber mit der Zeit erkannte er, dass diese im Beruf stehenden Studenten auch das Wissen brauchten, wie man sich Freunde erwarb und diese Menschen beeinflusste. Da er leider über zwischenmenschliche Beziehungen kein passendes Unterrichtsbuch finden konnte, schrieb er selbst eines."
Jens: „Hast du sie noch alle? Soll ich darauf eingehen? Sag bloß du willst mir jetzt erzählen wie man sich Freunde kauft und wie man Menschen manipuliert. Hör auf!"

Nelson: „Nein, das will ich nicht, aber ich muss dir noch ein paar Ratschläge geben von ihm. Regel 1: Wenn du Angst und Sorgen vermeiden willst, grübele nicht über deine Zukunft nach. Lebe einfach nur jeden Tag bis zum Zubettgehen".

Jens: „Hör auf!"

Nelson: „Stop, jetzt kommst noch dicker. Rat nummer 2 Wenn du nochmal vor Problemen stehen, frag dich: Was kann mir als Schlimmstes passieren, wenn ich es nicht schaffe mein Problem zu lösen. Bereite dich vor, das Schlimmste zu akzeptieren, falls nötig, und bereite dich vor, das Schlimmste in Gedanken wieder abzuwenden."

Jens: „Ja, da hätt ich was. Das Schlimmste ist elendlich abkratzen, weniger schlimm ist ein schneller Abgang."

Nelson: „Komm jetzt sei doch nicht so. Hör noch zu! Sorgen und Probleme haben einen hohen Preis für deine Gesundheit. Und du darfst nicht vergessen, dass man früher stirbt, wenn man sich ständig selbst Stress macht. Das brauch ich dir jetzt nicht gerade zu sagen."
Jens: „Mach dich nicht lustig!"

Nelson: „Du musst dein Problem genau analysieren! Verstehst du. Wie heißt es, wo kommt es her. Welche Lösung gibt es und welche ist die Beste."

Jens: „Hör zu! Problem erkannt! Das Problem bin ich. Wie es heißt? Jens. Wo es herkommt? Aus mir! Lösung keine. Einzige bis jetzt, wegrennen, Schlussmachen."

Nelson: „ok, ich hör jetzt auf mit dieser Tour. Aber eins noch, weißt du eigentlich, dass ein Drittel aller Leute, die zum Psychiater laufen, sich wahrscheinlich selbst heilen könnten, wenn sie interessiert daran wären ihren Mitmenschen zu helfen. Ist da ein Einfall von mir? Nein! C.G. Jung sagte:" Ungefähr ein Drittel meiner Patienten leidet an keiner klinischen Neurose, sondern an der Sinnlosigkeit und Leere ihres Lebens. In anderen Worten sie versuchen per Anhalter durchs Leben zu fahren und die Wagenkolonne rauscht vorbei, ohne anzuhalten. Und geben nur anderen die Schuld.
Alles andere in dem Buch sind nur noch Ratschläge und kluge Sprüche wie: „unser Leben ist das Produkt unserer Gedanken", das weiß doch Jeder."

Jens: „Ja gut und weiter. Willst du mir noch etwas sagen?"

Nelson: „Ja, warte, kennst du W O K I N I? (2)"

Jens: „Ich will mich nicht lustig machen, aber denkst du wirklich, du könntest mich hier mit ein paar Sprüchen aus der Badewanne ziehen?
Meine Gedanken und Entschlüsse beruhen auf persönlichen

Erkenntnissen, ich leide!, und die werden nicht durch Ratschläge aus deinem PsychoVoodoo einfach weggewicht! Ich hab die Schnauze voll. Bist du blöd, verstehst du das nicht? Ich hab keine Lust auf die ganzen Scheiße hier. Ich bin doch das Arschloch!

Nelson: „Hör zu! Ich mach's ganz kurz."

Jens: „Mensch hau ab, ich konnte dich noch nie leiden!"
Nelson: „iss ja gut …...hör zu. Du willst doch wieder dein Glück finden. Was kannst du selbst tun, um wieder glücklich zu sein? "

Jens: „Glück hat man oder man hat es nicht. Glück kommt, Glück geht. Glück ist etwas, dass bekommt man geschenkt, oder man ist das ganze Leben am warten. Das kennst du doch. Warten auf Godot."

Nelson: „Stimmt nicht. Du kannst für dein Glück was tun. Du musst daran arbeiten. Bei Wokini geht es um Mythen, die um das Glück kreisen, und es geht vor allen Dingen darum herauszufinden was wichtig ist um glücklich zu sein und auch warum es wichtig ist glücklich zu sein. „
Anhand einer Schriftrolle auf der in sieben Bildern die Reise des Verstehens aufgezeichnet ist, macht sich ein junger Mann auf den Weg, um sein Glück zu finden. Wollen wir nicht alle den Weg zum Glücklich sein finden? Gilt nicht unsere Sehnsucht im Leben genau diesem Ziel? "Wokini" bedeutet in der Sprache der Lakota Indianer "ein Leben in Frieden und in vollem Glück".
Wokini ist aber auch die Geschichte des Indianerjungen David, der tieftraurig über den Tod seiner geliebten älteren Schwester einen Weg aus seinem Unglück sucht. Sein Vater übergibt ihm eine alte Schriftrolle, doch David kann mit den fremden Symbolen nichts anfangen. So begibt sich der Junge auf eine lange Reise, die ihn auf den Weg der Erkenntnis führt. Schritt für Schritt muss er sich selbst den Weg zum Glücklichsein durch eigene Erfahrungen und Erkenntnisse erarbeiten.
Es geht vor allen Dingen in diesem Buch um den Versuch indianische Philosophie in die Neuzeit hinüber zu retten. Es soll ein Leitfaden zum Lebensglück darstellen."

Jens: „Ein Leitfaden, so ähnlich wie eine abgegriffene Gebrauchsanweisung?"

Nelson: „Ja, der Leitfaden besteht aus 7 Bildern. Jedes einzelne hat seine besondere Bedeutung. Die erste Lektion handelt von Iktumi der Spinne. Sie ist Sinnbild für die Lüge und den Betrug. Die acht Lügen Iktumis sind 1. Wenn ich nur Reichtum besäße, dann wäre

ich glücklich. 2. Wenn ich nur Ruhm erlangen könnte, dann wäre ich glücklich.3. Wenn ich nur den richtigen Ehepartner finden könnte, dann wäre ich glücklich. 4. Wenn ich nur mehr Freunde hätte, dann wäre ich glücklich. 5. Wenn ich nur ein attraktives Äußeres hätte, dann wäre ich glücklich.6. Wenn ich nur keine körperliche Behinderung hätte, dann wäre ich glücklich."
7. Wenn nur der geliebte Mensch nicht gestorben wäre, dann wäre ich glücklich. 8. Wenn nur die Welt ein friedlicher Ort wäre, dann wäre ich glücklich. Also, diese acht Lügen von der Spinne kannst du nachvollziehen, oder?"

Jens: „o.k. ich kann mir schon vorstellen, dass zum Beispiel Geld allein nicht glücklich macht, aber wie schon tausendmal gesagt, es beruhigt! Die Message hinter allen 8 Punkten, sei unabhängig von weltlichen materiellen oder anderem Scheiß: du kannst glücklich sein wenn du willst?"

Jens: „Der Schlüssel zum Glück ist der Wille?"

Nelson: „Genau! Die Bedeutung des zweiten Bildes vom malenden Mann ist, dass Glück ein Gefühl ist, das nur von innen kommt und nur man selbst es kontrollieren kann.
Glück hängt nicht von äußeren Ereignissen ab. Glück ist ein Gefühl mit mir, in mir selbst. Die Harmonie mit mir selbst. Ich brauche nicht zu lügen. Du musst lernen glücklich zu sein!"

Jens: „Tut mir leid, da kann ich nur sagen: „ positiv denken ist Scheiße"

Nelson: „Sag das nicht. Sei nicht gleich so negativ. Bevor du glücklich sein kannst, musst du den Sinn des Glücks verstehen. Wenn du es verstehst kannst du den Teil des Lebens für dich ändern. Du musst dich nach dem Glück sehnen und du kannst das Glücksgefühl steht's in dir tragen."
Das dritte Bild zeigt die Lektion des Feuers. Du solltest das Glück zu deinem persönlichen Ziel erklären. Es geht darum dir zu erklären warum man nie verzweifelt sein sollte weil dadurch nur neue Probleme entstehen. Es behindert die Freundschaft mit anderen Menschen, bringt dir keinerlei Vorteile, dein Leben wird schließlich zerstört. Warum es wichtig ist, glücklich zu sein, das brauch ich dir nicht zu erklären, oder? Wenn du glücklich bist, fühlst du dich gut, empfindest du Freude, Frieden, Zuversicht und Zufriedenheit; bist du zufrieden mit dir und deinem Tun; sind andere Menschen gern mit dir zusammen; hast du eine höhere Selbstachtung. Du bist in einer besseren körperlichen Verfassung; du kannst jedes Problem, das sich ergibt, leichter lösen; du verfügst über zusätzliche Energie;

die dein Leben wird positiv; Dein Leben wird ein Glückliches sein!"

Jens: „Das ist doch nur eine Kopfsache! Du sollst, du musst, hör ich nur von dir. Kann man nicht einfach so glücklich sein?"

Nelson: „Nein, du musst wirklich etwas tun dafür! Man bekommt nichts geschenkt. Auch nicht, und gerade nicht das Glück! Das vierte Bild zeigt ein Mann unter einem Baum. Jeder kann lernen über das eigene Glück zu bestimmen. Jens, hör gut zu! nur dein Geist wird dich glücklich machen!"

Jens: „...hat es dich glücklich gemacht?

Nelson: „...um mich geht's hier nicht"

Jens : „...doch um dich auch"

Nelson: „Quatsch. Hör zu! Bei dem Bild vom Baum geht es um den Kreislauf des Lebens. Den Kreislauf erfassen und verstehen. Zum Beispiel den von der Eichel zum Baum. Das Glück kommt aus deinem Innern. Du wirst glücklich sein, sobald du den Kreislauf des Glücks für dich nutzt. Das Geheimnis ist die Meditation. Du musst an etwas denken was dich glücklich macht, und sagst du zu dir selber in deiner Meditation, „ich bin glücklich. Dann bist du auch glücklich. Das ist das ganze Geheimnis".

Jens: „Das ist doch nichts anderes als positives denken! Sich selbst etwas vormachen, was überhaupt nicht stimmt."

Nelson: „Was stimmt nicht? Du kannst nicht glücklich sein? Ich muss dir noch das fünfte Bild gleich jetzt erklären, vielleicht verstehst du dann um was es geht! In dieser Lektion sollst du lernen dich und die Welt als etwas Besonderes ansehen. Nicht so abfällig wie du immer über dich redest! Die 10 Wahrheiten des Glücks sind in deiner täglichen Meditation enthalten. Folgendes musst du beachten. Erkenne, dass du das außergewöhnlichste Wesen bist das jemals erschaffen wurde. Würdige, was das Leben dir gegeben hat. Sei dankbar. Du kannst hoffen beten fühlen atmen riechen sehen gehen, sprechen, helfen. Betrachte dein jetziges und zukünftiges leben mit Optimismus und Hoffnung. Setzte dir mit interessante Ziele einen Sinn in dein leben. Lebe jeden Tag so als wär es dein Letzter!"

Jens: „Ja der ist es auch, da lach ich doch !"

Nelson: „Siehst du dir fehlt die Ernsthaftigkeit!" Du sollst keinen

Augenblick verschenken. Nutze ihn 100 % aus!"

Jens : „CARPE DIEM ... alter Hut !"

Nelson: „Der sechste Stock soll dich daran erinnern dich auch auf Niederlagen einzustellen. Wenn etwas schief läuft, lächle einfach!"

Jens : „So ein Mist, im Betrieb geht eine Maschine in die Brüche, du bist Schuld, und lächelst?"

Nelson: „Der siebte Stock sagt: „Lerne dich selbst anzunehmen und zu lieben"
Jens: „alter Hut ... neues Testament!"

Nelson: „Es geht weiter, wenn ich mich nicht lieben kann, kann ich nicht glücklich sein, bin ich nicht glücklich ist mein leben sinnlos!"

Jens: „Sag ich doch, Bravo Bravissimo, Jens du bist einfache spitze. Geh heim!"

Nelson: „Der achte Stock sagt, Sei niemals ein Perfektionist." Der 9 Stock bedeutet, Lerne über das leben zu lachen und der letzte 10. Stock soll dich daran erinnern im Leben immer den Standpunkt des anderen zu verstehen. Du musst dir die Nächstenliebe auf dein Programm schreiben, dann wirst du glücklich. Mit dem sechsten Bild sollst du erinnert werden dich auch körperlich zu betätigen!"

Jens: „Haste auch noch was auf Lager was vielleicht neu sein könnte ? Das weiß doch jeder. Mens sana in sana corpore est. Gesunder Geist in gesundem Körper oder so!"

Nelson: „Ja also, wenn du schon alles weißt dann leb doch nach diesen Regeln und werde glücklich, mach's doch! Lektion sieben ist das Bild der Jahreszeiten. Das zeigt dir, dass ein Wechsel notwendig ist. Vermeide Situationen die dich stören. Denke darüber nach was dich glücklich macht. Man muss etwas ändern um glücklich zu werden. Am Ende ist es wichtig, dass du eine Veränderung vornimmst. Wenn du unglücklich bist musst du nicht nur innen sondern auch außen einen Wechsel vornehmen.

Jens: „Mein lieber Freund. Jetzt hör du mir mal zu! Es freut mich wirklich dich heute hier zu sehen und es ist auch schön mit dir ein Gespräch zu führen. Du legst dich wirklich sehr für mich heute ins Zeug. Ich muss dir aber sagen, dass du mir mit deinem Indianerphilosophiekram nicht helfen kannst. Diese Muss und SollstRichtlinien sind mir bekannt. Das Einzige was ich dir anrechnen kann ist die kompakte Form in der du allgemein gültige moralische und ethische Richtlinien weitergibst. Aussagen wie, das Glück hängt nicht von äußeren Ereignissen ab, du solltest das Glück zu deinem persönlichen Ziel erklären, du musst den Kreislauf des Lebens erfassen und verstehen, erkenne, dass du das außergewöhnlichste Wesen bist, setzte dir mit interessante Ziele oder du musst dir die Nächstenliebe zu eigen machen, das sind doch nun wirklich allgemeine Tatsachen in diesem Leben und keine Geheimnisse."

Nelson: „Ich sehe dir ist nicht zu helfen.(Nelson verläßet die Bühne und geht nach hinten ins Dunkel)

Jens: „Ja hau du ab, du brauchst überhaupt nicht mehr zu kommen......."

(Klaus liest: „Jens spürt etwas. Er war noch keine fünf Jahre alt, als er die gleichen Worte seinem Vater nachgerufen hat. Er kam nie wieder. Er hatte ihn damit vorläufig ausgelöscht. Von da an war er physikalisch nicht mehr existent.")

Nelson betritt wieder die Bühne.

Jens: „Nelson, gut das du da bist, ich hab es nicht so gemeint!"

Nelson: „Ich hab dich gehört! Du hast mich gerufen?"

Jens: „Du, verzeih mir!"

Nelson: „Alle 40 Minuten tötet sich ein Mensch in Deutschland. (3) Alle 5 Minuten versucht ein Mensch sich das Leben zu nehmen! Suizid ist eine ganze normale alltägliche Angelegenheit."

Jens: „Hurra, bin ich letztendlich doch normal !"

Nelson: „Quatsch, schon der alte Scholastiker Thomas von Aquin sagte: "Wer sich des Lebens beraubt, sündigt gegen Gott, so wie der, der einen Sklaven tötet, gegen den Besitzer des Sklaven sündigt. Da der Selbstmörder seine Sünde nicht mehr bereuen kann, ist seine Seele verloren. Nur Gott allein hat das Recht über Tod und Leben zu entscheiden."

Jens: „Gott, bleib mir fort mit Gott. Mach mich nicht wild! Sonst steig ich aus der Wanne und dreh dir die Gurgel rum!"

Nelson: „.....und es gibt keine Totenmesse und Beerdigung!"

(Jens ist total außer sich. Vor Wut zitternd reckt er seine Arme in die Höhe und schreit: „Leck mich am Arsch mit deinem Gott!"

Nelson: „Ist es dir lieber wir sprechen dann in deinem Fall von Selbsttötung oder noch viel heroischer von Freitod? Bei den Eskimos war es ehrenvoll der Krankheit und dem Alter zuvorzukommen. Sie gingen allein in Eis und Schnee. Du bist nicht krank und nicht alt!
Was ist mit dir überhaupt los?"

Jens: „Ich bin verzweifelt, traurig, total überfordert und die ganze Scheiße ist nicht zu beeinflussen, verstehst du, da ist nichts zu ändern, nichts zu rütteln, da gibt's kein Aha Erlebnis, oh ja, ich verstehe, für mich, ich kenn mich aus, alles ist Scheiße, inklusiv mir selbst. Ich habe nichts mehr im Griff! Die Situation ist unüberschaubar in den Dreck gefahren. Kapierst du das, oder bist du zu blöd? Versteh doch ich bin nicht zu retten. Geh woanders hin! Ich bin es nicht wert"
Nelson: „Mann oh Mann! Wie du von dir selbst redest! Du hast doch einen Sohn! Wie alt ist der?"

Jens: „20"

Nelson: „Was würde der sagen, wenn er dich so reden hört? Beschreibe deinen Sohn!"

Jens: „.....meinen Sohn beschreiben, ja, das ist relativ einfach. Der gleicht mir sehr. Mensch, wenn der jetzt hier hereinkommen würde, dann bräuchte ich dir nichts mehr weiter zu sagen. Stolze Erscheinung, blitzende klare Augen, heller Verstand, freundlich, zuvorkommend, intelligent...."

Nelson: „Toll, so bist du auch!"

Jens: „Ich sprech von meinem Sohn!"

Nelson: „Ja...und auch von dir. Du hast gesagt, er würde dir gleichen!"

Jens: „ Ja, aber, oh, Mann, da bin ich wohl voll in deine Psychofalle getappt, wenn ich meinen Sohn meine, dann mein ich doch nicht mich."

Nelson: „Bei einer Selbsttötung kommen meistens 3 Faktoren zusammen. Der erste Faktor ist der Ausbruch einer psychischen Energie, die sich negativ auswirkt, ein intensiver Stresszustand, zweitens ein akuter psychischer Schmerz und drittens man fühlt sich von äußeren Ereignisse überwältigt.

Psychodynamischer Ansatz nach Freud, sieht so aus, dass die Selbstschädigung die Introversion der Aggressivität darstellt, die eine Person vollzieht, wenn sie nicht in der Lage ist, ihre Triebregungen auf das Objekt der Libido zu richten. (3-s.31)"

Dritter Akt -Vierte Szene
Das Liebesobjekt

Die Person, die das Liebesobjekt, das sie verloren zu haben fürchtet, verinnerlicht (oder sich imaginär einverleibt) hat, erachtet es als einfacher, ihr Aggressivität gegen diesen verinnerlichten Teil zu wenden, als nach außen, denn dies würde ihr Über-Ich verhindern. Das Über-ich, verstanden als unbewusstes Bewusstsein, unterwirft die Person, indem es sie zwingt, die sozialen und moralischen Normen zu beachten. Die Selbstzerstörung erlaubt nun einerseits, die geliebte Person anzugreifen (den von ihr verinnerlichten Teil in der Fantasie zu töten), weil sie schuldig wurde, einen verlassen zu haben, andererseits fungiert die Selbstzerstörung als Strafe, die das Über- ich androht, weil dem Liebesobjekt gegenüber aggressive Impulse gehegt wurden. Hast du das jetzt verstanden?

Jens: „Was soll das Alles? Das war doch viel zu kompliziert! Über-ich, Selbstzerstörung des verinnerlichten Teil der geliebten Person, hast du sie noch alle?"

Nelson: „Wenn du nicht sagst, was dich wirklich erdrückt, dann kann dir kein Mensch helfen! Nur das Herumwerfen mit Begriffen wie unerträglich, überfordert, unüberwindbar und so weiter, kommen wir nicht ans Ziel. Ich kann dir das nochmal erklären. Wenn du deine Liebe und deine Partnerwünsche nicht mit der Person die du liebst teilen kannst, und du dann diesen vermeidlich geliebten Menschen verinnerlichst oder dir bildlich einverleibst, ist es für dich dann einfacher deine Aggressionen gegen diesen Menschen in dir zu richten als auf den Menschen außerhalb. Das wird jedoch von deinem moralischen Gewissen verhindert. Da die Person aber schuldig geworden ist, ist es moralisch nicht verwerflich sie in der Fantasie zu zerstören. Dein Ich will bei der Selbsttötung dein Überlch zusammen mit deinem Es töten. Ab in die Kiste. Alles weint Drumherum. Jeder schaut dumm aus der Wäsche. Keiner fühlt sich schuldig. Dir kann es egal sein."

Jens: „Ich versteh das nicht, mit dem Über-ich und es und unbewusst und ….ich will doch nur meine Ruhe haben!"

Nelson: „Keiner bringt sich einfach nur mal so um, weil er seine Ruhe haben will, oder weil er überfordert ist. Du spinnst (Nelson schreit laut). Du hast überhaupt keinen Grund dafür dir selbst das Leben zu nehmen. Wie sieht denn dein Bilanzsuizid aus?"

Jens: „Meine Bilanz? Ich bin nicht wichtig. Ich muss vielleicht zugeben, egoistisch scheint meine Reaktion zu sein! Ich sehe keinen Sinn mehr in diesem Leben. Versteh mich richtig, es geht in erster Linie nicht um mein Leben, das Leben außerhalb von mir, ist sinnlos. All unsere Beziehungen sind gestört. Selbstverwirklichung, Narzissmus und Raubtierkapitalismus haben die Menschen zerstört. Es gibt keine Gemeinschaft mehr. Wir leiden in einer Klassengesellschaft, die ja nichts anderes ist als ein Kastensystem, in dem Mehrwert und Ausbeutung die Hauptvokabeln sind."

Nelson: "Halt stop, ich will mir kein pseudophilosophisches Geschwätz von dir anhören! Das ist doch nicht der Grund! Klassengesellschaft...?"

Jens: „Ach so ......pseudophilosophisches Geschwätz. Ich hab zwar keine Ahnung von deinem Freund Freud und seinem Über-ich und es und wir und sie ....Mann! (Jens wird laut, erhebt sich leicht aus der Badewanne) aber eins weiß ich mein Freund, ich kenn mich aus mit Broken Home Situationen, auch ich will mich oft bestrafen. Wären alle Menschen nur annähernd so gut wie ich, hätten wir keine Probleme auf der Welt."
Ich weiß was ein schwaches Selbstwertgefühl ist, Verdrängung, Verleugnung, Frustration und ein Übermaß an Liebe, Zwanghaftigkeit und starke Depressionen. Erzähl mir nix!"

Nelson: „Mach doch was du willst, aber eine kleine Episode hab ich noch für dich. Im Jahre 2003 hat in Großbritannien ein Selbstmörder eine geniale Idee. Er baute sich seine eigene Guillotine......mit Zeitschaltuhr. Legte sich abends auf seine Luftmatratze unter die selbst gebaute Guillotine, und ist eingeschlafen. 3: 30 Uhr Nachts ist das Beil heruntergefallen. Von dem kannst du noch was lernen, du Armseliger..."

Jens: (schreit laut) „Hau ab!"

Nelson: „Du kannst die Wahrheit nicht ertragen. Du konntest noch nie in deinem Leben die Wahrheit ertragen. Es gibt Dinge und Situationen die muss man akzeptieren. Das ist so wie es ist! Es gibt Menschen, die kommen auf die Welt und sind ohne eigene Mühe Millionäre."

Jens: „Du bist ein alter Neidsack. Das hab ich schon vor 25 Jahren gespürt. "

Nelson: „Neidsack ist jetzt zu viel gesagt!"

Jens: „Du warst schon immer neidisch! Kannst du dich noch an

Uwes Auto erinnern? Du bist fast verrückt geworden, wie der mit dem Ford Capri auf dem Schulhof geparkt hat. Da war deine Freundschaft mit dem Uwe ruck zuck vorbei! Stimmst nicht? "

Nelson: „Doch du hast recht. Das war ein sehr unangenehmes Gefühl. Das ist ein unangenehmes Gefühl. Davon hab ich mich nie getrennt. Neidgefühle sind Attacken gegen mich selbst (6 s 14 FF) ungeheure aggressive Gefühle. Angriffe auf mein Selbstwertgefühl und auf das anderer. Wenn ich neidisch bin, dann begehre ich etwas, was der andere hat, was er kann, was er bekommt; und ich bin mir sicher, dass ich das nie bekommen werde. Das ist letztendlich ungerecht. Ja damit schmälere ich manchmal dieses schrecklich Gefühl, indem ich mir sage: das ist kein Neid, nicht der Neid ist das Problem, nein, die Ungerechtigkeit auf dieser Welt ist das Problem, nicht ich. Verstehst du?
Der Neid macht nicht nur mein Selbstwertgefühl kaputt, er hindert mich auch daran klar zu denken und er hindert mich auch daran meine Ziele, meine Lebenskonzepte klar und sauber abzustecken! Meine Selbstwahrnehmung ist verfälscht. Ich weiß ich müsste mit diesem Gefühl mit dieser Energie produktiv umgehen. Das heißt nichts anderes, als die Realität zu verändern. Versuchen den Status zu verändern. Neid ist ein schwieriges Problem. Wer kennt das nicht. Es gibt bestimmt keinen Menschen auf der Welt der das Gefühl Neid nicht kennt. Im Neid sind verschiedene Emotionen vermischt und wirksam. Trauer, Wut und Hass gehören zu diesem teuflischen Cocktail. Im Allgemeinen sind Menschen viel neidischer auf Privilegien als auf Fähigkeiten. Mir geht's genauso. Ein Kumpel der sich sein Wohlstand selbst sauber erarbeitet hat durch Fleiß und Intelligenz, dem bin ich neidisch. Jedoch dem Nachbarn der geerbt und beschenkt wurde, der hat es bei mir sehr schwer."

Jens: „Du musst dich ja immer mit den falschen vergleichen!"

Nelson: „Ich muss mich aber vergleichen. Woher soll ich denn wissen wo ich stehe? Wenn ich das Gefühl habe, ich bin im Leben zu kurz gekommen, dann macht mich das krank. Das entwertet mich, macht mich klein. Das halt ich nicht aus. Da überfallen mich ganz brutal die Schmerzen."

Jens: „Nietzsche hat mal gesagt: Verknüpfe jede Erfolgsmeldung mit einem Misserfolg, so könnte man die Neidentwicklung vermeiden. "

Nelson: „Woher kennst du Nietzsche? "

Jens: „1983 hab ich angefangen zu lesen. Nietzsche war, nach

Beethovens Biografie, der erste große Philosoph den ich lesen wollte. Nach einer Woche hatte ich einen Nervenzusammenbruch. Ich war im Begriff alle meine Bücher wegzuwerfen."

Nelson: „Das tut mir leid. aber wieder zurück zum Thema. Neid hat mich oft dazu gezwungen über meine Situation nachzudenken. Herausragende Leistungen werden durch Neid erst richtig sichtbar und auch spürbar gemacht. Rivalität wird oft als Aktiver Neid bezeichnet. Es gibt auf der anderen Seite auch Lösungsversuche. Beschwichtigungsmodelle aus den Religionen. (6 S.64FF). Wenn etwa Entsagung zu einem hohen Wert erklärt wird, wenn Bescheidenheit, Demut, Armut, Einfachheit zu zentralen Werten erhoben werden, dann braucht der Mensch auch nicht zu neiden, dann kann er oder sie froh sein, nicht zu den irgendwie Hervorstechenden zu gehören. Mit diesen Überzeugungen verbunden ist gelegentlich die Überlegung, dass man im Jenseits für die Ungerechtigkeiten auf dieser Welt entschädigt wird. Auch verschiedene religiöse und philosophische Vorstellungen von Glück und Pech und Schicksal können uns helfen im Umgang mit den Ungerechtigkeiten. Denn wenn es ein Schicksal gibt, das Glück und Pech ein für allemal am Anfang des Lebens zuteilt, so dass die Ungerechtigkeit, aber auch die eigene Mittelmäßigkeit nicht als unser eigenes Verschulden gesehen werden müssen, dann ist es ein Gebot der Gelassenheit, auch angesichts von fremdem Glück ruhig zu bleiben. Können Menschen glauben, dass ihnen ein persönliches Schicksal zugeteilt ist, dann neiden sie weniger, weil sie davon ausgehen, dass jeder Mensch das ihm zustehende Schicksal erfüllt. Natürlich kann ich da immer noch neidisch sein. Neidisch auf des anderen Schicksal. Geht man dagegen davon aus, dass jeder seines eigenen Glückes Schmied ist, dann ist dem Neiden Tür und Tor geöffnet.
Menschen mit mehrheitlich negativ besetztem Mutterbild haben meistens eine Erwartung an die Welt, dass es letztlich nichts Gutes gibt und geben darf, zumindest nicht für sie selbst. Einfach negativ eingestellt sind (6 S.121/122) Interessant ist auch die Tatsache, dass diese Menschen die inneren guten Bilder nicht präsent haben, ihre Identität also nicht über gute innere Bilder von sich selbst aufrechterhalten können. Diese sind deshalb projiziert, erst im Neidaffekt werden sie wahrgenommen, können aber in dieser Form nicht sich selbst genutzt werden, sondern, müssen zerstört werden. Ein negatives Mutterbild erlaubt es nicht, dass Fantasien von einem guten Leben internalisiert werden. Deshalb heißt es Menschen mit Neidthematik haben eine leere Innenwelt. Ihre inneren Bilder erleben sie im Wesentlichen in der Projektion oder der projektiven Identifizierung. Im Wesentlichen versteh ich auch das was ich hier sage, nur die Problematik ist die emotionale Umsetzung dessen.

Ich kann dir viel erzählen von Carnegie, Sparks, Kast und wie sie alle heißen, die praktische Umsetzung ist jedoch die Herausforderung.
Jens ich weiß nicht wie ich dir das noch besser erklären kann. "

Jens: „Was willst du mir erklären? "

Nelson: „Hör zu, also, du darfst dich nicht aufgeben. Selbst Joachim Ernst Behrendt, der sich in seinem Buch „ ich höre also bin ich" über 200 Seiten mit dem Hören beschäftigt, beendet sein Buch mit einer neuen Übersetzung von Jesu Gebet von G.Lamsa „ Mutter – Vater alles Geschaffenen! (14 Seite 225) Auch er glaubt an Gott. Jens Gott lebt! du bist ein Teil seiner Herrlichkeit. "

Jens: „Stop Jetzt bleib mal auf dem Teppich. Du weißt genau wie oft soll ich es noch sagen. Gott gibt es für mich nicht."

Nelson: „wenn dich deine Oma hören würde! "

Jens: „sie hat nie über Gott gesprochen, aber ich denke sie war gläubig. "

Nelson: „Ja, das war sie. Jeder Mensch braucht einen Glauben. Oder aber einen spirituellen Weg. Hier wird die ALLES-IST-EINS Erkenntnis der Mystiker der Gewissheit „ Gott ist in dir nicht als Weisheit, die in den Büchern steht, sondern als eine gelebte, unwiderlegbare Erfahrung gezeigt.(14 s.37)Berendt schreibt: „Das eigentliche Gemeinsame der therapia perensis und der religio peremsis, der ewigen Spiritualität ist, dass sie in dir zu geschehen haben und allein in dir.
Kein Jesus und kein Buddha und keiner der alten oder neuen heutigen Meister kann dir das abnehmen. Sie können dich führen in Liebe und Gnade, dennoch muss das, was geschehen soll, in dir selber geschehen und von dir selber geleistet werden, Deshalb forderten Meister Eckhardt und die Mystiker den Christus in dir. Deshalb Martin Luther: „ Christus kann hundertmal im Stall in Bethlehem geboren sein, wenn er nicht in dir geboren wird. (14 S. 44 ff) wenns du einen Weg brauchst, dann findet dich der Weg. "

Jens: „Ja, der Weg hat mich gefunden. Der Weg ins nichts. "

Nelson: „Du weißt doch überhaupt nichts. Hast du eine Vorstellung von deinem Nichts? Ich versteh dich nicht . Naja, die Menschen sind eben sehr unterschiedlich. Das ist auch gut so .
Doch das ist nur eine Seite der Wahrheit.(15) Wir funktionieren von innen unterschiedlich. Um dieses genau zu verstehen brauchen wir

Wissen über den Aufbau und die Strukturen unterschiedlicher Persönlichkeitstypen und ihre prozesshafte Abläufe. "

Jens: „......und was willst du mir damit erzählen?"

Nelson: „Ich will es dir einfacher machen aus deiner Misere herauszukommen. Erkenne dich selbst."

(Heraklit „Allen Menschen ist zuteil, sich selbst zu erkennen und verständig zu denken.")

Junge! Du musst dir langsam über dich klar werden. Verstehst du mich? Wo kommst du her? Wo willst du hin? und was willst du hier?, besser gesagt was ist deine Aufgabe?
Wie tickst du? Friedman bezeichnet es als die Frage nach prozesshaften Abläufen nach Struktur in verschiedenen Persönlichkeitstypen. In seinem 299 seitigen Werk analysiert er alle Persönlichkeitstypen bis ins Detail. Dem Leser gelingt es sich ziemlich schnell zwischen den Zeilen selbst wiederzufinden.

Jens: „..........und das soll mich retten ? "

Nelson: „Ja natürlich..ich denke du musst dir selbst eine Chance geben und deine Probleme analysieren, deine Gefühle genau benennen können. (15 S. 13) Wenn man je geglaubt hat, der Mensch sei ein Fremder in dieser Welt, sei anders als dieses Leben hier, gehöre nicht dazu und passe nicht hierher."

Jens : „Ja..... genau! "

Nelson: „So gilt eher das Gegenteil. Die Persönlichkeitstypen spiegeln die Bedingungen des Lebens wieder, ahmen sie nach und entsprechen ihnen.
Friedmanns Wirklichkeit setzt sich zusammen aus drei Welten. Die erste Welt ist uns sehr vertraut, die Welt in der wir durch unser Handeln in Aktion treten. Die Ursache-Wirkungskausalität.
Die zweite Welt konstituiert sich aus unserem Erkennen und aus unserer Identität, die so genannte Zielkausalität. Das Wirkungs-Prinzip die systemische Kausa-lität stellt die dritte Welt. Verschie-denartigste Prozesse, die auf unser Fühlen, Denken und Handeln zurückzuführen sind.
Die drei Grundtypen im Diagnostikmodell sind der leptosome, athletische und der pyknische Typ. Kombiniert man diese drei samt ihrer Untergruppen, die sich aufteilen in ich-bezogene, ich-verges-sene etc. gelangt man schnell auf eine Vielzahl verschiedener Typen und Modelle.

In der Praxis ist eine Einteilung in Beziehungstyp, Sachtyp oder Handlungstyp noch hilfreich.

Der Beziehungstyp wirkt gewinnend, lebendig, dynamisch und beweglich, der Sachtyp wirkt gutmütig, aufgeschlossen, natürlich, mancher eher unsicher, ein anderer übertrieben selbstbewusst. Der Handlungstyp kommt freundlicher und gradlinig auf den anderen zu, wirkt kraftvoll und aktiv, will gute Laune verbreiten in einer Mischung aus fürsorglichen und bestimmten Verhalten. Grund-sätzlich geht es darum die Ausgangsposition des Persönlich-keitstyps von innen her zu verstellen."

Jens: „…also was ich machen will und warum…was im Innern mich dazu zwingt, oder sagen wir anregt, verleitet.. antreibt."

Nelson: „Ja, genauer Prozess – Fühlen – Denken – Wollen. Im Zielbereich, also der besondere „ was wir wollen" Bereich ist sehr gefährdet fremdbestimmt zu sein."

Jens: „was ein Quatsch…wenn ich das doch will!"

Nelson: „Ich versteh dich, nur muss man genau betrachten warum du dieses oder jenes willst. Ist es, da es andere von dir erwarten ? Oder nur weil es im Moment „in" ist, du selbst aber es nicht brauchst? Ist vielleicht nur der Partner daran „schuld", dass du dieses jetzt anstrebst? Man muss sich seiner eigenen Fesseln entledigen. Frei sein ist das Ziel sein. Frei muss man werden!"

Jens: „Wie real sind diese Persönlichkeitstypen ? Ist das nicht eine ziemlich abstrakte Angelegenheit."

Nelson: „Nein, sagt Friedman, die Realität der Persönlichkeitstypen ist ihr Wiedererkennen im Alltag. Man kann den eigenen Persön-lichkeitstyp oder den von anderen identifizieren und in den unter-schiedlichsten Lebenssituationen in Form spezifischer Eigen-schaften und Verhalten seine bestätigt finden.

(Persönlichkeitstypen……was für ein Typ bin ich überhaupt? Klaus stockt.)

Muss ich jetzt tatsächlich von Friedmann ausgehend zu Sigmund Freud greifen. Muss ich mir dieses Über-Ich ; ES und Kind-Ich zum wiederholten Mal ausgraben und wieder antun?

Friedman nennt sie sogar psychische Organe!"

Jens: „Ich bin nicht so schlau wie du! soll das heißen mir fehlt ein psychisches Organ?"

Nelson: „Nein, das kann ich so nicht sagen. Der Erfinder der Psychoanalyse Sigmund Freud hat diese Konstellation zum ersten

Mal ausführlich beschreiben, und zum Grundkonzept seiner bekannten Psychoanalyse gemacht. Der Begriff des Unbewussten, der Sinn der Träume, die Triebe sowie die menschliche Sexualität, Neurosen und Psychosen, alle nur erdenklichen Themen, selbst Mythologie, Literatur und Kunst waren Gegenstand seiner Forschung und praktischen Tätigkeit.

Jens: „Was hat es mit dem Über-ICH setzt auf sich. Über-Ich das klingt so.......eigentlich klingt mir das schon zu vergeistigt!"

Nelson: „(16)Das Über-Ich fungiert als Eltern-Ich. Dieses entspricht in etwa dem Gewissen. Es entwickelt sich, indem das Kind die Verbote, mit denen die Eltern und andere Erwachsene sozial unerwünschte Handlungen belegen, als Gruppennorm aufnimmt und verinnerlicht. Das Über-Ich ist die innere Stimme die dir sagt du sollst oder du sollst nicht und beinhaltet zusätzlich deine Vorstellung eines Ich-Ideals. Ein Bild von einem Menschen, dass es anzustreben versucht."

Jens: „..und das ES?"

Nelson: „Das Es ist der Sitz der primären Triebe und wird vom Lustprinzip geleitet. Das Es möchte das, was seich gut anfühlt, während das Über-Ich, das nach moralischen Grundsätzen arbeitet darauf besteht, dass das getan wird, was richtig ist.
Das Ich verkörpert den realitätsorientierten Aspekt der Persönlichkeit, der im Konflikt zwischen den Impulsen des Es und den Anforderungen des Über-Ich abwägt und vermittelt."

Jens: „Und was soll ich jetzt verdammt nochmal mit dem ganzen anfangen?"

Nelson: „Du sollst dir darüber klar werden, wie du im Kopf funktionierst. Warum du so oder so in verschieden Situationen reagierst und warum du in bei verschiedenen Gelegenheiten gefühlsmäßig total überfordert bist.
Die Verinnerlichung dieses Konzept von Ich, Es und Über-Ich wird dir am Anfang sehr hilfreich sein, deine Probleme etwas transparenter zu betrachten. "

Jens: „ Das Über-Ich ist also der Teil in meiner Seele, die wie mein Vater oder Mutter gedacht und gefühlt hätten . Ein Spiegelbild! "

Dritter Akt - Fünfte Szene
Der Mensch das Mangelwesen

Nelson: „Alfred Adler, ein Vertreter der Individualpsychologie, war der Ansicht, dass der Mensch von Natur aus ein Mangelwesen ist, dass nur in der Gemeinschaft mit anderen Menschen seine Minderwertigkeit zu überwinden vermag.
Diese ungeheuere zwangsweise Auflehnung (17) gegen ein Haften des Minderwertigkeitsgefühl als
Grundlage der Menschheitsentwicklung wird in jedem Säugling und Kleinkind aufs neue erweckt und wiederholt.
Das seelische Gleichgewicht ist fortdauernd bedroht. Im Streben nach Vollendung ist der Mensch immer seelisch bewegt und fühlt seine Unausgeglichenheit gegenüber dem Ziele der Vollkommenheit.
Einzig das Gefühl, eine ausreichende Stelle im Streben nach aufwärts erreicht zu haben, vermag ihm das Gefühl der Ruhe, des Wertes, des Glückes zu geben.
In diesem Augenblick wird es klar, dass Menschsein heißt, ein Minderwertigkeitsgefühl zu besitzen, das ständig nach Überwindung drängt."

Jens: „Minderwertig.. ja genau.. wie heißt der Mann nochmal..ach ja ..Alfred Adler..muss ich mir merken, der Mann ist mir sympathisch.
Der Kampf gegen die Minderwertigkeit ! Was ist aber, wenn der Wille fehlt? Es reicht... weißt du ...eigentlich wenn ich dir hier so zuhören muss, und dich erlebe wie du dir einen abquälst. Mein Gott, was haben die mit dir gemacht, dass du dir das Gehirn zermartern musst, um nur einigermassen leben zu können. Hast du eigentlich selbst verstanden, was du mir da alles erzählst? Die praktische Umsetzung, weißt du von was du redest? Ich will nicht alles bis ins Detail auseinander nehmen, damit ich es vielleicht verstehen kann. Das ist doch zu kompliziert."

Nelson: „Du musst nicht alles bis ins Detail analysieren, aber du musst doch irgendwo anfangen. Im Endeffekt führen alle Wege nach Rom. Verstehst du?"

Jens: „Was heißt das „alle Wege führen nach Rom?"

Nelson: „Das heißt es gibt tausend Wege zu deinem innersten schwerwiegendsten Problem und dazu noch hunderte von Therapien beziehungsweise Heilverfahren oder Methoden. Josef Rattner (18) hat in seinem Buch 100 Meisterwerke der Tiefenpsychologie die wichtigsten zusammengefasst.
Wir steigen direkt zu Beginn ein mit Erich Fromm`s Anatomie der

menschlichen Destruktivität (18).

Die Frage nach Ursachen und Motiven der menschlichen Aggression sowie die nach einer Aggeression-Prophylaxe ist heute genauso aktuell wie in den sechziger Jahre. Damals kam es zu einer Reihe von Publikationen „fachfremder" Autoren, die aufgrund kühner Konstruktionen zu beweisen suchten, dass die Feindseligkeit zwischen den Menschen auf einen Aggressionstrieb zurückzuführen sei. "

Jens: „Das heißt, der Suizidarsch, wie der Idiot von Amokläufer haben einen zu hohen Aggressionstrieb? "

Nelson: „Ja so einfach ist das nicht. Am besten noch der angeborene Aggressionstrieb deklarieren und wir hätten die plausible Erklärung.

Die Antwort der Vertreter der Wissenschaften vom Menschen, unter anderem der Anthropologen und Tiefenpsychologen, ließ nicht lange auf sich warten. Sie zeitigte Einsichten, die zum unentbehrlichen Bestandteil einer Aggressionsverhütung und Friedensforschung geworden sind.

Mit dieser seiner letzten Untersuchung, die ohne Übertreibung ein Meisterwerk genannt werden darf, schaltet sich Fromm in die Diskussion um die Thesen von Konrad Lorenz ein, der durch fragwürdige Analogieschlüsse von Tieren auf Menschen die seriöse Wissenschaft herausforderte.

In „Das so genannte Böse" wagte sich der Tier und Verhaltensforscher auf ein Gebiet vor, auf dem ihm nach Fromm jegliche Erfahrung und Kompetenz abgesprochen werden muss. "

Jens: „Das heißt mit einem Vergleich von Timo K. und einem Löwen in der Savanne kommen wir nicht weiter".

Nelson: „Ja genau mein Guter. Lorenzes Wissen geht nicht über das eines Durchschnittsbürgers, sagt Fromm und es sei nur ein Bestseller geworden weil es einfache Lösungen für die menschliche Aggression angeboten hat. So entspringt nach Lorenz das aggressive Verhalten des Menschen einem angeborenen Instinkt, der nach Entladung drängt und auf einen dafür günstigen Augenblick wartet.

Mit seinem schrägen Postulat, die Gewalt stamme aus unserer „tierischen Natur", spreche Lorenz allen Pessimisten und Konservativen aus der Seele, die nur darauf gewartet hätten, von der Verantwortung für ihre eigene Zerstörungswut während des Zweiten Weltkrieges „freigesprochen „ zu werden. Wenn nämlich die Aggression in unserer „Natur" liegt, dann ist es völlig unnötig nach deren sozialen, politischen und wirtschaftlichen Ursachen zu suchen.

Nach Fromm gibt es keine zuverlässigen Ursachen und Erklärungen für und über die Quellen der Gewalt. Es muss ein Mix sein aus Allem.

Im weiteren beschäftigt er sich mit dem Problem Nekrophilie, Sadismus, Masochismus und andere schwer wiegende Faktoren."

Jens: „Das würde bedeuten, dass der Amokläufer betrachtet als soziales Wesen, nicht beladen mit einer angeborenen Aggressivität freigesprochen wird, sondern mit seinem erlernten Sozialverhalten, uns allen nur zu dem einen Schluss kommen lässt, dass die Mitverantwortlichen an diesen Amokläufen sein soziales Umfeld ist also wir."

Nelson: „Da ist leider etwas Wahres dran. Die Verfügbarkeit einer 9mm Verteidigungswaffe ist natürlich auch ein Problem. Eine Baretta gibt es auch jederzeit auf dem Schwarzmarkt, da muss man nicht warten bis der Alte die Pistole im Nachttisch verstaut."

Jens: „Die Amokläufe unserer Zeit sind im Kern Suizide?"

Nelson: „Sie enden in jedem Fall in der Selbsttötung."

Jens: „Woher kommt all diese Aggression, dieser ganz Hass?"

Nelson: „Aus Konflikten. (19) Wird ein Bedürfnis durch äußere Einwirkung in der Befriedigung aufgehalten oder ganz verhindert, so spricht man von Frustration oder von einem Frustrationskonflikt. Der Verlust eines Menschen, zu dem eine Bindung bestand, eines Liebesobjektes, stellt einen solchen Frustrationskonflikt dar."

Jens: „Ist das alles?"

Nelson: "Gegensätzliche, konflikthaft wirkende Tendenzen in der gleichen Person (Ambivalenzkonflikt) sind vorstellbar als Positionen verschiedener Persönlichkeitsanteile, die miteinander unvereinbare Motivationen konsolidieren. In der Sprache der Psychoanalyse liegen diese gegensätzliche Tendenzen zwischen Über-Ich und Es. Sie sind zu verstehen aus in sich gegensätzlichen Werthaltungen: einer moralischen und einer sexuell begehrenden Tendenz, einer öffentlich angepassten Seite und einer aggressiv zerstörerischen Seite. Wenn du mich fragen würdest, muss ich zugeben, dass die Eltern generell eine große Mitschuld tragen. Die Eltern gesehen als den Hauptteil der Gesellschaft mit der der Unglückliche konfrontiert ist. Ohne soziale Kompetenz. Es ist ein schwieriges Thema. Solche Fälle wird es in unserer kranken Gesellschaft immer und immer

94

geben. Kriege, Morde und Verbrechen, das ist der Lauf der Welt. "

Jens: „Das heißt diese gegensätzlichen Kräfte führen zu unausweichlichen Problemen, wenn sie die entsprechende Stärke besitzen ?"

Nelson: „Dieser Widerspruch führt zu neurotischen Entwicklungen, zu einem gesteigerten Aggressionsbedürfnis, das durch die allgemeinen und durchschnittlichen Lebensbedingungen der Gesellschaft permanent frustriert wird, führt zu einer dauernden Belastung und unter Umständen zu seelischen Störungen oder, wenn es ausgelebt wird, zu Schwierigkeiten mit der Umwelt."

Jens: „Ja ich kenn das ganz genau von mir. Es kommt dann zu einer dauernden (19 S.10)Frustration oder zu Zusammenstößen, wobei das Abnorme des eigenen Anspruchs nicht eingesehen, sondern hartnäckig verfochten wird. Der Widerspruch zwischen den eigenen Tendenzen und denen der Umwelt wird den anderen Menschen zur Last gelegt. Die Fehler der Umwelt werden für alle Schwierigkeiten verantwortlich gemacht. Du bist schuld, dass es mir so schlecht geht!"

Nelson: „...ja..und dieser Tatbestand erzeugt Hass, der Vergeltung und Rache nach sich zieht."

Jens: „Ja reicht denn eine simple Frustration für ein School Shooting?"
Nelson: „Ja es scheint so . T. K. hatte rein von Außen betrachtet überhaupt keine Probleme!"

Jens: „Dann ließ bitte den Artikel in DER ZEIT vom 19 März 2009, in der beschrieben wird, wie dieser Mensch durch Filme durch Computerspiele durch das Schießen mit seinem Vater verroht wurde.
Zusätzlich wurde er in der Schule ständig gehänselt. Was eigentlich nicht zusammenpasst. Auf der einen Seite der unbesiegbare Rambo und auf der anderen Seite steht Hanswurst. Ich glaube das gehört zu deinem Ambivalenzkonflikt von vorhin!"

Nelson: „T.K. war auch ein paar mal bei einem Psychiater."

Jens: „Ja und konnte der ihm nicht helfen ?"

Nelson: „Psychotherapie oder Psychoananalyse ist keine Sache von ein paar Stunden. Wenn jemand richtige Probleme hat, dann braucht es schon ein paar Jahre um diesen Patienten auf die richtige Bahn zu bringen."

Jens: „Ja denkt du, dass wenigstens bei mir noch was zu retten ist ? "

Nelson: „.....ja es ist nie zu spät!"

Jens: „ ..aber die Wunden! "

Nelson: „.....welche Wunden denn, werde doch nicht schon wieder theatralisch!"

Jens: „.....die ganzen Kränkungen, die tun weh mein lieber!"

Nelson: „Natürlich kommt es ganz allein wieder auf dich darauf an, wie du der ganzen Problematik gegenüberstehst. Du kannst ein Experte im Umgang mit Kränkungen werden."

Jens: „Experte, was ein Quatsch. Aber ich könnte die ein paar Namen sagen von Menschen, die könnt ich...."

Nelson: „Was könntest du...sei doch nicht so aggressiv. Das bringt überhaupt nichts. Das Leben kann ohne diese Angriffe auf andere angenehmer sein. Du brauchst diese Aggression nicht nur um dich stärker zu fühlen. Über welche Kränkungen sprechen wir überhaupt. Was ist für dich eine Kränkung "

Jens: „Eine Kränkung ist für mich, wenn grundsätzlich meine Gefühle verletzt werden. "

Nelson: „........ach, unser Mimöschen...!"

Jens: „.....siehste da geht's schon los !"

Nelson: „.....was geht Los ?"

Jens: „.....du nimmst mich nicht ernst! Ich fühl mich da in meiner Ehre verletzt, ja schau mich nicht so an, ich fühle mich zurückgestoßen, persönlich beleidigt, nicht respektiert, nicht wertgeschätzt. Verstehst du das? "

Nelson: „.....ja ich wollt doch nur...."

Jens: „Nix wolltest du, nur schnell mal eine Bemerkung loswerden, immer schnell dabei mit irgend einem Kommentar. Hauptsache was gesagt. Ich fühl mich aber dann nicht wichtig genommen. Bei einer

Kränkung da fühl ich mich abgewertet, gedemütigt, beschämt, erniedrigt, herabgewürdigt, bloßgestellt, ignoriert, zurückgewiesen, abgelehnt, getroffen und ich bin zutiefst schockiert." (20 S.15)

Nelson: „Ja gut wann ist denn das. Bei welcher Gelegenheit. Was machen oder was sagen denn die?"

Jens: „Was die machen? Ich kann es verdammt nicht leiden, wenn man mich von oben herab behandelt. Vor kurzem hat mich jemand tödlich beleidigt, der hat sich lustig gemacht über mich, der hat mich wirklich bloßgestellt und meinen Stolz verletzt. "

Nelson: „Fühlst du dich von jemand beleidigt, dann stellst du dich geistig unter ihn !"

Jens: „Das versteh ich noch nicht!"

Nelson: „Unsere Kränkung können wir nach 4 Kriterien beurteilen. Erstens, wie stark wir sie im Moment empfinden, zweitens, wie stark sie unser Leben beeinflusst und wie lange wir sie verspüren, drittens, wie wir darauf kurzfristig reagieren und viertens, wie wir darauf langfristig reagieren (20 s.21)."

Jens: „Ich kann nur sagen, dass mich eine Kränkung in meiner ganzen Person trifft."

Nelson: „Bei welcher Person bist du am schnellsten und stärksten gekränkt ? "

Jens: „Bei meinem Vater!"

Nelson: „Was muss er tun um dich zu verletzten? "

Jens: „Allein mich abschätzig anzusehen reicht schon "!

Nelson: „Welche Gestik müssen sie zeigen? "

Jens: „er brauch nur den Kopf abzuwenden und vielleicht noch den Körper wegdrehen... das war es dann."

Nelson: „In welchem Ton muss er sprechen?"

Jens: „rechthaberisch!"

Nelson: „Was muss er zu dir sagen zum Beispiel?"
Jens: „Wenn es um Leistung und Verantwortung geht ! „

Nelson: „Welches Verhalten muss er zeigen? „

Jens: „Wenn er mich nicht verstehen will!

Nelson: „Und was denkst du in diesen Situationen?

Jens: „Ich denke, so darf er mich nicht behandeln und ich werde es ihm noch zeigen, oder, der hat es gerade nötig. Der will mir absichtlich weh tun .

Nelson: „und was denkst du dann über dich?

Jens: „ich habe es nicht besser verdient. Manchmal denk ich auch ich bin nicht liebenswert, ich bin ein Versager, fühle mich gedemütigt (20 s.29) "

Nelson: „Wie verhältst du dich unmittelbar in dieser Situation dem anderen gegenüber. Es sind bestimmt auch noch andere Personen in diesem Problemfeld?

Jens: „ja...Und außerdem kenn ich das Buch von Doris Wolf auch. Beginnend Seite 46 schreibt Sie : „ Kurz gesagt, zu einer erfolgreichen Kränkung gehören immer zwei: Der andere und wir, die wir ganz bestimmte Erwartungen und negative Einstellungen haben und seine Worte oder sein Verhalten persönlich nehmen. In einem Bild ausgedrückt: Wir können das Wetter nicht beeinflussen, aber sind verantwortlich die Regenbekleidung und dafür was wir vom Regen halten.
Das, was der andere tut, können wir häufig nicht verhindern und auch nicht ändern, aber unsere Einstellung dazu können wir jederzeit dazu ändern. Wir können lernen uns weniger stark bedroht zu fühlen und unser Verletztsein in ein Betroffensein oder in Traurigkeit umwandeln. Auch wenn eine Kränkung schon viele Jahre zurückliegt, uns aber noch Schmerzen zufügt, haben wir Einflussmöglichkeiten. Wir können das Vergangene loslassen. Wir können aufhören, uns das Ereignis immer wieder mit denselben negativen Gedanken vor Augen zu führen und uns damit wieder erneut selber zu kränken."

Nelson: „Unsere Vergangenheit ist jedoch nicht gleichbedeutend mit unserer Zukunft. Wir können unsere Einstellungen unser Verhalten verändern und unseren Erfahrungen neue hinzufügen".

Jens: „Es gibt hier einige typische Denkfehler! "

Nelson: „Wenn wir in Alles oder Nichts Kategorien denken."

Jens: „Genau...oder wenn wir von einem kleinen Teilchen aufs Ganze schließen!"

Nelson: „wenn wir die negativen Aspekte einer Situation übertreiben! "

Jens: „Denkfehler 4, wenn wir die positiven Seiten einer Situation übersehen!"

Nelson: „oder, wenn wir die Ereignisse persönlich nehmen, die nichts mit uns zu tun haben. "

Jens: „wenn wir unrealistische Erwartungen haben."

Nelson: „Stop das reicht jetzt mit der Doris. Jetzt wird es wirklich zu allgemein... wenn wir unrealistische Erwartungen haben. Bla...bla bla .... ..das ist ein heikles Thema. Ich glaube dieses Problem hat jeder Mensch ! "

Jens: „Ja das kenn ich gut... meine erste Liebe war auch unter diesem Motto in die Hose gegangen. Ich war dazu noch naiv. "

Nelson: „Das passt doch gut zusammen. Naiv und unrealistische Erwartungen. Das kennt jeder. Sie doch auch ?

Jens: „Wer ich ?" "

Nelson: „Nein ich mein den Leser!

Jens: „Ach so, ist der auch noch anwesend?

Nelson: „Natürlich, er hält doch alles am Leben!"

Jens: „Ja ich weiß, alles nur im Kopf!"

Nelson: „Du ich hab noch einen HansJochen Gamm. Umgang mit sich selbst, Charlotte Bühler Psychologie im Leben unserer Zeit und F.W. Doucet. Mensch und Psychologie auf Lager?

Jens : „Es reicht.. schick Gerhard zu mir ..der wartet schon."

Vierter Akt

Erste Szene

Gerhard

Der Vorzeigelehrer, der Topathlet, der Dramaturg und Familienvater.

Gerhards Eltern waren auch schon Lehrer. Sauber, das Leben verläuft in geordneten Bahnen. Der Sohn muss die aristokratische Linie weiterleben, weiterführen. Elite zeugt Elite. Elite bleibt auch unter sich. Elite lästert auch regelmäßig über ihr Proletariat. Elite weiss nicht wie das Proletariat denkt. Elite ist Elite. Man kann sich nicht selbst zur Elite zählen, man kann nicht Elite sein wollen. Elite bleibt Elite. Elite respektiert nur Elite. Elite zeugt Elite.

Gerhard, 43, athletisch, verheiratet, 1 Kind, Lieblingsessen italienisch, Gymnasiallehrer für Deutsch und Geschichte, profiliert sich auch in der Partei, Leiter eines modernen Tanzensembles......und.....und......und. Gerhard weiß genau, und er ist sich voll bewusst, er schießt sich permanent selbst ins Knie. Ständig, kein Mensch bemerkt es, kein Mensch soll es auch bemerken, seine äußere Hülle soll unverletzt bleiben.

Gerhard agiert im täglichen Leben adäquat in jeder Aktion. Die stereotype Affektiertheit seiner Mitarbeiter, animiert ihn nur noch dazu noch akribischer in seinem hervorragenden Wortschatz nach ausschweifenden jedoch akzeptablen Termini zu suchen. So denkt er wie ich schreibe.

Am liebsten haut er eine Anthologie von Aphorismen seinem gegenüber an den Kopf, damit derjenige schon von Anfang an weiß mit wem er es hier zu tun hat. Antiquiert findet er die total emotional überladene Art vieler bibliophilen Kollegen, zu dem Thema elektronisches Buch.

Degoutiert demonstrieren sie permanent die ständige Verfügbarkeit eines kleinen Taschenbuches. Natürlich ist es „en vogue" im Zug elektronisch zu lesen oder sogar mit dem Laptop Emails zu schreiben. Ein wahrer Bücherfreund nimmt dieses Teufelszeug nicht in die Hand!

Gerhard liebt Bücher. Das ist für ihn aber kein Grund offen zu sein für neue technische Errungenschaften. Lange Zeit war ihm nicht klar welchen Stellenwert die Zeit in seinem Leben hat. Heute ist im mehr als bewusst, was es bedeutet unglücklich von der Zeit überrannt zu werden. Heute ist es im bewusst welche Auswirkungen blinder Aktionismus, ständige Hetze nach Anerkennung und das zwanghafte Entlocken des kostbaren Gutes Respekt für ihn hat. Es bedeutet für ihn Alles.

Die Meinung die andere Menschen von ihm haben ist ihm äußerst wichtig. Welche Funktion spielt positives Denken in seinem Leben?

Er hat es immer abgelehnt selbst nur ein paar Minuten über positives Denken nachzudenken. Positives Denken war für ihn eine zu platte Methode Probleme zu lösen. Lange Zeit war ihm nicht klar welche Funktion positives Denken in seinem Leben hat.

Gerhard investiert sein ganzes Geld in die Familie. Für ihn selbst bleibt nicht viel übrig. Das macht ihm nicht viel aus.

Er ist ein ernsthafter Mensch. Witze werden grundsätzlich keine gemacht. Gerhard ist auch ein stiller Mensch. Gerhard ist ein Brainstormer. Das Schreiben ist sein Leben.

Eines Tages sagte seine Tochter zu ihm, aus heiterem Himmel, sie kenne keinen Menschen der so verhasst ist und so unzufrieden und unglücklich wie er! Das hat gesessen!

Er, der sein ganzes Leben daran gearbeitet hat ein anständiger Mensch zu werden, eine Bereicherung für die Gesellschaft wollte er sein. Etwas darstellen, mit all seinem Wissen, mit all seiner Erfahrung. Er ist doch ein guter Mensch. Was soll er noch alles anstellen um der Welt zu zeigen, dass er doch nur......

Dieser Schmerz war vergleichlich mit einem stechenden Hungergefühl im Magen, dass sich bis in die Brust zog, ein Gefühl das er schon oft ertragen musste. Dieses Gefühl trat aber auch im Zusammenhang mit kleinen Launen auf. Das war doch normal. Depressionen sind doch.....hab ich Depressionen gesagt...? ja die hat doch jeder, aber dieses Gefühl, das muss etwas besonderen sein.

Normale Depressionen hat doch jeder. Er muss etwas anderes, etwas Größeres, etwas außergewöhnliches in sich haben, das ihn quält. Ein, ja, ein Weltschmerz, der viel belachte Weltschmerz. Immer wenn sich Menschen in seinem Umfeld gerade über diesen Begriff lustig machen wollten, dann war Gerhard immer sehr vorsichtig. Das waren immer Momente in denen er sich vollends verraten hätten können. Es war immer ein Gefühl des Sterbens. Es war schon dramatisch. Verstehen Sie das wenigstens?

Es war im nicht bewusst, dass er sich schon längst entfernt hatte von einem Normalsein. Das waren keine schlechten Gefühle mehr, das waren krankhafte Schmerzen. Er wusste es. Aber nein, er hatte sich schon vor Jahren durch verschiedene Psychologiebücher durchgelesen. Er hatte alles im Griff.

Das bisschen Psychologie und Philosophie. Ok, er war kein Profiphilosoph, aber er war sich gewiss, dass er schon mehr gelesen hat als ein ganzes Semester junger Philosophiestudenten zusammen. Er wusste genau was Richtig war. Er wusste was Wahr ist. Er weiß es heute auch noch. Aber warum verletzt ihn seine Tochter mit dieser für ihn katastrophalen Bemerkung? War jetzt alles umsonst? Drei Meter Philosophiebücher umsonst gelesen? War alles nutzlos ?

War alles wertlos, war zum Schluss noch alles falsch? Alles richtig

101

gedacht und doch vieles falsch gemacht.

Diese Fragen werden ihn töten. Ja, die Fragen werden ihn töten, nicht die Antworten. Die Antworten weiß er genau. Der alte Rochefoucauld hat schon gesagt, dass die Philosophie ohne Mühe bevorstehende Übel und vergangene Probleme besiegen kann, aber die gegenwärtigen nicht.

Doch die Fragen dürfen ihn nicht töten.......... niemals, niemals wird er vor irgendeiner Frage zurückschrecken. Niemals.

Er hätte niemals so etwas erniedrigendes zu seinem Vater gesagt. Niemals. Waren das jetzt die Früchte seiner Erziehung.

Niemand will seine Kommentare sowieso hören, die zu weit ausholen und viel zu vergeistigt, viel zu psychologisch oder philosophisch sind. In jedem Vortrag fällt das Wort Ethik, Glaube oder Erkenntnis.

„Papa hör auf" heißt es dann, und er wird zum Stillschweigen verurteilt. Gerhards letzter Ausweg aus der Nichtsnutzigkeit ist der Glaube an eine Reinkarnation. Dann hätte sich sein Quälerei gelohnt. Viele werden jetzt denken, der Mann ist doch Lehrer, der hat doch eine sinnvolle Aufgabe!

Gerhard ist ein lediglich eine liebevoller Stoffvermittler, kein Pädagoge, keine Lichtgestalt, die von jungen Schülern angebetet werden würde. Kein charismatischer Heilsbringer. Er würde sich gern so gesehen fühlen. Nein, er ist in Wahrheit ein introvertierter, ein egozentrischer Pseudogeistlicher, der auch nur noch versucht sein Versteckspiel zu perfektionieren wie hunderttausend anderer Profis auf diesem Gebiet.

Dieses Versteckspiel wird schon einige Jahre bei uns gespielt. Seine Name ist: Das Kapitulationsprojekt...Die Spielregeln sind ganz einfach. Niemand wird niemals sein Gesicht zeigen. Damit das auch niemals im Spielverlauf passiert, wird dieses blind gespielt. Dazu muss jeder noch seine Stimme so gut wie es nur geht, verstellen.

Es ist sein grenzenloser Hass gegen die Endlichkeit. Diese Vorstellung raubt ihm jeden Tag seine Freude. Seine was? Kommt Leute ihr wisst genau, dieser arme, bemitleidenswerte Mensch, nein, der hat keine Freude. Dieser Hass raubt ihm den Verstand, wenn sie wissen was ich meine.

Er würde alles tun um dieses Gefühl los zu werden. Sein Vater hat seine Mutter verlassen als klein Gerhard mal gerade 2 Jahre alt war. Er ging nach Kolumbien. Seine Mutter ist seit dem schwermütig und depressiv.

Unzufriedenheit, nicht genügend Zeit zu haben für seine Ziele zu verwirklichen, ist dann auch wirklich nur noch eins seiner Problemen.

Gerhard, der Philosoph, weiß, er ist sich bewusst. Er spürt die Angst, er kapituliert vor dem Leben, weil er weiß er wird einsam, er

wird ohne Wort Gottes, hilflos, ohne Erlösung, einsam und dumm, keiner wird es merken, sterben.
Doch das spielt sich alles nur in seinem Kopf ab. Er weiß das. Jedoch ist seine Hoffnung auf eine permanente Besserung nicht in Sicht. Nach außen ist er perfekt. Das wird so bleiben.

Gerhard: „Hallo Jens! Nelson sagte, du wolltest mich sehen. Was ist los mit dir? Was ist passiert? Warum muss ich bei dir hier jetzt erscheinen? "

Jens: „Ja. Ich hab gerade an dich gedacht. Kannst du dich noch an unsere Schulzeit erinner. Speziell an unseren Sportunterricht. Die Unterrichtsvorbereitung war für unseren Sportlehrer immer sehr schnell gemacht. Fußball wurde gespielt. Und du Gerhard, das weiß ich noch ganz genau, du hast mich dann immer gewählt, und ich durfte ins Tor gehen. Das war immer eine kleine Auszeichnung. Ich war immer der Schlechteste in allem.... "

Gerhard: „Hör sofort damit auf. Das ist 40 Jahre, und noch länger her, man muss auch einmal diese alten Geschichten ruhen lassen. Das ist aus und vorbei."

Jens: „So ein Quatsch. Gerade von dir! Alles vorbei... was ein Käse. Du weißt genauso gut wie ich, dass man die Kindheit genau durcharbeiten muss, um einigermaßen fit zu werden für unsere Gegenwart."

Gerhard: "Ja iss ja gut. In deinem Fall möge es von Wichtigkeit sein, verschiedene Ereignisse nach Jahren noch einmal zu betrachten und zu deuten. Als ich 20 Jahre alt war, starb mein Onkel an Krebs. Das war für mich der Schock. Warum gerade er? Er war ein außergewöhnlicher Mensch. Ich hatte tausend Fragen. Er hat mir einige wertvolle Buchtipps gegeben. Von diesem Zeitpunkt an begann ich zu lesen. Es war einfach so. Ab diesem Zeitpunkt war ich dem Lesen und den Büchern praktisch verfallen. Mein erstes war ein ganz kleines Büchlein war von Jaspers. Ich hatte mir seine Einführung in die Philosophie gekauft. Einführung dachte ich, das kann nicht das Schwierigste sein. Damit habe ich eine Lawine losgetreten, die mich heute noch verfolgt."

Jens: „Jaspers ? Erzähl doch mal. Was soll das eigentlich sein, Philosophie? "

Gerhard: „Die Philosophie, wörtlich „Liebe zur Weisheit" hat im Gegensatz zu den einzelnen Wissenschaften keinen begrenzten Gegenstandsbereich. Jeder Versuch, den Begriff „Philosophie" zu definieren oder den Bereich der Philosophie näher einzugrenzen, ist bereits Gegenstand der Philosophie selbst. Das Sprechen oder Denken über die Philosophie ist bereits philosophieren.

Die Anfänge des philosophischen Denkens des Westens im 6. vorchristlichen Jahrhundert markieren den Beginn der europäischen Geistesgeschichte. In Abgrenzung zum irrationalen Weltbild des Mythos entfaltete sich in der antiken Philosophie und Mathematik die systematische und wissenschaftlich orientierte menschliche Denktätigkeit. Im Lauf der Jahrhunderte differenzierten sich die unterschiedlichen Methoden und Disziplinen der Welterschließung und der Wissenschaften direkt oder mittelbar aus der Philosophie. Die Philosophie war schon immer da und hat schon immer die Welt beherrscht und gesteuert.

Das Streben nach Weltweisheit soll dem Verstand Orientierung und Sicherheit in allen lebenspraktischen Bezügen verschaffen und die Fähigkeit zu sinnvoller gedanklicher Einordnung alles Begegnenden begünstigen. Es soll gleichsam die Unerschütterlichkeit des eigenen Verstandes durch das Geschehen in der Welt bewirken, sodass der Intellekt jede Lebenssituation souverän zu verarbeiten vermag. Ein Philosoph möchte aber dennoch nicht mit einem omnipotenten Manager der Moderne verglichen werden. Wem von seinen Mitmenschen Weisheit zuerkannt wird, der vermittelt durch seine Reaktionen und Äußerungen den Eindruck, dass er über solche Souveränität verfügt. Cleverness bedeutet nicht Weisheit.

Demgegenüber legt die Philosophie als Lebensweise auch wert auf die wirkliche Umsetzung in die eigene Lebenspraxis. Auf die richtige Weise zu leben und den Lebensalltag zu gestalten, setzt ein richtiges und vertieftes Denken voraus. Und umgekehrt ist es zur Beglaubigung des philosophischen Denkens nötig, dass es auch für jeden Mitmenschen sichtbar wird.

Als Kerngebiete der Philosophie können die Logik, die Ethik und die Metaphysik, als die Wissenschaft von den ersten Gründen des Seins und der Wirklichkeit, betrachtet werden; weitere Grunddisziplinen sind die Erkenntnis und Wissenschaftstheorie, die sich mit den Möglichkeiten des Erkenntnisgewinns im All-gemeinen bzw. speziell mit den Erkenntnisweisen der unterschied-lichen Einzelwissenschaften beschäftigen. Allgemein könnte man die Philosophie als den Versuch der kritisch rationalen Selbst-überprüfung des Denkens bezeichnen, als eine methodische Reflexion, die sich inhaltlich tendenziell auf eine Gesamtdeutung der Welt und der menschlichen Existenz richtet. Das heißt nichts anders als der Versuch des Menschen mit dem Mittel des Denkens sein Dasein, das von ihm wahrgenommene eigene Innere zu erklären und damit auf die äußere Welt zu schließen und zu begründen.

Aber lass mich etwas von Karl Jaspers erzählen. Karl Theodor

Jaspers wurde geboren am 23. Februar 1883, gestorben ist er 1969. Jaspers war ein deutscher Philosoph, der weit über Deutschland hinaus bekannt wurde. Er wurden 1967 Schweizer Staatsbürger.
Jaspers gilt als herausragender Vertreter der Existenzphilosophie Er war zunächst Lehrer und anschließend lebenslanger Freund von Hannah Arendt, mit der ihn auch ein jahrzehntelanger Briefwechsel verband.
Für einen wissenschaftsgläubigen Menschen, man kann auch sagen für einen materialistisch denken Menschen, wobei ich materialistisch fühlend genauer finde, also jener kann mit dem Begriff Philosophie „praktisch" nichts anfangen. Jaspers scheibt: „In der Philosophie gibt es keine Einmütigkeit des endgültig Erkannten, nur im Material wissenschaftlicher Erkenntnisse sind wir weiter wie Platon, nicht im Philosophieren selbst". Aber was ist Philosophie? Philosophie hießt: Die Liebe zur Wahrheit. Jedoch geht es nicht um Besitz der Erkenntnis, nein, es geht um den Weg. Auf-dem-Weg-sein (7 Seite 13) das Schicksal des Menschen in der Zeit bringt in sich die Möglichkeit tiefer Befriedigung. Die Wirklichkeit in der Situation zu gewinnen ist der Sinn des Philosophierens. Philosophie ist das Konzentrierende, wodurch der Mensch er selbst wird in dem er der Wirklichkeit teilhaftig wird." (7 s.14)

Jens: „Philosophie ist also die Kraft, der Wille, der mich zum tieferen Nachdenken...zwingt. "

Gerhard: „Nicht zwingt. Aus freien Stücken begibst du dich auf die Reise. Auf einen langen Marsch zur Wahrheit, zur Erkenntnis deiner Selbst. Doch was sind die Triebfedern der Philosophie. Platon sagte der Ursprung der Philosophie ist des Erstaunen. Und dieser Anblick hat uns den Trieb der Untersuchung des Alls gegeben. Daraus ist die Philosophie entstanden, das größte Gut, das dem sterblichen Geschlecht von den Göttern verliehen wurde. Die Philosophie ist immer da, nicht kämpfen kann sie, nicht sich beweisen, aber sich mitteilen. (7 S.15) Sie leistet keinen Widerstand, wo sie verworfen wird, sie triumphiert nicht, wo sie gehört wird.
Sie lebt in der Einmütigkeit, die im Grunde der Menschheit alle mit allen verbinden kann."

Jens: „Alle mit Allen verbinden". Das klingt ziemlich pathetisch! "

Gerhard: „Ja ! Wir sind in der Philosophie, in der Liebe, in der Liebe zur Wahrheit verbunden."
Jens: „...und wo bleibt die Erlösung. Es ist die Erlösung die wir alle suchen."

Gerhard: „Die Erlösung kommt mit der Erkenntnis, Die Erlösung ist die Erkenntnis. Die Erlösung ist die Offenbarung der Wahrheit."

Jens: „Ich verstehe, was du sagen willst. Hat aber nicht jeder Mensch seine eigene Wahrheit? "

Gerhard: „Ja das kann sein, wenn es in deiner Isolierung eine Wahrheit gibt, an der du genug hast. Allein bist du nichts."

Jens: „Das weiß ich schon! ich bin nix. Nix wert ! "

Gerhard: „Stop, das ist damit nicht gemeint. Es geht um den tatsächlichen Willen zu Kommunikation. Es zeigt sich von Anfang an schon daran, dass es alle Philosophen zur Mitteilung drängt, sie möchten gehört werden, sie möchten vermitteln, dass ihr Wesen die Mittelbarkeit selbst ist und diese unablösbar von der Wahrheit. Erst in und mit der Kommunikation wird der gesuchte Zweck der Philosophie erreicht, in dem der Sinn, die Erhellung der Liebe, die Vollendung der Ruhe gefunden wird."

Jens: „Das Innewerden des Seins, was soll ich darunter verstehen?"

Gerhard: „Also erstens, In den Wissenschaften wird alles Sein auf Objektsein reduziert d.h. auf von außen Erfassbares. Damit kann ich aber das Sein, dass ich selbst bin, nicht begreifen, weil ich von mir selbst nur von innen wissen kann, im Innewerden des Seins.
Der Mensch kann sich daher der Aufgabe der Existenzerhaltung stellen. Die Ursprünge unseres Selbstseins machen uns neugierig. Unsere ureigenstes Da-sein mag dem Menschen genügen, was er aber sein kann, geht über dieses Da-sein hinaus. Ja, und da hilft uns die Philosophie Klarheit, Wahrheit und vielleicht auch noch zusätzlich die Weisheit zu erlangen. Die erste große Hürde für uns sehen wir in der Subjekt-Objekt Spaltung."

Jens: „Bin ich also doch gespalten? ist Subjekt oder Objekt?"

Gerhard: „Nahezu beides. Wenn wir uns selbst zum Gegenstand unseres Denkens machen, werden wir selbst gleichsam zum anderen und sin immer zugleich als ein denkendes Ich wieder da, das dieses Denken seiner selbst vollzieht, aber doch selbst nicht angemessen als Objekt gedacht werden kann, weil es immer wieder die Voraussetzung jedes Objektgewerdenseins ist. Wir nennen dieses Grundbefund unseres denkenden Daseins die Subjekt-Objekt Spaltung. Immer sind Gegenstände als Inhalt unseres Bewusstseins äußerlich oder innerlich uns gegenüber."

Jens: „Was soll das? Wie soll das mir helfen? "

Gerhard: „Ich möchte dir helfen. Helfen dich aus deiner Isolierung zu befreien. Philosophie ist ein Weg um sich selbst klar zu werden. Die wichtigsten Fragen muss jeder Mensch für sich selbst beantworten, am Beispiel: Warum bin ich? Fundamentale Fragen, die das Leben in Bewegung halten. Die frage nach dem „Selbst", dass ich vorhin schon angesprochen habe. Wir bezeichnen einmal das Selbst (das Sein) als Subjekt. Was hat dieses jeden Augenblick gegenwärtiges Geheimnis des Subjekts-Objekt-Spaltung zu bedeuten? Offenbar doch, dass das Sein im Ganzen weder Objekt noch Subjekt sein kann, sondern das „Umgreifende" sein muss, das in dieser Spaltung zur Erscheinung kommt. Das Sein schlechthin kann nun offenbar nicht ein Gegenstand (Objekt) sein. Alles, was nun Gegenstand wird, tritt aus dem Umgreifenden an mich heran und ich als Subjekt aus ihm heraus
Der Gegenstand ist ein bestimmtes Sein für das Ich. Das Umgreifende bleibt für mein Bewusstsein dunkel. Es wird hell nur durch die Gegenstände und umso heller, je bewusster und klarer die Gegenstände werden. Das Umgreifende wird nicht selbst zum Gegenstand, aber kommt in der Spaltung von ICH und Gegenstand zur Erscheinung (7 S.25)

Existenz und Transzendenz sind für Jaspers nicht gegenständlich („Zu transzendieren" bedeutet über etwas hinauszugehen oder die Grenzen von etwas zu überschreiten; über Beschränkungen zu triumphieren; vor, jenseits und über dem Universum oder der materiellen Existenz zu sein.). Das Sein selbst sei nicht als Gegenstand aufzeigbar, ebenso wenig wie das Ich, durch das die Gegenstände konstituiert werden. Nur in dem Maße, in dem der Mensch zu sich selber findet, sei der Mensch Existenz. Das Transzendente begegnet dem Menschen in Chiffren. Darunter versteht er besondere Erlebnisse, die ihm die Existenz von Höherem, materiell nicht Erfassbarem vermitteln. Nur sind diese Erlebnisse wiederum sehr selten und in Geheimschrift, Geheimgestalt ....was auch immer. "

Jens: „Das Umgreifende ist in dieser Gedankenwelt Gott? "

Gerhard: „Jaspers sagt: „Die Ausarbeitung solcher Vergewisserung kann ich nicht in Kürze berichten. Es muss genügen, zu sagen, dass das Umgreifende, gedacht als da Seinselbst, Transzendenz (Gott) und die Welt genannt wird, als das, was wir selbst sind: DaSein, Bewusstsein überhaupt, Geist und Existenz. So gliedert sich das Umgreifende, wenn wir uns seiner vergewissern wollen, alsbald in mehreren Weisendes Umgreifendseins, und so geschah die Gliederung eben am Leitfaden der die drei Weisen von Subjekt-Objekt-Spaltung in erstens den Verstand als Bewusstsein überhaupt, als das wir Alle identisch sind (s.27), zweitens des lebendigen Daseins, als das wir jeder eine besondere Individualität sind, drittens die Existenz, als die wir eigentlich wir selbst in unserer Geschichtlichkeit sind. Wie du schon bemerkt hast, ist das Verständnis einiger Schlüsselwörter unumgänglich. Jeder Philosoph hat seine besonderen Begriffe, zum Teil sind auch Kunstwörter darunter, die von ihm ganz genau definiert und belegt werden, damit der Leser während des Studiums seiner Schrift auch genau weiß und versteht was der Schreiber nun auch sagen will. Begriffe wie: Erlösung, Offenbarung, Wahrheit, Erkenntnis, Auf-dem-Weg-sein, Innewerden des Seins, die Erhellung der Liebe, Existenzerhaltung, Selbstsein, Da-sein, Subjekt -Objekt Spaltung, das umgreifende, Transzendenz, hinter jedem dieser Begriffe befindet sich ein Gedankenkonstrukt. Neue Welten öffnen sich. Machen wir nun einen Sprung zur Seite 89 auf der Karl Jaspers die Unabhängigkeit deutet. Absolute Unabhängigkeit ist unmöglich. Im Denken sind wir angewiesen auf Anschauung, die uns gegeben werden muss, im Dasein auf andere, mit denen wir in gegenseitiger Hilfe erst unser Leben ermöglichen. Als Selbstsein sind wir angewiesen auf das andere Selbstsein, mit dem in Kommunikation wir beide erst eigentlich zu uns selbst kommen. Es gibt keine isolierte Freiheit."

Jens: "Das Ich ist uns allen gemeinhin das gleiche. Wir sind Ich?"

Gerhard: „Nächster Kandidat auf meiner List ist Jonas Pfister Reclam 18433) Pfister ist 1977 geboren. Er studierte Philosophie und Geschichte. Als Gymnasiallehrer steht er voll im Leben.
Auf Seite 11 beginnt er mit den Anfängen in der Antike.
Mit dem Übergang vom Mythos zum Logos beginnt in der Antike die Philosophie. Der Mythos ist die sagenhafte Erzählung, das Märchen. Der Logos ist die Vernunft, die vernünftige, wissenschaftliche Erklärung. Die ersten Philosophen stritten sich noch um den Urstoff. Ist es das Wasser oder liegt es in der Luft.
Bei Heraklit ist alles im Fluss während bei Paramedes die Realität von Erscheinungen bloßer Schein sein soll. Wanderlehrer die ihr Wissen für Geld verkauften, sogenannte Sophisten, lenken die Diskussion von der Natur auf den Menschen und machen das Denken und die Sprache selbst Gengenstand der Untersuchung .
Sokrates geboren 470 v. Christus, von dem nichts Geschriebenes überliefert wurde, war dem Streben nach Erkenntnis und Wissen verfallen. Sokrates war auch jener der sagte: „ Ich weiß das ich Nichts weis", was viele von Ihnen bestimmt schon gehört hat. Was

zählt ist der Geist. Alles ist reiner Geist.

Sokrates war es schon das höchste Ziel im Leben eine gerechte Seele zu besitzen, die dem Menschen gleichzeitig das Glück beschert. Diese Einstellung bringt ihm übrigens auch den Tod. Die Möglichkeit der Flucht ablehnend, sie wäre ungerecht, muss er den Schierlingsbecher trinken.

Sein Schüler Platon hat nach dem Tod von Sokrates alle seine Gedanken in einer Reihe von Büchern, meist in Dialogform, niedergeschrieben.

Platons bekanntester Schüler war wiederum Aristoteles. Kommen wir zur Kernfrage zurück. Was ist Philosophie?

Einer der einflussreichsten Denker überhaupt, der griechische schon erwähnte Philosoph Platon stellt in seinem Werk Politeia den Beginn der Philosophie mit einem Gleichnis dar, dem so genannten Höhlengleichnis.

Man denke sich Menschen, die angekettet in einer Höhle auf eine Wand schauen und nur Schatten von Dingen sehen, von den sie jedoch glauben, sie seien die Realität, weil sie nichts Anderes kennen. Wir einer dieser Menschen von den Ketten befreit und wagt es aus der Höhle herauszutreten, so wird er die wahren Ursachen des Schattens kennen lernen und erkennen. Kehrt er zurück und will von seiner Entdeckung erzählen, so wird er von diesen ausgelöscht, da seine Erzählung nicht dem entspricht, was sie täglich wahrnehmen. (41\ 18)

Gefangen in der Höhle der sinnlichen Welt nehmen die Menschen die Wirklichkeit nur als Schatten wahr. Und es gleicht dem Aufstieg ans Tageslicht, wenn sich die Seele in die Welt der Ideen aufschwingt.

Der Philosoph, ist einer der wenigen, dem es gelungen ist aus der Höhle herauszukommen und damit zur Erkenntnis den unvermeidlichen Ideen zu gelangen. Der Mensch gehört beiden Welten an. Mit der Seele und ihrer Vernunft der Ideenwelt, mit seinem Leib der Körperwelt (48\75).

Die höchst Idee ist die Idee des Guten. Die Seele sehnt sich nach immer größerer Vollkommenheit, wie sie in der höchsten Schönheit zum Ausdruck kommt. Sie strebt dorthin, wo die Vollkommenheit schon immer Wirklichkeit ist, nach dem Jenseits, der zweiten, idealen Welt.

Dieses Streben, vom Sinnlichen zum Geistigen fortzuschreiten nennt Platon „Eros". Es umfasst die Freude am Schönen ebenso wie die Musik, die reinen Formen der Mathematik und den Drang sich in die Unsterblichkeit zu erheben. Der Weg zum Glück führt über die ewigen Ideen".

Jens: „Glück, Ideen,Mythos. Seele . Wo bleibt da die Realität ?. Wo bleibt das Gefühl des hier und jetzt, dass in uns wirkt ? Das

Gefühl, dass auch auf uns wirkt. Ist vielleicht sogar die Realität ein Gefühl ?. Sollte man dass Hier-und-Jetzt-Gefühl nicht mit dem Begriff Realität gleichsetzten?"

Gerhard: „Natürlich hat das Gefühl etwas mit der Realität zu tun. Sogar viel. Man kann aber nicht nur von einem Gefühl sprechen."

Jens: „Ich spreche von – DEM – einen wichtigen Gefühl. Dem Ich-inder-Welt Gefühl. "

Gerhard: „Mein Geist wird von meinen körperlichen Sinnesorganen befeuert, mein entstandenes Bewusstsein führt meinen Geist in die Welt und sagt...ich bin. Unser Bewusstsein ist ein Zusammenspiel biochemisch-elktrischer Faktoren. Keine Zauberei, kein doppelter Boden, kein Himmel und keine Hölle sonst wo."

Vierter Akt - Zweite Szene
Die Gottlosen unter sich

Jens: „Schön soweit so gut du Gottloser!"

Gerhard: „Wir müssen wieder weitergehen. Es hat uns schon wieder an den Anfang geschmissen".

Jens: „Wieso Anfang, wir sind doch voll dabei. Ohne richtiges Verständnis des Anfangs werden wir nie, nie weiterkommen in unserem Verständnis. "

Gerhard: „Kluge Worte. Ich würde mir das mit deinem Austritt aus dem Leben nochmals gründlich überlegen. Quatsch, was sag ich da. Du bist doch nicht blöd ! Du kannst in dieser Welt weiterleben. Es gibt nur ein paar Punkte, an denen Du arbeiten musst."

Jens : „ Psychotherapie?"

Gerhard: „Das hilft! Viele Menschen sind auf der Suche. Viele auf der Suche nach ihrem Ich. Sie träumen von Selbstverwirklichung und wissen überhaupt nicht was das ist. Selbstverwirklichung ist nach C.G.Jung ein Trieb. Psychologische Dinge müssen wir hier leiden nach hinten verschieben. Erklären kann ich dir Vieles. Ich kann dir tagelang vorlesen.
Aber leben musst du selbst. Leben heißt Grenzen setzen....."

Jens: „Stop....halt ist ja gut.. "

Gerhard: „Eine Welt voller Gutmenschen und Philosophen würde auch nicht funktionieren. Gescheite Menschen hat es schon immer gegeben. Ich spreche nicht von Politikern generell!"

Jens: „ Gut gedacht ist nicht gut gemacht!"

Gerhard: „ Oh, ja Omas Küchenphilosophie.....aber du hast vollkommen recht. Grundsätzliches haben wir jetzt schon behandelt. Wie machen wir jetzt weiter ? Es gibt beim Lernen nichts Besseres als wiederholen."

Jens: „Gut...was heißt jetzt deiner Meinung nach Philosophieren?"

Gerhard: „Philosophieren heißt, mit Hilfe der Begriffsanalyse nach der Bedeutung von allgemeinen Begriffen und mit Hilfe der Logik nach der Begründung von allgemeinen Meinungen zu suchen."
(41\22)

Jens: „Meinungen, von allgemeinen Meinungen. Ich dachte wir reden hier von knallhartem Wissen ?"

Gerhard: „Kant weist zu Beispiel mit Recht darauf hin, dass die Einsicht in einen bloßmöglichen Sachverhalt kein echtes Erkennen darstellt, sondern eben ein einfaches, bloßes Denken bleibt. Wir wären im Alltag wie in der Wissenschaft kaum bereit, das bloße Ausdenken und Durchspielen bloßer Möglichkeiten als Erkenntnis darstellt zu bezeichnen. Das Wissen bezeichnet soviel wie das, was als sicher gewusst wird. Als Wissen kann nur die Meinung gelten, deren Wahrheit man nachprüfen kann.
Meinen ist ein mit Bewusstsein sowohl subjektiv, als auch objektiv unzureichendes Fürwahrhalten. Und nun folgt ein wichtiger Punkt. Ist das letztere nur subjektiv zureichend und wird zugleich für objektiv unzureichend gehalten, so nennt man diese Geistesregung :

„GLAUBEN"

Jens: „Was?"

Gerhard: „Es klingt vielleicht verwirrend. Will man sich jedoch ernsthaft unterhalten, müssen Begriffe wie Meinung, Wissen und Glaube klar definiert sein.
Nochmal ganz einfach. „ Nichts ist im Verstand, was nicht zuvor in der Sinnlichkeit ist." (Aquin). Ich füge hinzu, dass auch nichts in der Sinnlichkeit Platz findet, dass nicht von Außen kommt oder zumindest von Außen angeregt wird. Es gibt Nichts aus dem Nichts."

Jens: „Input-Verarbeitung-Output."

Gerhard: „Ja so sieht es aus. Bei jedem dieser Prozesse kann es leichte Probleme geben. Beim Input denk ich gibt es die größten Probleme.
Es wird zu viel falsch gesiebt, falsch gedeutet und oft falsch verstanden.
Dazu kommt die irre Vorstellung des Einzelnen, seine Meinung wäre richtig und etwas Besonderes, etwas wertvolles und einzigartiges. Dabei kann es sich bei dieser speziellen Meinung um eine Fehlinterpretation handeln oder um schlichtweg gesagt falsche oder fehlerhafte Informationen und Daten. Wenn man glaubt man hätte eine fundierte Meinung, dann hat das trotzdem noch nichts mit Wissen zu tun. Hier geht es auch um Ursprung, Vermögen und Grenzen der menschlichen Erkenntnis. Etwas wissenschaftlicher Ausgedrückt würde eben genannter Tatbestand folgendermaßen

112

lauten.

Wie oben im Zusammenhang mit dem Erkenntnisbegriff erörtert, zeichnen sich sensualistische bzw. Empiristische sowie umgekehrt intellektualistische bzw. rationalistische Ansätze dadurch aus, dass sie ihrem favorisierten Erkenntnisvermögen das Erkenntnismonopol zuschreiben und umgekehrt die Bedeutsamkeit das jeweils anderen Erkenntnisvermögens herunterspielt."

Jens: „Meine Frau sagt dann immer : „Du verstehst alles wie du willst."

Gerhard: „ Ja ... nicht schlecht ! Das heißt, der Kandidat entscheidet auf welche Art, seine einfache Leiblingsmethode, er seine Erkenntnis erlangt. Mit Geist oder Verstand mit seinen Sinnen oder seinem Wissen. Klingt verwirrend.
Die Abwertung der je anderen Erkenntniskraft hat jedoch nie dazu geführt, schon deren Existenz völlig abzulehnen. So hat es wohl nie einen Sensualisten bzw. Empiristen gegeben, der die Tatsache rationaler Operationen, z.b. das Ziehens einer Schlussfolgerung aus zwei Prämissen abgestritten oder sie zu einer sinnlichen Fähigkeit erklärt hätte.
Deshalb muss festgestellt werden, dass Sinnlichkeit und Verstand bzw. Vernunft zwei unabhängige Quellen der Erkenntnis sind.
Philosophieren, gedacht als Suche nach Begründungen der vielen Meinungen. Das ist bei weitem keine genügende Aussage. Jedoch ist ganz klar daraus zu erkennen, dass wir wissen wollen.
Den Glauben ausrotten, die vielen persönlichen Meinungen bekämpfen um zum ewig wahren Wissen der Dinge zu gelangen. Ludwig Wittgenstein (1889-1951) schreibt im Tractatus Logico-Philosophus: Der Zweck der Philosophie ist die logische Klärung der Gedanken."

Jens: „Die logische Klärung wäre dann . Es gibt keinen Gott. Oder, kläre bitte die Frage : Gibt es Gott?"

Gerhard: „Wir sprechen nun nicht über einen speziellen Glauben, das wäre Aufgabe der verschiedenen Religionen. Die Frage kann nicht damit beantwortet werden, dass man an Gott glaubt oder nicht an ihn glaubt, denn eine solche Auffassung wäre dogmatisch, dass heißt eine unbegründete Behauptung. (41\66)
Gesucht wir eine rational nachvollziehbare Begründung."

Jens: „Hat Gott nicht durch Wunder seine Existenz gezeigt?"

Gerhard: „Der Mensch wird von Unerklärlichem fasziniert, dass eine Hilfe zur Glaubensbestärkung darstellt. Meine Meinung ist. Die

Naturgesetze schließen Wunder aus. Somit bedeutet ein guter Grund nicht an Wunder zu glauben, geschweige denn an Wunder die Gott initiiert haben soll."

Jens: „Wenn es einen Gott gäbe, wie könnte ich da existieren, sagte Jean Paul Satre.

Gerhard: „Gott ist tot schrieb Friedrich Nietzsche."

Jens: „Ist das der, der verrückt wurde weil er so intelligent war?"

Gerhard: „Das hättest du gern, dass die Menschen die intelligenter sind wie du, dass die verrückt werden, nein..nein..Nietzsche hatte nur ein einfaches Syphilisproblem und sonst nichts!"

Jens: „Ja was jetzt ....gibt es Gott?"

Gerhard: „Nun gut....zurück .... Es gibt neben dem Wunderargument noch mehrere Gottesbeweise.
Der teleologische Gottesbeweis versucht das Bestehen eines Plans, Zweck oder Ziels (griech. Telos) in der Natur nachzuweisen und daraus und daraus die Existenz eines Planers abzuleiten.
Aristoteles und Thomas von Aquin haben solche Beweise vorgelegt. Eine bekannte Version ist das Argument mit dem Uhrmacher von William Paley.
Wenn wir eine Uhr sehen, dann schließen wir aufgrund der Komplexität des Gegenstandes darauf, dass es einen intelligenten Erfinder gegeben haben muss, der die Uhr produziert hat. Schauen wir uns in der Welt um, sehen wir, dass es eine Vielzahl von Pflanzen und Lebewesen gibt, die um einiges komplexer sind als die vom Menschen erschaffene Uhr.
Derart komplizierte Organismen können weder aus dem Nichts noch aus dem Zufall entstanden sein. Es muss einen Designer geben und der heißt Gott. (41\70)

Jens: „Gott scheint nur wieder ein Name zu sein für deren Unwissen! Ein Einwand unter vielen für diesen Gottesbeweis ist die Evolutionstheorie, die klar und deutlich erklärt, wie wir entstanden sind. Wenn das jemand von ihnen bezweifelt, dann....ehm.....werfen Sie doch ..."

Gerhard: „....dann werfen Sie doch...mit wem sprichst du denn?"

Jens: „Meistens mit mir selbst . Ich muss das tun. Immer, ständig, bin ich wach, nehme ich sofort Kontakt auf."

Gerhard: „ Mit wem nimmst du Kontakt auf ?"

Jens: „Mit meiner Vernunft...der Kontakt hält aber meistens nicht lang...........Gott beweisen, das ist zu kompliziert für mich."

Gerhard: „Nein ist es nicht! Zurück zum Thema. Der kosmologische Gottesbeweis versucht, durch die größere Abstraktheit....

Jens: „......halt........sehr gut wir brauchen jetzt gerade noch mehr Abstraktheit. Wir sind doch sowieso schon im luftleeren Raum....."

Gerhard: „Ruhe jetzt, der kosmologische Gottesbeweis versucht, durch die größere Abstraktheit die Einwände gegen den teleologischen Gottesbeweis zu um gehen. Er leitet die Existenz Gottes nicht wie dieser von der Existenz konkreter Lebewesen ab, sondern von der Existenz der Welt, der abstrakten Ordnung der Welt des geordneten Kosmos. Daher der Name .
Der erste Grund, die erste Ursache zum Entstehen der Ursachen-kette, die den Kosmos unser Sonnensystem, die Erde und uns entstehen ließ."

Jens: „Kurzer Einwand...und wo soll dein Gott hergekommen sein........aus dem Nichts? Ist er nicht auch wiederum verursacht worden?"

Gerhard: „..sehr gut mitgedacht, mein Lieber, die frage kann ich nicht beantworten. Kommen wir jetzt aber zu unserem letzten Gottesbeweis in unserer Philosophischen Ecke. Der ontologische Gottesbeweis leitet die Existenz Gottes direkt aus dem Begriff Gott ab. Ontologisch bedeutet das, „Das Sein betreffend". Von der Existenz eines Begriffes wird auf die Existenz des damit Bezeichneten geschlossen. Da man dazu keiner Erfahrung bedarf, kan man den Schluss des Arguments als eine Erkenntnis „a priori" und das Argument als einen apriorischen Beweis ansehen. Eine der subtilsten Formen des ontologischen Gottesbeweises stammt von Anselm von Canterbury (1033-1109) .
Anselm stellt sich einen Atheisten als Gegner vor. Der Atheist glaubt, dass es keinen Gott gibt. Was Gott ist legt Anselm durch Definition fest. Gott ist das Wesen, über das hinaus Größeres nicht gedacht werden kann. Diese Aussage versteht auch der Atheist. Wenn das der Fall ist existiert dieses Wesen zumindest im Bewusstsein des Atheisten. Dies sieht der Atheist ein. Er wir allerdings behaupten, dass dieses Wesen lediglich in seinem Bewusstsein ist und nicht wirklich existiert. Daraus ergibt sich aber für den Atheisten ein Problem. Wenn sich nämlich ein Wesen wie Gott sich im Bewusstsein denken lässt, dann lässt sich auch ein

gleich großes Wesen denken, dass in Realität existiert. Damit widerspricht sich der Atheist. Das bedeutet ganz einfach Gott existiert."

Jens: „Einwände erspar ich mir hier bei diesem Punkt. Dieses Beweisszenario ist mir etwas zu abstrakt. Man glaubt hier geht es nur um die Vorstellungskraft, die Fantasie, um eine derartig wichtige Frage zu beantworten. Gott ist nur in deinem Geist. Ausschließlich."

Gerhard: „Ich muss dir recht geben. Wir können hier das Thema Gottesbeweis abschließen. Das Thema „Gott" ist eine Glaubensfrage. Glauben oder nicht glauben. Ganz einfach."

Jens: „ Wie gehts jetzt weiter?"

Gerhard: „Im Moment weiß ich das auch nicht. Es steht jedoch fest, dass die Gottesbeweisführung eine rein philosophische Angelegenheit ist. An Gott, Jesus und den heiligen Geist glaubt man einfach. Man glaubt an die ganze Palette. Ob du in die Hölle kommst oder nicht hängt von deinem Glauben ab und der Gnade Gottes. Du und ich wir kommen in die Hölle. "

Jens: „Ist mir scheißegal, wenn ich tot bin!"
Gerhard: „ Sehr weise !"

Gerhard: „Warts ab mein Lieber der Eiko ist auch unterwegs zu dir, auch er wird versuchen dich aus der Wanne zu holen. Servus mein lieber, ich hör schon Eikes alten Mercedes Diesel......... "

Fünfter Akt

Eiko

Kommen wir bitte schnell auf den Punkt. Keine langen Beschreibungen, Vorreden oder Entschuldigungen. Eiko entdeckt im Alter von 16 die Bücherwelt. Die einzigen Bücher, die er vor seinem 16. Lebensjahr in der Hand hatte, waren Schulbücher. Diese Bücher hier, diese heutigen Bücher hier, die Richtigen, die sind etwas Besonderes. Er fühlt sich anfangs gerettet. Alle Fragen die sich über die Jahre angehäuft haben, werden nun von ihm Stück für Stück abgearbeitet. Jahrelang ist er voll im Glück.

Durch sein Graben stieß er jedoch immer wieder auf neue komplizierte Fragen und schnell bildet sich vor ihm ein neuer Berg Fragen. Es war ein Teufelskreis!

Für ihn beginnt eine lebensgefährliche Reise in den Abgrund.

Berauscht von der Unendlichkeit des Universums steht er immer wieder am Anfang.

Dabei gibt es eigentlich nur um eins. Liebe. Aber er will mehr als nur Liebe. Er will die total Erkenntnis der Wahrheit und dazu noch die Liebe als Sahnehäubchen dazu. Ist das zu viel verlangt von der Welt ? Gibt es das Gefühl überhaupt .

Wie 1976 auf dem LSD Trip, als er beim Anblick einer Pflanze die ganze Wahrheit der Schöpfung zu erkennen glaubte. Er will ständig auf dem Trip sein. Stofflich oder nichtstofflich, das ist ihm im Grunde scheißegal. Hauptsache man ist drauf.

Eikos Eltern sind totale Vegetarier. Seine Zwillingsschwester ist im Alter von 12 mit dem Fahrrad tödlich verunglückt.

Es war für den kleinen Eiko immer ein Graus sich mit seinen Eltern zeigen zu müssen. Aschfahle Gesichter, abgemagerte Körper in abgewaschenen Pullovern.

Eiko will mehr als nur Liebe. Doch welche Liebe meint er ? Unter Liebe versteht Eiko den Einklang der Seelen. Den Gleichklang, die Harmonie.

Er schaut sich gern im Spiegel an. Dieser armselige Narzisst. Dafür gibt es in der Weltliteratur genügend Beispiele. Die wahre Liebe kennt Eiko eigentlich noch nicht. Es hat ihm noch niemand gesagt, was damit gemeint sein soll. Seine Eifersucht kommt auch nicht von ungefähr. Er wurde alles tun um dieses Gefühl los zu werden.

Eiko: "Ja.....aber, was ist mit dir los ? Was ist passiert? Warum muss ich bei dir hier jetzt erscheinen?"

Jens: „Ich weiß es schon nicht mehr. Es war nicht so geplant. Ich hatte im Sinn alle meine alten Feinde antreten zu lassen um mit ihnen abzurechnen.

Also was willst du mir erzählen. Ich hatte schon zwei Kameraden hier, die mir das Schöne im Leben zeigen wollten."

Eiko: „Lass mich dir etwas über Anthroposophie erzählen. Ich werde dir einen kleinen Vortrag halten über Anthroposophie. Jedoch vorweg eine Bemerkung, die manchem Anthroposophen nicht sehr gefällt. Für mich persönlich ist der Ausgangspunkt seines zum Teil eklektizistischen Denkens natürlich die Frage des Zusammenwirkens von Geist und Stoff, Idee und Materie. Alte Meister wie Sokrates, Platon und Aristoteles sowie der von ihm nahezu verschmähte Immanuel Kant. Alle haben ihm die Vorlagen gegeben. Rudolf war ein gescheiter Mensch! Steiner war einer der größten Eklektiker aller Zeiten. Seine realistische Lebensleistung wird später noch einmal zur Diskussion gestellt. Man findet ihn auch sehr selten in Philosophielexika. Steiner stellte sich sogar noch über die Philosophie, ...eine größenwahnsinnige Einstellung.
Jens: „nicht so schnell ..Anthroposophie, Philosophie .. wo ist da der Unterschied?"

Eiko: „Der aus dem Griechischen stammende Begriff „PHILOSOPHIE",bedeutet die Liebe zur Weisheit."
ANTHROPOSOPHIE bedeutet Weisheit des Menschen."

Jens: „und Theosophie..oder Theologie?

Eiko: „Theosophie ist die Weisheit von und ueber Gott und der Begriff Theologie ist erstmals bei Platon bezeugt. Theo ist Gott und Logos Vernunft ... !"

Jens: „Anthroposophie, wie das nur klingt, das kann doch nur wieder so ein vergeistigter Kram sein. Egal, schieß los, ich hab Nichts zu verlieren."

Eiko: „Anthroposophie heißt übersetzt aus dem griechischen Anthropus = Mensch und Sophia = Weisheit, auch die göttliche Weisheit genannt. Also die Weisheit des Menschen. Anthroposophie unterstützt unter anderem auch die Theorie der Reinkarnation."

Jens: „Reinkarnation?"

Eiko: „Der menschliche Geist erscheint als Wiederholung, also bei der Wiedergeburt, mit den Früchten seiner Erlebnisse."

Jens: „Bedeutet dann, dass ich, der sich selbst getötet hat...ja.....als was komm ich da wieder auf die Erde?"

Eiko: „Ja.. das ist die Frage . Himmelreich...Nirvana ? Nee, nee im Buddhismus kommst du vielleicht als Ratte wieder auf die Welt, das heißt dein Geist reinkarniert in einer Ratte oder ähnlich und im Christentum kommst du in die Hölle.
Doch zurück. Was soll das bedeuten, die Weisheit des Menschen? Steiners Anthroposophie versteht sich nicht nur als Lehre, sondern auch als eine Methode, eine eigenständige „Forschung" in der „übersinnlichen Welt" zu betreiben. Natürlich ist jetzt erst einmal zu verstehn was er mit übersinnlicher Welt zu verstehen geben will. Um diesen Begriff zu verstehen müssen wir zuerst über das Ich und den Astralleib sprechen die während der Schlafenszeit in einer übersinnlichen Welt verweilen."

Jens: „Das wollt ich gerade fragen, was ist das übersinnliche Welt?"

Eiko: „Es geht also generell um Metaphysik."

Jens: „Metaphysik?"

Eiko: „Die einfachste Übersetzung findest du im Marxistische-Leninistischen Wörterbuch der Philosophie, und zwar heißt es dort : Metaphsik (griech) idealistische Lehre vom Wesen des Seienden, das über die uns in den Sinnen gegebene Erfahrungswelt hinausgehen soll.
Ursprünglich war Metaphysik praktisch die Bezeichnung der ersten Philosophie des Aristoteles über die Betrachtung des Seienden. "

Jens: „Schön....und weiter....!"

Eiko: „Also..der Mensch verweilt im Schlaf mit den übernatürlichen Wesen der elementarischen Reiche. "

Jens : „Was sind elementarische Reiche?"

Eiko: „Die Elementarreiche bestehen aus 7 Bewusstseinsstufen die wiederum jeweils aus 7 Lebensstufen bestehen .(11)
Es ist schwer, aus unserer Sprache heraus Worte zu finden für diese sieben Lebensstufen. Wenn wir bloß auf unsere Erde Rücksicht nehmen, so können wir die Lebensstufen dadurch bezeichnen, dass wir reden von den sieben Reichen. Da bezeichnen wir die erste Lebensstufe als das erste Elementarreich, die zweite als das zweite, die dritte als das dritte Elementarreich, die vierte als das Mineralreich, die fünfte als das Pflanzenreich, die sechste als das Tierreich und die siebente als das Menschenreich. Es ist heute außerordentlich schwer, den Menschen eine Vorstel-

lung zu geben . "
(Rudolf Steiner- Lexikon der Anthroposophie -aus 354 Büchern zusammenstellt)

Jens : „Was will Steiner eigentlich mit seiner Lehre . Ich hab nur mal gehört, dass er ein ziemlicher Krauter war und einige Religionen vermischt hat. Also sich hier seine Eigene Religion und Weltanschauung bastelte?"

Eiko: „....wer macht das nicht?"

Jens: „Ja schön und gut. Er fühlt sich aber wie Messias. Sein Sendungsbewusstsein sieht man doch an den tausenden Vorträgen."

Eiko: „Genau 6000 Vorträge. Daher auch die Zahl der vielen Bücher, die veröffentlicht wurde.
Es sind 45 Gesamtausgaben und mehr als 300 Bücher über seine Vorträge."

Jens: „Wie kann ein Mensch so viel schreiben!"

Eiko : „frag mich nicht ! Steiner war ein Arbeitstier".

Jens: „Nochmal .. was will er uns vermitteln?"

Eiko: „Steiner geht es um eine Bewusstseinsschulung. Der Mensch soll nicht nur die reale Welt um sich herum verstehen, nein..! er soll auch weiter hinausschauen, in die Weiten des Kosmos, draußen die Sterne, also dasjenige wahrnehmen, was außerirdisch ist und sich physisch offenbart."

Jens: „....Nicht nur die reale Welt ...auch die Welt der Liebe?"

Eiko: „Auch der Begriff Liebe wird bei Steiner zerlegt und auf verschieden Ebenen begleitet, betrieben und vertrieben von verschiedenen Engeln........aber dazu später vielleicht.
Doch zurück. Die Kernfrage bleibt jedoch ungeachtet aller Anthroposophie wo sind die genauen Schnittstellen zwischen der realen Welt und der übersinnlichen Welt?"

Jens: „Ist eine Beschäftigung mit der übersinnlichen Welt nicht sehr schädlich, wenn man seine reale Welt nicht in den Griff bekommt?"

Eiko: „Moment, hör zu! Der Mensch soll aus seiner elementarischen Welt aufblicken zu den Sternen und nicht nur die bloßen toten, leuchtende Sterne sehen, nein er soll auch noch die Wesenheiten der höheren Hierarchien schauen. Er schaut hinaus aus dieser elementarischen Welt in die Weiten der überelementarischen Welt und nimmt wahr Angeloi, Archangeloi und Archai".

Jens : „Und sonst gehts noch gut mein Lieber, was will Steiner sehen und wie in welchem Bewusstseinszustand im elementarichen Weltendings? Da sind ja die Kollegen von Evangelischen Gruppierung Lachnummern dagegen und die sind schon nicht zu verstehen mit ihrem Gott und jetzt du mit Wesenheiten der höheren Hierarchien und wer soll Angeldings und sein?"

Eiko : „Die Angeloi, die eine Stufe höher stehen als die Menschen, unterscheiden sich von den Menschen dadurch, dass für ihre Wahrnehmung das Mineralreich nicht vorhanden ist. Ihr Wahrnehmungsvermögen beginnt beim Pflanzenreich und umfasst dann weiter das Tier-, Menschen- und Angeloireich, ihr eigenes Reich. Es geht um dein und mein Bewusstsein. Es geht um die verschiedenen Arten und Stufen des Bewusstseins. Die Begriffe Wesenheiten und höhere Hierarchien verwirren uns jetzt nur".

Wir können eigene Fortschritte verzeichnen, indem wir uns mit Okkultismus oder sagen wir auch mit der Mystik beschäftigen. Jedoch ist es eine Tatsache, dass alles Erfahrene in einem klaren soziokulturellen Hintergrund geschieht. Es ist real."

Jens: „Wir kommen um die Realität nicht herum!"

Eiko: „So sieht´s aus. Ich möchte noch etwas ausholen. Vor theistischem Hintergrund liegt der Name Gott nahe. Atheisten sprechen etwa von der wahren Natur allen Seins oder der tiefen kosmischen Einheit aller Dinge.
Verschiedene biblische Texte sprechen von der Entzogenheit, Unsichtbarkeit, Nichtabbildbarkeit und Unnennbarkeit Gottes. (12 Beispielsweise 1 Tim 6,16: „Gott, der in unzugänglichem Licht wohnt, den kein Mensch gesehen hat.")
Buddha hat das mystisch Erfahrene nicht als göttlich bezeichnet. Die höchste Wirklichkeit sei kein göttliches Wesen, das mit Verstand und Willen ausgestattet sei und handele, sondern alles überstrahlender Friede und Glückseligkeit.
Die höchste Wirklichkeit bewahre Menschen auch nicht vor Unglück oder befreie nicht aus Lebensgefahren, wenn man sie in Gebeten inständig darum bäte, sondern in der Welt geschehe viel unabänderliches Leid, und dennoch sei alles in dieser höchsten Wirklichkeit geborgen.
(11)Die höchste Wirklichkeit erschaffe nicht die vielen Weltdinge wie

die Quelle einen Bach hervorbringe oder wie ein Künstler sein Kunstwerk erschaffe. Über die Entstehung der Weltdinge sei nichts wissbar. Die höchste Wirklichkeit sei einfach da als souveräne, unantastbare, absolut erfüllende Wirklichkeit, die Menschen prinzipiell wahrnehmen können. Aus der mystischen Erfahrung heraus werden alle Phänomene auch als Leerheit (Nichts) beschrieben, in dem Sinne, dass sie leer von einem ihnen innewohnenden Sein sind.

Laozi nennt die allem Sein zugrunde liegende Wirklichkeit Dao. „Das Dao ist namenlos verborgen und doch ist es das Dao, das alles erhält und vollendet."

Er meint, dass über die höchste Wirklichkeit keine rationale Aussage gemacht werden könne, sie jedoch erfahrbar sei. Wer dem Dao folge und in Übereinstimmung mit seiner Natur handle, „zu dem kommen die zehntausend Dinge".

Sie kommen zu ihm und leiden keinen Schaden, finden Frieden, finden Ruhe, finden Einigkeit."

Jens: „Was soll ich dazu sagen ...das Sein das Nichts. Die Leere, Begriffe über Begriffe, wie Reinkarnation, was ist das?"

Eiko: „Das hab ich dir vor 5Minuten erklärt. Nochmal. Reinkarnation ist einfach Übersetzt, Wiedergeburt".

Jens: „Ich werde wiedergeboren?"

Eiko: „Da muss ich wieder etwas ausholen. Reinkarnation wird im zum Beispiel im Buddhismus, Hinduismus und auch in der Anthroposophie genau beschrieben, jedoch unterschiedlich. Was hier Wiedergeboren werden soll ist das ICH. (11) Das 'Ich' bezeichnet in der anthroposophischen Terminologie den ewigen, unvergänglichen und nur dem Menschen zukommenden „Wesenskern", der nach dem Tod fortbesteht und sich erneut in einem anderen Körper inkarniert und der der Träger des Karma ist. Das Ich durchdringt und verändert jedoch auch die niederen Wesensglieder; in diesem Zusammenhang spricht Steiner auch von einer gesonderten leiblichen „Ich-Organisation."

Änderungen in der Wechselwirkung der Wesensglieder äußern sich in verschiedenen Bewusstseinszuständen.

Im Wachbewusstsein sind alle vier Wesensglieder eng miteinander verbunden. Beim Einschlafen lösen sich Astralleib und Ich vom physischen und ätherischen Leib. Es tritt ein Zustand ein, der bei Pflanzen permanent vorliegt."

Jens: „Du bist ja lustig. Ich bin Nachts ..wie...wie ein Pflanze...? Jetzt erklär mir aber einmal die Begriffe . Zum Beispiel Astralleib."

Eiko: „Den physischen Leib (13) bildet der Mensch aus dem materiellen Stoffen der Erde, den Ätherleib als Träger der Lebensvorgänge hat er mit den Pflanzen gemeinsam, und der Astralleib ist jenes Wesensglied, durch das er mit den Tieren, vor allem den höher entwickelten, verwandt ist". Steiners Einteilung des Menschen geht vom viergliedrigen bis zum neungliedrigen Menschen, der dann in folgende Teile zerlegt wird:
Physischer Leib, Ätherleib, Astralleib, Empfindungsseele, Verstandesseele, Bewusstseinsseele, Geistselbst, Lebensgeist, Geistmensch."

Jens: „War es das? Ich glaub du hast einen Vogel. Was soll ich mit einem neungliedrigen Menschbild?"

Eiko: „Ich weiß es ist kompliziert aber die Welt ist nun mal ein bis zur Stofflichkeit verdichteter Gedanke! Der Mensch hat mit seinem ICH großen Anteil daran."

Naja, ich verzieh mich mal. Große Gedanken, einfache Worte und primitive Gefühle. Ein schlechter Mix."

Jens: „ Mach fertig ! Lass den Siggi zu mir kommen."

Die Vollendung

Mit diesem Buch wendet sich unser Autor an den anspruchsvollen Leser der mehr erwartet als nur simple Bildungsliteratur oder ein Konglomerat aus wiederum halbherzigen Romanbildern.
Getrieben vom eisernen Willen, seinen Geist zu nähren und den Charakter zu stärken kämpft der Leser sich durch die verschiedensten Welten.

Sein Ziel ist unser Ziel. Wahrhafte Authentizität.

In einer anfänglichen Lüge gibt es keine letztendliche Wahrheit

Der Herausgeber

Mein lieber Leser, meine liebe Leserin,

in meinem ersten Teil von Brainstorming, das sich nicht nur wissenschaftlicher Verfahren und Methoden bedient hat, waren Sie in den ersten beiden Akten des dreiteiligen Werkes, Zeuge der Geburt von Klaus und Jens sowie seinen 7 Freunden.

Der Name unseres Protagonisten und Originators ist Hans Keinhuhn. Er ist die Triebfeder, er ist der Mann der schreibt. Herr Keinhuhn strapazierte ihre Nerven mit einem überlangen Brainstorming am Anfang.

Mit diesem Teil 3, von Professor Varths Brainstorming, werden wir uns von Hans Keinhuhn verabschieden. Doch zuvor steigen wir ein in den sechsten Akt und lauschen der Dinge.

Ich wünsche ihnen vergnügliche Stunden.

Professor D. Varth

SIGGI

Buddhismus ist sein Werkzeug, seine Methode um mit sich selbst umzugehen. Ohne Buddhismus wäre er schon jämmerlich zugrunde gegangen. Seit er denken kann, lebt er in zwei Welten. Siggi wollte sich auch schon das Leben nehmen. Hoppla, ich bin wieder zu schnell bei der Sache. Was ist los? Sprich! Also: Erstens aus der materiellen Armut, und zweitens wegen seiner, wie er es sagt, geistiger Armut und der Wut, die sich aus beiden Minderwertigkeiten ergibt. Seine permanente intellektuelle Eingeschränktheit lastet jeden langen Tag auf ihm. Arm und noch blöd dazu das macht ihm schwer zu schaffen. Sie sehen schon, er ist ein besonderer Typ. Da die wirklichen Deppen unter uns nicht merken, wie dumm sie sind. So denken sie doch auch ? Oder etwa nicht?

Jedoch quält ihn ein Teil seiner Person mit der Vorstellung, mit der Überzeugung, dass er zu mehr fähig ist. Eigentlich sieht er sich als verkanntes Genie. Siggi ist ein Waisenkind. Er wurde wie klein Moses ausgesetzt.

Das Problem ist nur, wie immer, das interessiert keinen Mensch auf der Welt. Ein verkanntes Genie ohne Eltern!

Für Siggi gibt es kein Akzeptieren. Er kann und will die dinge, die ihn einengen nicht akzeptieren. Akzeptieren heißt resignieren aufgeben, verlieren.

„Ich bin am Rande der Vergeistigung" sagt Siggi.

Siggi betrachtet es selbst als Vergeistigung wenn er das Gefühl verspürt neben sich zu stehen. Er hat erkannt, dass Gottes Liebe nicht zu vergleichen ist mit der Liebe, die Menschen als Liebe bezeichnen. Doch diese Erkenntnis ist nur in seinem Kopf, nicht in seinem Herz.

Er sieht es als geistige Fähigkeit an, aus seinem Körper herauszutreten. In dieser Zeit vergisst er seine persönlichen Probleme. Seine bipolare Persönlichkeit kommt zur Ruhe, weil sie ganz einfach ausgeschaltet wird. Seine psychischen Probleme interpretiert er für sich selbst als spirituellen Fortschritt. Das klingt komisch, ist aber genau seine Wahrheit. Eine weitere Erkenntnis auf dem Weg zur Erleuchtung. Eine Bewusstseinserweiterung, ja ohne Zweifel, aber es handelt sich um seine kranke Seite.

Er würde alles tun um dieses zerstörende Gefühl los zu werden. Eine Blockade, irgendwas hindert ihn daran manche Dinge zu akzeptieren wie sie sind.

Siegmund: „Ja ...... aber, was ist mit dir los?
Was ist passiert? Warum muss ich hier jetzt erscheinen?"

Jens: „Du warst in meinem kopf, es war geplant, dass du hier erscheinst. Nur hat sich meine Wut etwas gelöst. Der ganze Psychokram macht mich ganz fertig. Aber schön fertig, irgendwie. Wie geht es dir und was du so machst den ganzen Tag .

Siegmund: „Ich bin Gärtner...und...hobbymäßig.... nein es ist eigentlich schon mehr wie nur ein Hobby!"

Jens: „Ja was denn?"

Siggi: „Ich interessiere mich sehr für den Buddhismus."

Jens: „Ok...... erzähl....was sagt der Buddhismus?"

Siggi: „Ausgangspunkt und Mitte des Buddhismus ist ein Geschehen, durch das Siddharta Gautama, aus dem Lokaladelsgeschlecht der Dhakas im 6. Jahrhundert vor Christus zum "Buddha", d.h. zum "Erleuchteten" oder "Erwachten" wurde.

Jens: „Lass mich in Frieden und mach den Abgang. Aber schnell....! "

Siggi: „Überleg es dir nochmal !. Auch in dem Buch von Dalai (5) mit dem Titel „Der Weg zum Glück" geht es natürlich, wie sollt es anders sein, um das Thema Glück."

Jens: „Ach so ....Buch lesen und schon hat man das Glück gepachtet?"

Siggi: „Nein, auch der Dalai Lama ist überzeugt, das wir unser Glück praktisch nicht erzwingen können, aber wir können uns Glück durch unsere Kraft steuern. Gelassenheit und Seelenruhe sind für jeden Menschen möglich."

Es muss unser Ziel sein eine Lebenshaltung zu gewinnen, die Misstrauen, Eifersucht, Wut, negatives Denken überwindbar macht.

Man muss sich vom Unwesentlichen befreien um Zufriedenheit zu erlangen.

Alle Menschen, auch Du und ich wir alle streben nach Glück und möchten doch das Leiden vermeiden. Es gibt zwei Wege zum Glück . Der Erste ist äußerlich.

Der ist dir ja bestens bekannt. Das kennst du ja ... mein Auto, mein

Haus, mein Schiff ....dadurch können wir ein gewisses Maß an Glück und Zufriedenheit finden. Der zweite Weg besteht in geistiger Entwicklung, die ein inneres Glück hervorbringen soll."

Jens: „Da sind wir doch schon wieder am Knackpunkt. Herr Buddha und Denker............geistige Entwicklung und inneres Glück als gegenseitige Voraussetzung! Und was ist, wenn man einfach nur blöd ist und eine geistige Entwicklung nicht möglich ist?"

Siggi: „Diese geistige Entwicklung hat nichts mit Intelligenz zu tun oder mit dem primitiven Erlernen von Daten und Fakten. Hier geht es um Erkenntnis, der wahren Dinge im Leben. "

Jens: „Die wahren Dinge, das hört sich immer so großartig an."

Siggi: „ Das hört sich nicht nur großartig an, das ist das Kernproblem. Ja, das sag ich dir direkt ins Gesicht. Das ist dein Kernproblem. Nicht zu wissen was wirklich wahr ist. Was gut für dich ist. Was gut für deinen Nächsten ist."

Jens: „Ja das eine ist innen das andere außen. Wenn aber außen alles schlecht ist."

Siggi: „....das meinst du.......ich glaub dir gehts zu gut!"

Jens: „.............zu gut ? Spinnst du? Siehst du meine Situation nicht?"

Siggi: „Ich weiß nicht wie du in die Situation gelangt bist?"

Jens: „Ich hatte nie Glück. Ich bin unglücklich."

Siggi: „Wenn dein Äußeres Glück sicher ist, dann bist du aber noch lange nicht glücklich, denn das innere Glück fehlt", sagt der Dalai Lama. Wenn etwas in unserem Herzen fehlt, dann können wir auch trotz luxuriösester Umgebung nicht wirklich glücklich sein. Um dieses Glück zu erlangen, brauchen wir die Kraft der konzentrierten Meditation, der Kontemplation, die Kraft und Fähigkeit die 4 edlen Wahrheiten zu verinnerlichen.

Die erste Wahrheit besagt, alles Bedingte ist Leid. Absolut gesehen, sind Unerschütterlichkeit, Freude und Liebe der spontane

Ausdruck des Geistes, wenn er frei von Begrenzungen ist. Dies ist die Erfahrung des Buddha und die mögliche Erfahrung aller Wesen (Buddha-Natur). Verglichen damit, ist selbst das größte bedingte Glück begrenzt und von einem Keim des Leids durchdrungen, da Bedingtes sich verändert und vergänglich ist.

Buddha beschreibt drei Arten von Leid, die je nach Bewusstsein mehr oder weniger stark erlebt werden: 1. Alter, Krankheit und Tod: Identifizieren wir uns mit dem Körper, halten wir auch Alter, Krankheit und Tod für wirklich, und dadurch entsteht Leid. 2. Vergänglichkeit: Sie ist die Ursache leidvoller Erfahrungen, wenn man an bedingtem Glück anhaftet. 3. Bedingtheit: Als subtilste Form des Leidens drückt sie sich u.a. in der Erfahrung aus, dass der Geist fast immer verschleiert ist und wir daher keinerlei Kontrolle über unser Leben haben.

Zweite Wahrheit. Leid hat eine Ursache. Als Ursache des Leids nennt Buddha Unwissenheit. Sie ist die Unfähigkeit des nicht erleuchteten Geistes, seine eigene Natur zu erkennen. Denn der Geist arbeitet wie ein Auge: Er nimmt alles "draußen" wahr, ohne sich selbst sehen zu können. So ist jede Erfahrung von einem grundlegenden Gefühl der Trennung begleitet. Der Geist (Bewusstsein), der erlebt, erfährt sich als "Ich" (Subjekt), das Erlebte wird zum "Du" oder etwas anderem (Objekt). Schaut man nach einem "Ich", ist es aber weder im Körper noch in den Gefühlen noch in den Gedanken zu finden. Obwohl man nur einen Strom von Gedanken, Gefühlen und Eindrücken findet, der sich zudem ständig ändert, wird diese Vorstellung eines Ichs zur Grundlage aller Erfahrung (Ich-Illusion). Ja so ist das mein Lieber, ohne Dualismus kein Ich und kein Du. Menschsein bedeutet immer in ständiger Gefahr zu leben die Welt außerhalb unseres Körpers zu intensiv zu relativieren und damit in eine Schieflage zu gelangen. Aus dieser zweiheitlichen (dualistischen) Sichtweise entsteht Anhaftung an Angenehmes, Abneigung gegen Unangenehmes und grundlegende Verwirrung. Aus Anhaftung wiederum entsteht Geiz, aus Abneigung Eifersucht und aus Dummheit Stolz. Dies sind die so genannten sechs Störgefühle. Aus Dummheit nimmt man sie ernst, und schwierige Handlungen sind die Folge. So entstehen weitere Störungen und Leiden für andere und uns selbst. Kommen diese Ursachen als unangenehme Wirkungen auf einen zurück, denkt man meist, es sei die Schuld anderer, und man setzt wieder

3. Wahrheit

Es gibt ein Ende des Leids. Als Ziel zeigt Buddha Befreiung und Erleuchtung. Bei der Befreiung (kleines Nirwana) wird die Vorstellung von einem wirklich existierenden Selbst als illusorisch durchschaut. Widerstreitende Gefühle kommen zur Ruhe, und es entstehen mehr Einsicht und Klarheit. Man erkennt, dass das Bewusstsein durch den Körper arbeitet, ohne der Körper zu sein. Gedanken und Gefühle werden als das freie Spiel des Geistes erkannt, ohne dass es ein Ich oder Selbst geben müsste, das diese Gedanken und Gefühle hat. Es ist ein Zustand des Freiseins von allen Begrenzungen und Einengungen im eigenen Geist. Erleuchtung (großes Nirwana) ist die volle Erfahrung der Natur des Geistes. Auf Tibetisch Sangye genannt, bedeutet es: Die Schleier sind entfernt, und alle dem Geist innewohnenden Eigenschaften sind voll entfaltet. Denn seinem absoluten Wesen nach ist das Bewusstsein allwissender, furchtloser Raum, seine Erfahrung höchste Freude. Aus jeder seiner Handlungen drückt sich "nicht trennendes Mitgefühl" aus. Ohne die Vorstellung, etwas für einen anderen zu tun, ist der Geist liebevoll wie die Sonne, die von sich aus auf alles strahlt.

4. Wahrheit

Es gibt einen Weg zum Ende des Leids. In den 45 Jahren seines Lehrens gab Buddha 84.000 Belehrungen, die es seinen Freunden und Schülern erlaubten, jeden Augenblick des Lebens zu einem Schritt auf dem Weg zu Befreiung und Erleuchtung zu machen. Der achtfache Pfad ist die Lösung. Dazu kommen wir aber später noch in Detail.

Die meisten Bücher über den Dalai Lama sind genau genommen Sekundärliteratur. Viele Abhandlungen sind zusammen gefasste Texte aus Reden oder Interviews. Einer der bekanntesten Interviewer ist Howard C. Cutler. In seinem 1998 erschienen Werk „ Die Regeln des Glücks", das er zusammen mit dem Dalai Lama herausgebracht hat, lesen wir auf Seite 6 „ Dem Leser gewidmet: Mögen Sie Glück erlangen."

Jens: „Glück, das gibt es doch gar nicht!"

Siggi : „Doch, das gibt es. D.L. Sagt ganz deutlich, dass er davon überzeugt ist, dass der eigentliche Sinn unseres Lebens das Streben nach Glück ist."

Jens: „Also, der Weg, das Streben nach Glück ist schon das Ziel?"

Siggi : „Ja. Ich glaube, das Glück durch die Schulung des Geistes erlangt werden kann."

Jens: „Glück durch Schulung des Geistes? Was genau ist diese Schulung. Was beinhaltet sie? Und welchen Geist meint er? Unser Intellekt, unsere Gefühle, die haben ja auch etwas mit unserem Geist zu tun. Ich blick da nicht ganz durch. Nochmal...glücklich werden durch Gehirnjogging? Durch Training, durch Schulung. Was sind das für Übungen, mit denen man glücklich wird und durch die man das ewige Glück erlangt?"

Siggi : „Der Dali Lama sagt: „ Wenn ich von Schulung des Geistes spreche beziehe ich Geist nicht nur auf unsere kognitive Fähigkeit oder unseren Intellekt."

Jens: „kognitiv?"

Siggi: "Das heißt, die Erkenntnis und Bewusstsein betreffend. Für mich bedeutet Erkenntnis Stufe 5 nach Sehen oder Hören, Meinen, Glauben und Wissen.
Doch zurück zu unserem Geist, den ich vielmehr unter dem tibetischen Begriff „sem" benutze, der eine weitreichendere Bedeutung hat und eher dem Begriff Psyche oder Gewahrsein entspricht. Es schließt Intellekt und Gefühl, Herz und Verstand ein.
Mit einer gewissen Disziplin können wir unsere Lebenseinstellung umwandeln. (24 DL Die Regeln des Glücks)"

Jens: „Also nochmal. Schulung des Geistes bringt Glück bzw. Glücksgefühle. Dabei setzt sich Geist aus Intellekt und Gefühl, Herz und Verstand zusammen. Mein lieber Mann, da soll ich jetzt noch durchblicken.
Gefühl + Intellekt + Verstand + Herz = Geist?"

Siggi : „In diesem Falle ist es so. Lass uns jetzt langsam zu dieser Schulung kommen. Was formt unsere Wahrnehmung und legt unseren Grad an Befriedigung fest?
Unsere Zufriedenheit wird stark von unserer Neigung zu vergleichen beeinflusst. Unser Glück hängt auch davon ab. Durch die Verschiebung allein der Sichtweise, es könnte doch alles viel schlimmer sein, erfährt man so sehr schnell eine Erleichterung eine Verbesserung.
Solange es an Disziplin mangelt, die eine Ruhe des Geistes hervorbringt, werden äußere Ausstattungen oder Bedingungen,

welcher Art sie auch sein mögen, niemals das erwünschte Gefühl von Freude und Glück erzeugen. Die klare Botschaft des Buches lautet: Wir brauchen nicht noch mehr Geld, wir brauchen keinen weiteren Erfolg oder Ruhm, wir brauchen keinen perfekten Körper oder den vollkommenen Partner, jetzt in diesem Moment haben wir einen Geist der die gesamte Ausrüstung darstellt um vollständiges Glück zu erlangen.

Glück für sich selbst und andere erlangt man dadurch, dass man sich zuerst auf die anderen konzentriert. Was die Welt heute braucht, sind Liebe und heilende Hinwendung. Deshalb ist es am allerwichtigsten, unser Bewusstsein so zu lenken, dass es gütige Gedanken für andere zu einer dem Bewusstsein eingravierten Gewohnheit wird. D.L."

Jens: „Das hatten wir doch schon."

Siggi : „Ja, es werden viele Dinge in der nächsten Zeit wiederholt. Gewisse Kernaussagen müssen wiederholt werden. Immer und immer wieder. Die einfachsten Dinge auf der Welt begreifen wir vielleicht, aber Erkennen, ja mein Lieber, das ist eben eine andere Stufe auf der Leiter zum Glück.

Dazu kommt noch das Buddha selbst von uns verlangt hat seine Lehren zu prüfen und nur die praktizieren sollen, die unserem Verstand und unserer Logik und unserer Vernunft entsprechen.

Nach buddhistischen Lehren ist nichts anderes als die reifende Kraft unserer vergangenen Taten oder unseres Karma Schöpfer der Welt.

Alles was wir tun oder denken, hinterlässt einen Eindruck in unserem Bewusstseinskontinuum, der zu unserer künftigen Entwicklung beiträgt. Das bedeutet Glück ist immer ein Ergebnis positiv kreativer Aktivitäten. (25\29) Die Trennungslinie zwischen einem Buddhisten und einem Nichtbuddhisten ist die, dass der Buddhist seine Zuflucht zu den drei Juwelen nimmt:

1. Dem Buddha, der unser Lehrer und das Ziel, das wir erreichen wollen, ist, dem 2. Dharma oder der Lehre beziehungsweise dem Pfad, den wir verwirklichen sollen, und dem 3. Sangha oder der Mönchsgemeinde und allen in der Praxis des Dharma Fortgeschrittenen."

Jens: „Ja und wie wird dieses Konzept real umgesetzt?"

Siggi : „Sich als Buddhist zu bezeichnen reicht nicht. Man muss die Unzufriedenheit mit der weltlichen Existenz innerlich erfahren und erkannt haben, dass die Zuflucht zu den drei Juwelen verbunden mit spiritueller Praxis, welche diese Zuflucht einschließt, einem helfen wird, diesen weltlichen Zustand des Seins zu transzendieren."

Jens: „ok..... was ist jetzt transzendieren ? "

Siggi : „Transzendieren kommt aus dem lateinischen und bedeutet hinübersteigen. In diesem genauen Fall bedeutet es den weltlichen Zustand in einem Bereich außerhalb des menschlichen Bewusstseins zu holen."

Jens: „Ich bin auch ständig auf der Suche nach dem Glück, nach der Zufriedenheit. Es gibt einige Fragen, die mich quälen. In meiner Jugend habe ich sogar in meinen Tagebüchern mit Gott direkt geredet. "

Siggi : „Gäbe es so ein Wesen, das fähig wär uns zu retten, so wäre dies schon lange geschehen. (25\33)"

Jens: „Ich würde auch gern ein spirituelles Leben führen, nur weiß ich nicht wie ich das anfangen soll. Man braucht doch dazu viel Zeit, mit dem Meditieren, Lesen und so weiter. Welche Voraussetzungen muss man mitbringen?"

Siggi : „Dazu braucht man die Grundeinstellung von heilender Hinwendung (Karuna) und Bodhicitta. (25\-159)
Bodhicitta lässt sich nur schwer mit wenigen Worten erklären, ohne dabei unkonkret zu werden. Vielleicht können wir sagen, dass bodhicitta die Motivation selbst ist, sich selbst zu helfen und anderen helfen zu können. Diese zutiefst gütige Haltung, Bodhicitta, ist die Grundlage aller Mahayana Lehren.
Sie muss in jede Tätigkeit des täglichen Lebens einfließen. Um die gewöhnlichen Aktivitäten in spirituelle umzuformen."

Jens: „Siggi, denkst du, dass sie unterschiedlichen Weltreligionen durch verschiedene Emanationen der Buddhas gegründet worden sind, die sich der denkweise spezifischer Gesellschaften entsprechend manifestiert haben?"

Siggi: „Das ist durchaus möglich. Der Gründer einer jeden Religion könnte eine Emanation eines besonderen Buddhas sein. Darin liegt auch der Grund, dass wir alle Religionen zutiefst achten sollten. "

Jens: „Jesus, war in einem früheren Leben Buddha?"

Siggi: „Ich würde sagen, dass Jesus aus der gleichen göttlichen Kraft geschöpft hat, mit der gleichen Energie ausgerüstet wurde um inkarniert zu werden."

Jens: „Nur mit dem Unterschied, Jesus war Gottes Sohn und Buddha hat einer Existenz Gottes nie im Detail zugestimmt.
Und warum bekämpfen sich die Religionen, wenn sie doch von solchen intelligenten hoch stehenden Gründern geführt oder erfunden wurden."

Siggi: „Das ist ein ganz anderes Problem. Ein wahrhaft religiöser Mensch wird nie Anlass zum Streit oder Disput sehen. Trotzdem hat es so genannte Religionskriege gegeben. Die Menschen, die dafür verantwortlich waren, übten ihre Religion nicht wirklich aus, sondern benutzen die Religion lediglich als Instrument der Macht. Ihre eigentliche Motivation war selbstsüchtig und nicht professionell. Religionskriege sind nicht eine Frage von Widersprüchen zwischen den Religionen."

Jens: „Was hat es eigentlich mit dem Nirvana auf sich. Ist das der Himmel der Buddhisten?"

Siggi : „Da muss ich wieder etwas ausholen. Das höchste Ziel des Buddhismus ist die Erlösung von Leiden und Wiedergeburt."

Jens: „ Ich dachte Wiedergeburt wäre das Ziel?"

Siggi: „Ja vorerst schon. Die menschliche Welt ist nur eins der sechs Reiche der Wiedergeburt. (26\56). Dieses ist nicht das Reich, das die endgültige Erlösung vom Leiden bringt.
Vom Leiden erlöst wird man nicht durch eine bessere Wiedergeburt im Geburtenkreislauf Samsara genannt. Nur das Nirvana bietet eine endgültige Erlösung.
Gehen wir aber nun davon aus, dass du dir in den letzten Jahren viele Gedanken gemacht hast, über das Leben in der Realität. Und nun sag ich, alles was existiert, hat folgende Kennzeichen.
Unzufriedenheit (dukkha), Unbeständigkeit (amicca) und das Fehlen eines eigenen Wesens (anatta). Die Dinge sind unbefriedigend, weil sie nicht von Dauer sind und sie sind nicht von Dauer, weil ihnen ein eigenes Wesen fehlt, das unabhängig vom universellen Kausalprozess ist."

Jens: „Und das ganze Lebensproblem, das bekämpft man mit dem achtfachen Pfad?"

Siggi : „Ja das ist der wohl wichtigste Weg. Es ist der edle Achtfache Pfad, der das ist :
Rechte Rede, Rechtes Handeln, Rechtes Leben, Rechtes Streben, Rechte Wachheit, und Rechtes Sichversenken."

Jens: „Da ist ja alles drin! Das Klingt fast wie die 10 Gebote?"

Siggi : „Ja, rechte Anschauung, Gesinnung, Rede, Handeln, Streben, Leben, ja, das macht es so verdammt schwierig!
So gesehen ist die Praxis (26\72) des achtfachen Pfades eine Art Bildungsprozess. Die acht Faktoren illustrieren, wie ein Buddha leben würde, und indem man wie ein Buddha lebt, wird man allmählich zu einem solchen.
Der achtfache Pfad ist also ein Pfad der Selbsttransformation. Eine geistige, emotionale und moralische Umstrukturierung des Individuums, die es weg von selbstsüchtigen, beschränkten Zielen hin auf einen Horizont von Möglichkeiten und Chancen menschlicher Erfüllung lenkt. Indem wir nach Wissen und sittlichem Verhalten streben, überwinden wir Unwissenheit und Begehren, beseitigen die Ursachen der Entstehung von Leiden und erreichen das Nirvana. Kampf gegen die Ignoranz."

Jens: „Es scheint so, dass du schon einiges gelesen hast über dieses Thema?"

Siggi: „Ja, mein Lieblingsbuch ist aus den Lehren des tibetischen Buddhismus für den Westen von Dalai Lama, Titel: Logik der Liebe. Ich kann dir ein paar Auszüge davon liefern!"

Jens: „ja komm, das klingt alles sehr interessant."

Siggi : „Am liebsten würde ich dir gern die ganzen 278 Seiten vorlesen. Ausgesucht habe ich die acht Strophen über das Geistestraining.
Wir alle haben das gleiche Recht auf Glück (27/137ff) und darauf, dass uns kein Leid geschieht. Es gibt viele verschieden Arten von Leiden. Körperliches und Seelisches.
Es spielt eine große Rolle ob wir das Glück in äußeren Dingen suchen oder in der inneren geistigen Entwicklung.
Es gibt viele Religionen, die Regeln und Ratschläge geben, wie man seine geistige Einstellung ausrichten soll und alle ohne Ausnahme befassen sich damit, das Bewusstsein friedvoller, disziplinierter und moralischer zu machen. In gewisser Weise ist ein Mensch der Religion praktiziert immer ein Soldat im Kampf.
Mit welchen Feinden kämpft er? Mit Inneren. Unwissenheit, Ärger, das Verhaftetsein und Stolz sind die letztlichen Feinde, sie sind

nicht draußen sondern in uns und müssen mit den Waffen der Weisheit und Konzentration bekämpft werden."

Weisheit ist das Geschoss, die Munition. Konzentration das stete Ruhen des Geistes in einem Punkt ist die Waffe die das Geschoss trägt. (27/138) "

Jens: „Dazu muss man jedoch einiges mitbringen. Ob ich das alles so kann ? "

Siggi: „Ein guter Verstand, ein gutes Herz und ein liebevolles Gemüt sind am wichtigsten. Wer dies hat, wird das Gegenteil erfahren. Das Menschen aller Nationen, von Kontinent zu Kontinent, unglücklich sind, hat genau hier seine Ursache.
Um alle Fähigkeiten von Körper, Rede und Bewusstsein zum Wohl anderer einsetzen zu können, muss man eine altruistische Geisteshaltung entwickeln, die von dem Wunsch erfüllt ist, das Leid Anderer zu überwinden und ihr Glück zu schaffen. Ob man nun an eine Religion glaubt oder nicht, ob man annimmt, dass es frühere oder zukünftige Leben gibt oder nicht, es gibt keinen Menschen, der heilende Hinwendung nicht hoch schätzt. Von Geburt an erfahren wir die Führsorge und Güte unserer Eltern.
Später dann, gegen Ende unseres Lebens, wenn uns das Leid des Alterns bedrängt, sind wir wieder stark von der Gutherzigkeit und heilenden Hinwendung Anderer abhängig. Da wir zu Beginn und am Ende unseres Lebens auf die Güte anderer angewiesen sind, ist es nur recht und billig, wenn wir in der Zwischenzeit andere gegenüber Freundlichkeit und Güte kultivieren. "

Jens: „Das klingt doch alles sehr vertraut und einfach!"

Siggi: „Einfach? Die einfachsten Dinge des Lebens sind manchmal die Schwierigsten! "

Jens: „Hemden bügeln! "

Siggi: „Jetzt lenk nicht ab. Obwohl du vollkommen Recht hast mit dem Hemden bügeln. Wie viele Ehen sind in die Brüche gegangen, nur weil der Gatte nicht aus seinem Kindheitsdasein aus seinem Versorgtwerden nicht herausgekommen ist. Aber zurück zu unserem Thema. Wir müssen unsere altruistische Haltung kultivieren und weiterentwickeln. Uneigennützigkeit und Gutherzigkeit!
Unsere gesamten Bewusstseinskräfte sollten von dieser Uneigennützigkeit überformt werden und Wort und Schrift sollten Mittel sein, die uns an diese Praxis erinnern.(27/140).

Es folgen nun die acht Strophen des Geistestraining, die uns helfen sollen unseren richtigen Weg zu gehen.

1. *Fest entschlossen, das höchste Wohl für alle lebenden Wesen zu erlangen, die großartiger sind als selbst ein wunderschöner Edelstein, möchte ich lernen, sie tiefst zu lieben.*

2. *In der Gemeinschaft mit anderen werde ich lernen, von mir als dem wichtigsten von allen zu denken und die anderen achtungsvoll hoch zu schätzen aus der tiefe meines Herzens.*

3. *Bei allem Tun will ich lernen, meinen Geist zu erforschen. Und sobald sich Leidenschaften erheben, die mich und andere gefährden, werde ich ihnen fest entgegentreten und sie abwenden.*

4. *Ich will lernen, mich um Wesen mit schlechter Natur zu kümmern und um jene, die von schlimmen Sünden und Leiden bedrückt werden, als ob ich einen kostbaren Schatz gefunden hätte, den man nur sehr selten finden kann.*

5. *Behandeln mich Andere aus Eifersucht schlecht, mit Beschimpfung, Verleumdung und noch mehr, will ich lernen, den Verlust zu ertragen und ihnen den Sieg zu bieten.*

6. *Wenn jemand, dem ich mit großer Hoffnung, Wohltaten erwiesen habe, mich grundlos sehr verletzt, so will ich lernen, diesen Menschen als vortrefflichen geistigen Führer zu betrachten.*

7. *Kurz, ich will lernen, jedem ohne Ausnahme alle Hilfe und alles Glück direkt und indirekt darzubringen und achtungsvoll Schmerz und Leiden meiner Mütter auf mich zu nehmen.*

8. *Ich will lernen, alle diese Übungen rein zu halten von den Befleckungen der acht weltlichen Auffassungsweisen, und indem ich alle Erscheinungen als Illusion durchschaue, von der Fleisch des Anhaften erlöst zu werden.*

Zum Schluss ist es meine Bitte, mein Appell an Sie, dass sie versuchen, so gut Sie können, heilende Hinwendung, Liebe und Achtung für andere zu entwickeln. Teilen Sie das Leid anderer, kümmern Sie sich mehr um das Wohl anderer, und werden Sie weniger selbstsüchtig ! Ob Sie an Gott glauben oder nicht. Darauf kommt es nicht an. Es gibt nur einen Gott. Der Gott des Lichtes, der Wahrheit und Klarheit. .

Jens: „Um das nochmal zusammenfassen....ich soll zutiefst lieben, mich selbst zurücknehmen, gefährdende Leidenschaften abstellen, mich um Not leidende Menschen kümmern, Demütigungen ertragen, Verletzungen hinnehmen, die Schmerzen meiner Mütter auf mich nehmen und lernen mich durch Übungen von den Fesseln der Anhaftung zu erlösen."

Meditation und Erleuchtung

Siggi: "Genau mein Lieber, das war eine gute Zusammenfassung, die das Lebensziel eines jeden Buddhisten darstellt. Dazu gehört die richtige Meditation. Es gibt zehn Betrachtungen die zur Vorbereitung der Meditation sowie in der Meditation selbst einfließen sollen. (28 \ 15)
1. *Die Betrachtung über den Erleuchteten.*
2. *Die Betrachtung über die Lehre.*
3. *Die Betrachtung über die Jüngerschaft.*
4. *Die Betrachtung über die Sittlichkeit.*
5. *Die Betrachtung über die Freigiebigkeit.*
6. *Die Betrachtung über die Himmelswesen.*
7. *Die Betrachtung über den Tod.*
8. *Die Betrachtung über den Körper.*
9. *Die Betrachtung über Ein und Ausatmung.*
10. *Die Betrachtung über den Frieden.*

Dazu kommen die vier Unermesslichkeiten
  1...*das Verweilen in der Allgüte.*
  2...*das Verweilen im Mitleid..*
  3...*das Verweilen in der Mitfreude.*
  4...*das Verweilen im Gleichmut.*

Die fünf Hemmungen sind
  1. *Sinneslust.....*
  2. *Übelwollen.*
  3. *Stumpfheit und Mattheit*
  4. *Aufgeregtheit und geistige Unruhe*
  5. *Zweifel*

Jens: „Weshalb nun die vielen Stufen, Gebote und Verbote, wo führt das hin?"

Siggi: „Wo das hinführt? Die 10 Betrachtungen, die 4 Unermesslichkeiten sowie die 5 Hemmungen sollen uns auf die angestrebte gute Meditation vorbereiten und ich traue es kaum auszusprechen..............sie sollen uns ins Nirvana führen.

Acht Stufen der Versenkung sind zu bestehen. In der ersten Stufe konzentriert sich der Meditierende über die Freude und das Glücksgefühl, dass durch die Loslösung entstanden ist.

Jens: „So schnell geht das?

Siggi : „Wir sprechen hier nur von der ersten Stufe der Versenkung, die hier nur erreicht werden kann, wenn man das ganze im Vorfeld erwähnte Paket schon abgearbeitet hat."

Jens: „die Betrachtungen, die Unermesslichkeiten.."

Siggi: „Stimmt!, wir sprechen hier nicht von einer Hilfsküchenmeditation.....ich nehm dich ernst......ich will dir die wahre die richtige die heilende Meditation beibringen."

Jens: „Heilende Meditation, stimmt, du willst mich ja retten, hatte die Situation schon fast vergessen, ich will mich ja, du weißt es.".

Siggi: „Vergiss es, du weißt wahrscheinlich schon gar nicht mehr warum du genau diesen Entschluss gefasst hast. Lass uns zurück zu den Stufen der Versenkung.
Die erste Stufe der Versenkung (28\18) zu erreichen erfordert schon äußerste Disziplin und Konzentration auf das Wichtigste. In der zweiten Versenkung hast du Erwägen und Begreifen zur Ruhe gebracht und erreicht den inneren Frieden, die Einung des Denkens, die Sammlung, die zweite Stufe der Versenkung.
Ganz durchdrungen von Glück, Freude, Frieden und Sammlung.
In der dritten Stufe der Versenkung hat sich der Mönch, du natürlich, von Freude und Glück gelöst und empfindet den Gleichmut.
In der vierten Stufe der Versenkung hat er Glück, Gleichmut und Versenkung und Sammlung überwunden. Was nun bleibt ist die Klarheit der Gedanken und er, der Mönch, jetzt du, sitzt wie in einem strahlend weißen Gewand umhüllt. "

Jens: „Aha...weißes Gewand....tickst du noch richtig?"

Siggi: „Ich weiß, wir befinden uns auf einer Ebene, in einer Sphäre, die wir selbst so nie betreten werden. Es geht jedoch theoretisch weiter.
Die vier weiteren Stufen lauten. Die Räumlichkeit in der Überwindung der Vorstellung von Gestalten, Dingen, Vielheit der Dinge. Er weilt in der Stufe der Raumunendlichkeit.
Die Bewusstseinsunendlichkeit in der Überwindung der Raumunendlichkeit und in Unendlichkeit der Wahrnehmung."

Jens : „ Stop.....es reicht ! "

Siggi: „Du hast recht. Eberhard Meier geht sehr scharf und schnell zur Sache. Greifen wir zum nächsten. Ein fast 400 seitiges Werk. „ Ein Mann Namens Buddha". Sein Weg und seine Lehre. Ein fantastisches Buch in dem ich viele Wochen herumgestöbert habe. Ich kann aber auch hier nur die wichtigsten Passagen ausführen. Als erstes würde ich gern über die Entwicklung des Ichs sprechen. Beginnen möchte ich mit Chigyan Trunga der (1940 – 1987) wirklich einer der Besten war, dem es gelang sich wirklich in die westliche Mentalität einzufühlen. Es folgt nun eine Lektion in grundlegender buddhistischer Philosophie. Sie basiert auf einer ganz zentralen Aussage des Buddhismus, nämlich der, dass es kein ICH gibt (29\99)."

Jens: „Wie? Es gibt kein ich? Wer bin ich denn? Bin ich unsichtbar?"

Siggi: „Chögyam Trungpa erklärt das ganz genau! Du musst nur zuhören.
Das Ich, an das wir so naiv glauben und an das wir uns so klammern, wird vom unvoreingenommenen Blick der Meditation als nicht mehr denn ein loses, ständig sich änderndes Glück aus psychisch, mentalen Elementen erkannt. Trungpa zählt als diese fünf Elemente – im Buddhismus Skandhas (Bündel oder Anhäufung) genannt: Form, Empfinden, Wahrnehmung, Begriffs-bildung und Bewusstsein auf und zeigt uns sehr eindringlich und von Innen heraus ihre Entwicklung auf.
Der nächste Punkt ist sehr wichtig! Also pass auf!
Ein entscheidender Punkt ist das Aufbrechen der Dualität auf der Ebene des ersten Skandha, der Form.
Dualität ist das Grundkennzeichen der wirren und wüsten Welt des Ichs, Grundbaustein der Samsara-Welt des Leidens.
Sie besteht in dem allgegenwärtigen Gefühl, dass da noch etwas anderes ist. Dieses Gefühl von etwas anderem zieht das Bewusstsein von der ursprünglichen und einzigen Wirklichkeit ab, von der Unmittelbarkeit des Hier und Jetzt.
Sobald das Bewusstsein etwas anderes wahrnimmt, kann es gar nicht anders als sich dem gegenüber entgegenzustellen. In diesem Aufbrechen der einen Wirklichkeit zu einem Gegenüber wird, wie Trungpa aufzeigt, das Ich und zugleich die Zeit geboren, und damit beginnt das Ringen, die Auseinandersetzung mit einer als fremd erlebten Welt, die man an sich reißen oder abwehren muss (29 /99)"

Jens: „Ich bin jetzt etwas durcheinander. Soll das wirklich heißen es gibt kein Ich und kein Selbst?"

Siggi: „Der Urgrund dessen, was wir wirklich sind, ist nichts als offener Raum (29/100). Unser ursprünglicher Geisteszustand, vor der Entstehung des Ich, ist grundlegende Offenheit und Freiheit, eine Qualität von unschätzbarem Wert.
Diese Offenheit haben wir schon immer gehabt und haben wir auch jetzt. Nehmen wir ein Beispiel aus unserm täglichen Leben.
Wir sehen einen Gegenstand, und zunächst ist da nur die unmittelbare Wahrnehmung ohne logische und Begriffsbildende Einordnung. Wir nehmen das Ding im offenen Raum war und geben ihm einen Namen oder ein Schubfach.
Der verwirrte Geist neigt dazu, sich selbst als etwas von Bestand und Dauer zu betrachten, doch er ist nichts als eine Ansammlung von Neigungen und zufällige Abläufen, in der buddhistischen Sprache wird diese Ballung als die fünf Skandhas bezeichnet. "

Jens: „Das ganze chemisch, elektrische Geheimnis in meinem Kopf, Synapsen und so?"

Siggi: „Auf diese unterste Ebene müssen wir uns nicht begeben. Um das Entstehen und die Auswirkung des Ich und dessen Bildung brauchen wir uns jetzt nur die fünf Skandhas zu betrachten, um klar zu sehen.
Form, Empfindung, Wahrnehmung, Begriffsbildung und Bewusstsein. Das folgende etwas länger Zitat ist auch von Trungpa.
Zurück zu den fünf Skandhas.
Der Anfangspunkt ist der offene Raum, der zu keinem gehört.
Mit der Weite und Offenheit dieses Raumes ist immer auch ursprüngliche Intelligenz verbunden. Das ist Vidya, was in Sanskrit Intelligenz bedeutet. Genauigkeit und Schärfe im Umgang mit dem Raum, wo man Dinge hinstellen und auswechseln kann. Wie ist die Weite verloren gegangen?
Wir sind zu aktiv in diesem Raum geworden, haben uns nach allen Seiten gedreht und uns selbst gefangen, da uns bewusst geworden ist, dass „ICH" in diesem Raum umhertanzt.
Wir selbst sind nicht mehr eins mit dem Raum, sondern empfinden uns in seiner greifbaren von uns getrennten Existenz.
Damit machen wir zum ersten Mal die Erfahrung von Dualität:
Der Raum und ICH.
Das ist die Entsehung von Form, der Erscheinungswelt der Anderen. Nachdem wir den verfestigten Raum hervorgebracht haben, werden wir davon überwältigt und kommen uns verloren darin vor. Nach dem Bewusstseinsriss gibt es plötzlich ein Erwachen. Wenn wir aufwachen weigern wir uns, den offenen Raum noch als offene Weite anzuerkennen und wahrzunehmen

und seine fließende und luftige Qualität zu erkennen.

Wir ignorieren sie völlig und dies wird als Avidya bezeichnet. Die fehlende Intelligenz ist damit gemeint.

Diese hoch entwickelte Intelligenz die sich in die Wahrnehmung des festgefügten Raumes verwandelt hat, heißt Avidyo der Unwissenheit.

Die Erschaffung von Unwissenheit in dieser Form bedeutet den Höhepunkt des ersten Skandhas. "

Wir sind das Sandkorn, dass sich plötzlich umschaut, die Dualität spürt und merkt, dass wir (29/102) von anderen getrennt existieren. Im zweiten Skandha werden wir einen Abwehrmechanismus um uns anlegen zum Schutz unserer Unwissenheit. Das geschieht durch Empfinden oder Gefühl. Wir haben unseren umliegenden Raum verfestigt und zu einem „ Anderen" gemacht. Um uns unserer eigenen Existenz zu versichern wollen wir jenes da draußen spüren um uns selbst über unser ICH im Hier und Jetzt klar und sicher zu sein.

Der dritte Skanda geht über das Gefühl hinaus. Im Akt der Wahrnehmung entscheiden wir ob diese oder jene Situation bedrohlich ist, verlockend oder wir sie als gleichgültig ansehen. Das sind die drei Arten der Impulse.

Hass (bedrohlich), Verlangen (verlockend) und Dummheit (gleichgültig).

Der nächste Entwicklungsschritt ist Begriffsbildung, der vierte Skandha. Mit unserem Intellekt beginnen wir Dinge zu benennen und einzuordnen. Dinge und Begebenheiten werden etikettiert nach gut, schlecht, schön, hässlich und so weiter. Damit wird die Struktur des Ich immer schwerer und dicker.

Ja und nun kommt die wohl entscheidenste Phase in der wir die Erfahrung machen mit intellektuellen Spekulationen mit denen wir uns eigene Bestätigung oder Deutungen schaffe und uns damit selbst in bestimmte, logisch erklärbare Situationen hineinversetzen.

Die letzte Station bei der Ausbildung des Ich (29/105) ist Bewusstsein, der fünfte Skandha. Auf dieser Stufe findet eine Verschmelzung statt: Die intuitive Intelligenz des zweiten Skandha, die Energie des dritten Skandha und die intellektuelle Betrachtung des vierten Skandha verbinden sich und erzeugen gemeinsam Gedanken und Gefühle.

Mein erstes Buch über Buddhismus war ein kleines gelbes Reclambüchlein. Ich hatte es überall dabei, ständig parat. Danach kamen einige Bücher von Dali Lama. Eines davon war „ Die Weisheit des Verzeihens". In diesem erklärt er unter anderem die Leerheit? "

Jens: „Welche Leerheit ? Ich bin auch ab und zu leer. Gerade heute!"

Siggi: „Leerheit ist nur eine andere Art zu sagen, dass die Dinge keine individuell, inhärente Existenz haben. Das bedeutet, dass letztendlich nichts aus sich selbst heraus existiert. Kein Mensch, kein Gedanke, kein Ding, wie ein Auto........nichts kann aus sich selbst heraus existieren.

Es ist eine verständigere Art, die Welt um uns herum zu betrachten, und wirft ein Schlaglicht auf eine subtile aber grundlegende Wahrheit.

Wechselseitige Abhängigkeit und nicht Unabhängigkeit definieren unsere Leben und alles, was uns umgibt. Keiner von uns ist eine Insel. Die Welt ist ein riesiges Netz miteinander verflochtener Ereignisse, Menschen und Dinge. (30/133)

Wenn du auch die Person Dalai Lama besser kennen lernen willst empfehle ich noch „Das Buch der Mitmenschlichkeit (37) sowie seine Biografie „ Das Buch der Freiheit" (40) "

Jens: „Soll ich jetzt den Rest meines Lebens nur noch Lesen, oder was?"

Siggi: „Es wird nicht schädlich sein! Wenn ich ein Buch lese, sehe ich mich immer in direkter Beziehung zu dem Autor. Wie du jetzt, wie Sie jetzt, verstehst du was ich meine, das lebt, da bewegt sich was. Gibt es etwas Realeres als ein Gedanke?

„Der Weg zur Freiheit", finde ich, ist eines der besten Bücher des Dalai Lama. Auf nur 200 Seiten erhält man eine eindrucksvolle Einführung in den Buddhismus.

Früher oder später müssen wir sterben, und früher oder später müssen wir wiedergeboren werden. Wo wir wiedergeboren werden hängt von unserem Karma ab.

Wenn wir verstehen lernen, dass die Kontinuität des Bewusstseins nicht innerhalb einer Lebenszeit aufgebraucht werden kann, wird uns auch klar, dass es für die Möglichkeit eines Lebens nach dem Tode logischen Rückhalt gibt.

Der Tod ist nichts anderes als die Trennung des Bewusstseins vom physischen Körper. Sobald Bewusstsein mit Körper verbunden wird, und ihr Zusammenhang andauert, nennen wir das Leben, und sobald Bewusstsein mit einem Körper beendet, nennen wir das Tod. Ohne ein vorausgehendes Bewusstseinsmoment kann es keinerlei Bewusstsein geben. Es entsteht nicht aus Nichts, und es kann nicht zu nichts werden. Bewusstsein kann sich nicht in Bewusstsein verwandeln. (31/86)

Jens: „Darf ich hier einen kleinen Stop machen. Wir unterhalten uns hier über Bewusstsein und Wiedergeburt. Um das Thema Wiedergeburt kurz zu machen. Die Seele reinkarniert nicht die

144

Person, das weltliche Selbst, und damit kann sich auch kein Selbst an ein anderes vorhergehendes Selbst erinnern."

Siggi: „Nicht schlecht,.. im Buddhismus geht es jedoch mehr um die Entwicklung eines höheren Ichs, das nur die ultimative, altruistische Befreiung aus dem Samsara, dem Wiedergeburtskreislauf, im Sinne hat. Mit deinem Ego kannst du somit zuhause bleibe. "

Jens: „Ok, hab ich gerafft.. ".

Siggi: „Laotse sagt:" In dir sei Leere in der das Denken ruhe.
Zehntausend Dinge entstehen und vergehen. Sie wachsen und bleiben und kehren zur Quelle zurück. Dein Selbst versinke in die Betrachtung der ewigen Wiederkehr. Ruhig ist die Rückkehr zur Quelle. Das ist der Weg der Natur, unwandelbar.
In der klassischen buddhistischen Literatur werden verschiedene Systeme des Denkens und der Praxis erwähnt.
Solche Systeme werden als yana oder Fahrzeuge bezeichnet.
(32\21) Diese Fahrzeuge der Menschen heißen Hinayana, das kleine Fahrzeug Mahayana, das große Fahrzeug und dem tantrischen Fahrzeug nennt man Vajrayana.
Diese zeigen uns verschieden Methoden und Übungen für dieses Leben um darüber hinaus noch eine gute Wiedergeburt zu erreichen.
Ein weiteres Fahrzeug befasst sich ausschließlich mit der Meditation. Jedoch ist bei allen Fahrzeugen ein Grundsatz gemeint und das ist der, dass echte Befreiung nur zu erreichen ist wenn wir unsere gewohnheitsmäßige Fehleinschätzung der Wirklichkeit vollständig überwunden haben. Dies braucht lange intensive Zeit. "

Jens: „Wie lange dauert so etwas?"

Siggi: „Das hängt natürlich davon ab, wer du bist? "

Jens: „Wer du bist?"

Siggi: „Ja..welche Art von Mensch du bist und was du überhaupt willst ...vom Leben allgemein?"

Jens: „Was für eine saudumme Frage. Siehst du nicht in welchem erbärmlichen, armseligen Zustand ich bin?"

Siggi: „Ich bin doch nicht dein Psychotherapeut, aber ich kann Dir versichern, es hilft ungemein wenn man sein Hirn anstrengt um festzustellen, was sind die Probleme, wo kommen Sie her, ganz klar und einfach betrachtet ohne diese Neid und Hassgeschichten.

Das Glück das wir uns wünschen, ein dauerhaftes Glück, dass im echten Frieden besteht, kann nur durch die Reinigung des Geistes geschehen."

Jens: „Ich persönlich hab schon einige Menschen kenngelernt, die von sich behaupten, Sie hätten sich selbst heilen können, ohne Psychotherapie. "

Siggi: „Das mag sein. Ich hab noch keinen getroffen. Nur Spinner die in Esoterik, Astrologie und anderem Zeug ihr persönliches Glück gefunden haben...ohne Rücksicht auf Verluste, sprich ...ohne Rücksicht auf ihre Mitmenschen.
Doch wieder zurück zu unseren zehn unheilsamen Handlungen. Sie entsprechen dem System unseren zehn Geboten. Dazu brauche ich nichts zu sagen.
Die zweite Phase ist die Meditation in der Lebensführung. Es gibt zwei Hauptarten der Meditation. Die Konzentrative und die Analytische. Wir sprechen hier von den ersten zwei Phasen oder Stufen um die ethische Disziplin. "
Auf der Grundlage eines sehr stabilen Geisteszustandes ist es dann möglich, echte Einsicht in die endgültige Natur der Wirklichkeit zu erlangen. Tiefe Einsicht in die Selbstlosigkeit ist das einzige Mittel gegen Unwissenheit. "

Jens: „Selbstlosigkeit ? ...Die Entwicklung des Ich ? Die 5 Skandhas ...Leerheit ? Sind das diese Lösungsworte? "

Siggi: „Genau, die allgemeine Struktur des buddhistischen Pfades wir vom Buddha im ersten Rad der Lehre in Form der 37 für die Erleuchtung förderlichen Eigenschaften skizziert. Sie sind in 7 Kategorien eingeteilt(32\37ff]. Ohne Praxis sind alle Regeln bedeutungslos".
Jens: „Das bedeutet man darf die buddhistischen Werke nicht nur intellektuell fressen....nein es gehört noch eine Praxis dazu ?.... aber das ist der Teil, der sehr schwer ist zu realisieren ? Da müsste ich mich...."

Siggi: „verändern. Ja, du musst dich verändern, sonst gibt es für dich keine friedliche, harmonische und zufrieden Zukunft. Nur ein Kampf um Alles oder Nichts. "

Kontemplation

Doch es gibt immer einen Weg. Die 7 Kategorien beginnen mit ersten Gruppe der vier Vergegenwärtigungen, die auf den Körper, die Empfindungen, den Geist und die Phänomene gerichtet sind.

Vergegenwärtigung bezeichnet hier kontemplative Übungen, mit denen man sich die völlig unbefriedigende, leidhafte und vergängliche Natur des Daseinskreislaufs bewusst macht. Diese sind im ewigen Kreislauf unserer gewohnheitsmäßigen Denk und Verhaltensmuster. Mit Hilfe solcher Kontemplationen entwickelt der Übende die echte Entschlossenheit sich aus dem Daseinskreislauf zu befreien.

Als nächstes folgen die vier Arten des rechten Aufgebens. *Dies sind eine logische Fortsetzung der vier Vergegenwärtigungen.*

Wir vergegenwärtigen uns, dass wir unheilsame Gedanken und Handlungen aufgeben, dass wir ein Entstehen, ein Weiterentwickeln und Hervorbringen von noch nicht aktiven Gedanken und Handlungen aufgeben."

Jens: „Wenn man danach lebt hat man den größten Brocken schon geschafft! Doch dies scheint im Anfang schon nicht machbar!"

Siggi: „Jawohl mein Lieber so sieht es aus. *Diese ersten 2 Kategorien beschäftigen uns praktisch den ganzen Tag und sie sollten uns auch bei unserer täglichen Meditation begleiten.*

Die dritte Kategorie sind die vier Stützen für Wunderkräfte Streben, Tatkraft, Absicht und Untersuchung mit dem Ziel der punktförmigen Ausrichtung des Geistes.

Die vierte Kategorie besteht aus den fünf Kräften und die fünf aus den fünf Stärken. Vertrauen, Tatkraft, Vergegenwärtigung, punktförmige Konzentration und Weisheit.

Die sechste Kategorie sind die sieben Erleuchtungsglieder: rechte Vergegenwärtigung, rechte Untersuchung, rechte Tatkraft, rechte Freude, rechte Beweglichkeit, rechte Konzentration und rechter Gleichmut.

Die siebte und letzte Kategorie ist der Achtfache Pfad des Heiligen: *Rechte Ansicht, rechte Absicht, rechte Rede, rechtes Handeln, rechter Lebenserwerb, rechte Tatkraft, rechte Vergegenwärtigung und rechte Konzentration.*

Das sind alle Regeln des ersten Rades. (32\38). Beim Drehen des zweiten Rades wird der Übende ermutigt seine Kontemplation über die leidhafte Natur des Daseinskreislaufs so auszudehnen, dass sie alle Lebewesen einschließt. Das mittlere Rad wird als Dharma Rad der Merkmalslosigkeit, eines inhärenten Wesens der Dinge ausführlich behandelt.

Das dritte Rad der Lehre enthält verschiedene Sutras. Es beschreibt das jedem von uns ein natürliches Potenzial wohnt, dass uns ermöglicht die Erleuchtung zu erlangen.

Im zweiten Rad geht es hauptsächlich um die Leerheit der Dinge.

Das Wort „Leere" ist der traditionellen thomastischen Lehre durchaus vertraut (34\17). Im Christentum ist die letzte Wahrheit, das letzte Sein Gott selbst. Gott selbst können wir, wie in der Schrift bezeugt ist, nicht sehen, ohne zu sterben. Gott wird personal gedacht. Der Buddhismus hingegen lehnt die Vorstellung eines besonderen, ich-haften Wesens ab, das die Welt erschaffen hat und von ihr getrennt ist."

Jens: „Sind die vier edlen Wahrheiten also das Grundgerüst des Buddhismus? ....aber dennoch ist heute ein guter Tag zum sterben."
Siggi: „Was ein Quatsch, warum denn? Gehe ein Schritt zurück, überleg was läuft falsch in deinem Leben? Sind es nur persönliche Kränkungen? oder tatsächlich als unüberwindbare auftretende körperliche Einschränkungen, die dich in eine Depression hinein-ziehen ?
Gehen wir zurück zu edlen Wahrheiten, zu der vierten, der achtfache Pfad.
Als Buddha seinen Pfad lehrte, sagte er, dass dieser aus einer bestimmten Anzahl von Teilen besteht. Die Menschen können sicher sein, dass sie auf dem richtigen Weg seien, wenn sie irgendeine, der besonderen acht Kennzeichen sähen. Diese Zeichen sind in der Wiederholung: Rechtes Verstehen, Rechtes Streben, Rechtes Handeln, Rechte Rede, Rechte Lebensführung, Rechtes Bemühen, Rechte Konzentration und rechte Achtsamkeit.
Reisende die irgendeinen dieser Wegweiser sehen wissen dann, dass sie auf dem Weg der Glückseligkeit sind. Die Reihenfolge in der der Reisende diese Wegzeichen sieht, ist nicht von Bedeutung. Wenn wir eines dieser Zeichen genau anschauen, wird klar, dass ein jedes alle anderen in sich birgt. (36\42). Selbst ein winziges Bisschen des rechten Verständnisses, nur der Verdacht, dass es möglich sein könnte, zufrieden zu sein, auch wenn uns nichts Angenehmes widerfährt, weckt das rechte Streben viel rechtes Bemühen.
Jeder der sich in der Rechten Rede übt, der sich vergewissert, dass jedes einzelne Wort, das er sagt, sowohl aufrichtig wie auch hilfreich ist, entdeckt, dass einem dies nicht gelingen kann ohne die Rechte Aufmerksamkeit.
Zur Aufmerksamkeit gehört die rechte Konzentration. Es ist alles miteinander verwoben. Eine Übung allein ist nicht möglich. Rechte Lebensführung scheint heute schwieriger zu sein als zur Zeiten des Buddha.
Die Regel ist immer noch dieselbe: Rechte Lebensführung setzt eine Organisation der finanziellen Mittel voraus, ohne jemanden zu missbrauchen auszubeuten oder Schaden zuzufügen. Heute stellt sich die Frage inwieweit zum Beispiel meine Firma an einer Toch-tergesellschaft beteiligt ist, die unsere Regeln der moralischen Qualität untergräbt und ich damit die Regel der Rechten

Lebensführung verletze. "

Jens: „Sind wir jetzt am Ende?"

Siggi : „Fast am Ende. Zum Schluss möchte ich noch eine Übersetzung von Cheng Chien Bhiksu, der Avatamaska Sutra öffnen.
Wir steigen gleich voll ein und reden über die Buddhaschaft.
Ein gutes Hilfsmittel um die verschiedenen Bedeutungsebenen des Wortes Buddhaschaft zu unterscheiden, ist die Lehre der „drei Körper" des Buddha. Die sind:
Dharmakaya, der essenzielle Körper, das wahre Wesen des Buddha, das der höchsten, transzendenten Wirklichkeit entspricht.
Sambhoakaya, der Körper des Entzückens, dessen verklärte Erscheinung den Boddhisattvas zuteil wird.
Nirmakaya, der Körper der Verwandlung, der grobstoffliche Leib, in dem sich der Buddha in der Menschenwelt manifestiert.
Nach Auffassung der Huayan Schule entspricht der Dharamkaya dem Prinzip und der Nirmakaya den Phänomenen während der Sambhogakaya die Begegnungsstätte der beiden darstellt. Etwas verwirrend !

Jens: „Doch in unserem Modell ist Nirmakaya, der menschliche Körper, als Begegnungsstätte von Sambhogajaya und Dharamkaya!"

Siggi: „Ja genau, die Lehre des Buddha will nicht ein wie auch immer beschaffenes höheres Wesen zum Objekt der Verehrung machen, das uns Erlösung gewährt, sondern uns auf die ewige Wirklichkeit verweisen, die jeder von uns erfahren kann. "

Jens: „Ich werde sterben, heute, morgen oder in ein paar Jahren....."

Siggi: „Hast du Angst?"

Jens: „Was eine Frage ? Wer hat denn keine Angst vor dem Sterben. Ja, Angst hab ich schon. Das Hauptproblem ist nur, dass ich mir überhaupt nicht vorstellen kann wie das ist, wenn man stirbt, ist dann wirklich Schluss, merk ich das...verstehst du was ich meine, es sind die Fragen die mir kein Mensch auf dieser Welt beantworten kann."

Siggi: „Vor einigen Jahren hab ich das „Tibetische Buch vom Sterben" gelesen. In diesem werden die einzelnen Stufen beim Sterbevorgang genau beschrieben. Bei diesem Werk handelt es sich natürlich wieder um ein sehr umfangreiches Werk. Es lohnt sich zu lesen. "

Jens: „ Lesen, Lesen, Lesen...denkst du man kann sich durch Lesen weiterentwickeln? Die Erleuchtung durch das geschriebene Wort?"

Siggi: „Das Wort ist wichtig. Am Anfang war das Wort, erinnere dich daran. Durch das Wort, durch die geschriebenen Lehren, nur so kommen wir an das Wort des Buddha.
Aus buddhistischer Sicht wurzeln die verschiedenen Lehren, die das Wesen des Weges darlegen, in Buddhas Erfahrung der vollkommenen Erleuchtung.
Insofern stellt die Buddhaschaft den in allen Lebewesen schlummernden Samen dar, der in ihnen das Streben nach Erleuchtung keimen lässt. Nach Auffassung bestimmter Schulen Ist dieser Same der reine lichthafte Geist, der nur zufällig mit Unreinheiten behaftet ist. So und nun kommt eine der Kernaussagen. (38/21)
Gleichzeitig ist die Buddhaschaft der Urgrund, auf dem die eigene spirituell Praxis aufbaut, die, wenn auf die richtige Weise betrieben, zur Rückkehr in den ursprünglichen Zustand vollkommener Freiheit, Seligkeit und Klarheit führt und in den Zustand der Buddhaschaft. Mit anderen Worten :
Hauptzweck aller Buddhistischen Lehren ist es, Methoden zur Verfügung zu stellen, deren Anwendung zur Verwirklichung eigener vollkommener Freiheit führt, so, wie sie auch Buddha einst unter dem BodhiBaum erfuhr. Das intellektuelle Verständnis der wichtigsten Lehrsätze des Buddhismus ist ein unverzichtbarer, aber keineswegs der einzige Faktor im Streben nach endgültiger Erlösung. Dieses Verständnis muss von praktischer Bemühung begleitet und beides von gläubigem Vertrauen unterstützt werden.
Sind alle drei Faktoren vollständig ausgebildet, stellt sich die unmittelbare Erfahrung ganz von selbst ein.
Die Verwirklichung der Frucht der Übung, die Erleuchtung des Buddha, ist also nicht nur das Ziel und Zweck der Bestrebung, sondern auch deren inhärente tragende Ursache. Zum Abschluss noch ein paar Zeilen Orginaltext aus der kanonischen Pali-Literatur : Das große Lehrgespräch über die Grundzüge des Bewusstseins" Es handelt sich um die, Mittlere Sammlung Majjhima Nikaya. Satipatthāna Sutta, Die Pfeiler der Einsicht

Ich lasse jetzt Orginaltext auf dich herab. Die Sprache klingt etwas altertümlich würden wir sagen. Das soll uns aber nicht abschrecken. Ein Vorteil hat das ganze, es werden keine Fremdwörter benutzt.

DAS HAB' ICH GEHÖRT. Zu einer Zeit weilte der Erhabene im KuruLande, bei einer Stadt der Kuruner Namens Kammasadammann. Dort nun wandte sich der Erhabene an die Mönche: "Ihr Mönche!" - "Erlauchter!" antworteten da jene Mönche dem Erhabenen aufmerksam. Der Erhabene sprach also: "Der einzige Weg, ihr Mönche, der zur Läuterung der Wesen, zur Überwältigung des Schmerzes und Jammers, zur Zerstörung des Leidens und der Trübsal, zur Gewinnung des Rechten, zur Verwirklichung der Erlöschung führt, das sind die vier Pfeiler der Achtsamkeit Welche vier?

verweilt der Mönch beim Körper in der Betrachtung des Körpers, eifrig, klar bewusst, achtsam, nach Verwerfung alles weltlichen Wünschens und Sichgrämens.

Er verweilt beim Gefühl in der Betrachtung der Gefühle

beim Gemüt [Bewusstsein] in der Betrachtung des Gemüts [Bewusstseins] bei den Erscheinungen [Geistobjekten] in der Betrachtung der Erscheinungen eifrig, klar bewusst, achtsam, nach Verwerfung weltlichen Wünschens und Sichgrämens.«

"Da begibt sich, ihr Mönche, der Mönch ins Innere des Waldes oder unter einen großen Baum oder in eine leere Klause, setzt sich mit verschränkten Beinen nieder, den Körper gerade aufgerichtet, und pflegt die Achtsamkeit Bedächtig atmet er ein, bedächtig atmet er aus. Atmet er tief ein, so weiß er 'Ich atme tief ein', atmet er tief aus, so weiß er 'Ich atme tief aus'; atmet er kurz ein, so weiß er 'Ich atme kurz ein', atmet er kurz aus, so weiß er 'Ich atme kurz aus'. 'Den ganzen Körper empfindend will ich einatmen', 'Den ganzen Körper empfindend will ich ausatmen', so übt er sich. 'Diese Körperverbindung besänftigend will ich einatmen', 'Diese Körperverbindung besänftigend will ich ausatmen', so übt er sich. Gleichwie etwa, ihr Mönche, ein geschickter Drechsler oder Drechslergeselle tief anziehend weiß 'Ich ziehe tief an', kurz anziehend weiß 'Ich ziehe kurz an': ebenso nun auch, ihr Mönche, weiß der Mönch tief einatmend 'Ich atme tief ein', tief ausatmend 'Ich atme tief aus'; kurz einatmend 'Ich atme kurz ein', kurz ausatmend 'Ich atme kurz aus'; übt er sich 'Den ganzen Körper empfindend will ich einatmen', 'Den ganzen Körper empfindend will

ich ausatmen'; übt er sich 'Diese Körperverbindung besänftigend will ich einatmen', 'Diese Körperverbindung besänftigend will ich ausatmen'.

So wacht er nach innen beim Körper in der Betrachtung des Körpers, so wacht er nach außen beim Körper in der Betrachtung des Körpers, nach innen und außen wacht er beim Körper in der Betrachtung des Körpers. Er beobachtet wie der Körper entsteht, beobachtet wie der Körper vergeht, beobachtet wie der Körper entsteht und vergeht. 'Der Körper ist da': diese Achtsamkeit ist ihm nun gegenwärtig, soweit sie eben zum Wissen taugt, zur Besinnung taugt; und uneingepflanzt verharrt er, und nirgends in der Welt ist er angehangen. So aber, ihr Mönche, wacht der Mönch beim Körper in der Betrachtung des Körpers.

Weiter sodann, ihr Mönche: der Mönch weiß wenn er geht 'Ich gehe', weiß wenn er steht 'Ich stehe', weiß wenn er sitzt 'Ich sitze', weiß wenn er liegt 'Ich liege', er weiß wenn sich sein Körper in dieser oder jener Stellung befindet, dass es diese oder jene Stellung ist.

So wacht er nach innen beim Körper in der Betrachtung des Körpers, so wacht er nach außen beim Körper in der Betrachtung des Körpers, nach innen und außen wacht er beim Körper in der Betrachtung des Körpers. Er beobachtet wie der Körper entsteht, beobachtet wie der Körper vergeht, beobachtet wie der Körper entsteht und vergeht. 'Der Körper ist da': diese Achtsamkeit ist ihm nun gegenwärtig, soweit sie eben zum Wissen taugt, zur Besinnung taugt; und uneingepflanzt verharrt er, und nirgends in der Welt ist er angehangen. So aber, ihr Mönche, wacht der Mönch beim Körper in der Betrachtung des Körpers.

Weiter sodann, ihr Mönche: der Mönch ist klar bewusst beim Kommen und Gehen, klar bewusst beim Hinblicken und Wegblicken, klar bewusst beim Neigen und Erheben, klar bewusst beim Tragen des Gewandes und der Almosenschale des Ordens, klar bewusst beim Essen und Trinken, Kauen und Schmecken, klar bewusst beim Entleeren von Kot und Harn, klar bewusst beim Gehen und Stehen und Sitzen, beim Einschlafen und Erwachen, beim Sprechen und Schweigen.

So wacht er nach innen beim Körper in der Betrachtung des Körpers, so wacht er nach außen beim Körper in der Betrachtung des Körpers, nach innen und außen wacht er beim Körper in der Betrachtung des Körpers. Er beobachtet wie der Körper entsteht, beobachtet wie der Körper vergeht, beobachtet wie der Körper entsteht und vergeht. 'Der Körper ist da': diese Achtsamkeit ist ihm nun gegenwärtig, soweit sie eben zum Wissen taugt, zur Besinnung taugt; und uneingepflanzt verharrt er, und nirgends in der Welt ist er angehangen. So aber, ihr Mönche, wacht der Mönch beim Körper in der Betrachtung des Körpers.

Weiter sodann, ihr Mönche: der Mönch betrachtet sich diesen Körper da von der Sohle bis zum Scheitel, den hautüberzogenen, den unterschiedliches Unreine ausfüllt: 'Dieser Körper besteht aus Kopfhaaren, Körperhaaren, Nägel, Zähne, Haut, Fleisch, Sehnen, Knochen, Knochenmark, Nieren, Herz, Leber, Zwerchfell, Milz, Lungen, Magen, Eingeweide, Mageninhalt, Kot, (Gehirn) (*1) Galle, Schleim, Eiter, Blut, Schweiß, Fett, Tränen, Hautschmiere, Speichel, Rotz, Gelenköl, Urin.'

Gleichwie etwa, ihr Mönche, wenn da ein Sack, an beiden Enden zugebunden, mit verschiedenem Korne gefüllt wäre, als wie etwa mit Reis, mit Bohnen, mit Sesam, und ein scharf sehender Mann bände ihn auf und untersuchte den Inhalt: 'Das ist Reis, das sind Bohnen, das ist Sesam': ebenso nun auch, ihr Mönche, betrachtet sich der Mönch diesen Körper da von der Sohle bis zum Scheitel, den hautüberzogenen, den unterschiedliches Unreine ausfüllt.

So wacht er nach innen beim Körper in der Betrachtung des Körpers, so wacht er nach außen beim Körper in der Betrachtung des Körpers, nach innen und außen wacht er beim Körper in der Betrachtung des Körpers. Er beobachtet wie der Körper entsteht, beobachtet wie der Körper vergeht, beobachtet wie der Körper entsteht und vergeht. 'Der Körper ist da': diese Achtsamkeit ist ihm nun gegenwärtig, soweit sie eben zum Wissen taugt, zur Besinnung taugt; und uneingepflanzt verharrt er, und nirgends in der Welt ist er angehangen. So aber, ihr Mönche, wacht der Mönch beim Körper in der Betrachtung des Körpers.

Weiter sodann, ihr Mönche: der Mönch schaut sich diesen Körper da wie er geht und steht als Artung an: 'Dieser Körper ist von Erdenart, von Wasserart, von Feuerart, von Luftart.

Gleichwie etwa, ihr Mönche, ein geschickter Metzger oder Metzgergeselle eine Kuh schlachtet, auf den Markt bringt, Stück vor

Stück zerlegt und sich dann hinsetzen mag: ebenso nun auch, ihr Mönche, schaut sich der Mönch diesen Körper da wie er geht und steht als Artung an: 'Dieser Körper ist von Erdenart, von Wasserart, von Feuerart, von Luftart.'

So wacht er nach innen beim Körper in der Betrachtung des Körpers, so wacht er nach außen beim Körper in der Betrachtung des Körpers, nach innen und außen wacht er beim Körper in der Betrachtung des Körpers. Er beobachtet wie der Körper entsteht, beobachtet wie der Körper vergeht, beobachtet wie der Körper entsteht und vergeht. 'Der Körper ist da': diese Achtsamkeit ist ihm nun gegenwärtig, soweit sie eben zum Wissen taugt, zur Besinnung taugt; und uneingepflanzt verharrt er, und nirgends in der Welt ist er angehangen. So aber, ihr Mönche, wacht der Mönch beim Körper in der Betrachtung des Körpers.

Weiter sodann, ihr Mönche: als hätte der Mönch einen Leib auf der Leichenstätte liegen sehn, einen Tag nach dem Tode oder zwei oder drei Tage nach dem Tode, aufgedunsen, blauschwarz gefärbt, in Fäulnis übergegangen, zieht er den Schluss auf sich selbst: 'Und auch dieser Körper ist so beschaffen, wird das werden, kann dem nicht entgehen.' Weiter sodann, ihr Mönche: als hätte der Mönch einen Leib auf der Leichenstätte liegen sehn, von Krähen oder Raben oder Geiern zerfressen, von Hunden oder Schakalen zerfleischt, oder von vielerlei Würmern zernagt, zieht er den Schluss auf sich selbst: 'Und auch dieser Körper ist so beschaffen, wird das werden, kann dem nicht entgehen. Weiter sodann, ihr Mönche: als hätte der Mönch einen Leib auf der Leichenstätte liegen sehn, ein Knochengerippe, fleischbehangen, blutbesudelt, von den Sehnen zusammengehalten; ein Knochengerippe, fleischentblößt, blutbefleckt, von den Sehnen zusammengehalten; ein Knochengerippe, ohne Fleisch, ohne Blut, von den Sehnen zusammengehalten; die Gebeine, ohne die Sehnen, hierher und dorthin verstreut, da ein Handknochen, dort ein Fußknochen, da ein Schienbein, dort ein Schenkel, da das Becken, dort Wirbel, da der Schädel; als hätte er das gesehen, zieht er den Schluss auf sich selbst: 'Und auch dieser Körper ist so beschaffen, wird das werden, kann dem nicht entgehen.' Weiter sodann, ihr Mönche: als hätte der Mönch einen Leib auf der Leichenstätte liegen sehn, Gebeine, blank, muschelfarbig; Gebeine, zuhauf geschichtet, nach Verlauf eines Jahres; Gebeine, verwest, in Staub zerfallen; als hätte er das gesehen, zieht er den Schluss auf sich selbst: 'Und auch dieser Körper ist so beschaffen, wird das werden, kann dem nicht entgehen.'

So wacht er nach innen beim Körper in der Betrachtung des Körpers, so wacht er nach außen beim Körper in der Betrachtung des Körpers, nach innen und außen wacht er beim Körper in der Betrachtung des Körpers. Er beobachtet wie der Körper entsteht, beobachtet wie der Körper vergeht, beobachtet wie der Körper entsteht und vergeht. 'Der Körper ist da': diese Achtsamkeit ist ihm nun gegenwärtig, soweit sie eben zum Wissen taugt, zur Besinnung taugt; und uneingepflanzt verharrt er, und nirgends in der Welt ist er angehangen. So aber, ihr Mönche, wacht der Mönch beim Körper in der Betrachtung des Körpers.

Wie aber, ihr Mönche, wacht der Mönch beim Gefühl in der Betrachtung der Gefühle? Da weiß, ihr Mönche, der Mönch wenn er ein Wohlgefühl empfindet 'Ich empfinde ein Wohlgefühl', weiß wenn er ein Wehgefühl empfindet 'Ich empfinde ein Wehgefühl', weiß wenn er kein Wohl und kein Wehgefühl empfindet 'Ich empfinde kein Wohl und kein Wehgefühl'. Er weiß wenn er ein weltliches Wohlgefühl empfindet 'Ich empfinde ein weltliches Wohlgefühl', und weiß wenn er ein überweltliches Wohlgefühl empfindet 'Ich empfinde ein überweltliches Wohlgefühl', weiß wenn er ein weltliches Wehgefühl empfindet 'Ich empfinde ein weltliches Wehgefühl', und weiß wenn er ein überweltliches Wehgefühl empfindet 'Ich empfinde ein überweltliches Wehgefühl', weiß wenn er ein weltliches Gefühl ohne Wohl und Weh empfindet 'Ich empfinde ein weltliches Gefühl ohne Wohl und Weh', und weiß wenn er ein überweltliches Gefühl ohne Wohl und Weh empfindet 'Ich empfinde ein überweltliches Gefühl ohne Wohl und Weh'.

So wacht er nach innen beim Gefühl in der Betrachtung der Gefühle, so wacht er nach außen beim Gefühl in der Betrachtung der Gefühle, nach innen und außen wacht er beim Gefühl in der Betrachtung der Gefühle. Er beobachtet wie die Gefühle entstehen, beobachtet wie die Gefühle vergehen, beobachtet wie die Gefühle entstehen soweit sie eben zum Wissen taugt, zur Besinnung taugt; und uneingepflanzt verharrt er, und nirgends in der Welt ist er angehangen. So aber, ihr Mönche, wacht der Mönch beim Gefühl in der Betrachtung der Gefühle.

Wie aber, ihr Mönche, wacht der Mönch beim Bewusstsein über das Bewusstsein? Da kennt, ihr Mönche, der Mönch das begehrliche Bewusstsein als begehrlich und das begehrlose Bewusstsein als begehrlos, das gehässige Bewusstsein als gehässig und das hasslose Bewusstsein als hasslos, das irrende Bewusstsein als irrend und das irrlose Bewusstsein als irrlos, das

155

gesammelte Bewusstsein als gesammelt und das zerstreute Bewusstsein als zerstreut, das hochstrebende Bewusstsein als hochstrebend und das niedrig gesinnte Bewusstsein als niedrig gesinnt, das edle Bewusstsein als edel und das gemeine Bewusstsein als gemein, das beruhigte Bewusstsein als beruhigt und das ruhelose Bewusstsein als ruhelos, das erlöste Bewusstsein kennt er als erlöst und das gefesselte Bewusstsein als gefesselt.

So wacht er nach innen beim Bewusstsein über das Bewusstsein, so wacht er nach außen beim Bewusstsein über das Bewusstsein, nach innen und außen wacht er beim Bewusstsein über das Bewusstsein. Er beobachtet wie das Bewusstsein entsteht, beobachtet wie das Bewusstsein vergeht, beobachtet wie das Bewusstsein entsteht und vergeht, 'Das Bewusstsein ist da': diese Achtsamkeit ist ihm nun gegenwärtig, soweit sie eben zum Wissen taugt, zur Besinnung taugt; und uneingepflanzt verharrt er, und nirgend in der Welt ist er an gehangen. So aber, ihr Mönche, wacht der Mönch beim Bewusstsein über das Bewusstsein.

Wie aber, ihr Mönche, wacht der Mönch bei den Erscheinungen [Geistobjekten] in der Betrachtung der Erscheinungen ? Da wacht, ihr Mönche, der Mönch bei den Erscheinungen über das Erscheinen der fünf Hemmungen. Wie aber, ihr Mönche, wacht der Mönch bei den Erscheinungen über das Erscheinen der fünf Hemmungen?

Da merkt, ihr Mönche, der Mönch wenn Sinnenlust in ihm ist 'In mir ist Sinnenlust', merkt wenn kein Sinnenlust in ihm ist 'In mir ist kein Sinnenlust'. Er merkt es wenn Sinnenlust sich eben erst entwickelt, merkt es wenn die deutlich gewordene Sinnenlust aufgehoben wird, und merkt es wenn die aufgehobene Sinnenlust künftig nicht mehr erscheint.

Er merkt wenn Übelwollen in ihm ist 'In mir ist Übelwollen', merkt wenn kein Übelwollen in ihm ist 'In mir ist kein Übelwollen'. Er merkt es wenn Übelwollen sich eben erst entwickelt, merkt es wenn der deutlich gewordene Übelwollen aufgehoben wird, und merkt es wenn der aufgehobene Übelwollen künftig nicht mehr erscheint.

Er merkt wenn Stumpfheit und Mattheit in ihm ist 'In mir ist Stumpfheit und Mattheit', merkt wenn keine Stumpfheit und Mattheit in ihm ist 'In mir ist keine Stumpfheit und Mattheit'. Er merkt es wenn Stumpfheit und Mattheit sich eben erst entwickelt, merkt es wenn die deutlich gewordene Stumpfheit und Mattheit aufgehoben wird, und merkt es wenn die aufgehobene Stumpfheit und Mattheit künftig nicht mehr erscheint.

Er merkt wenn Aufgeregtheit und Gewissensunruhe in ihm ist 'In mir ist Aufgeregtheit und Gewissensunruhe', merkt wenn keine Aufgeregtheit und Gewissensunruhe in ihm ist 'In mir ist keine Aufgeregtheit und Gewissensunruhe'. Er merkt es wenn Aufgeregtheit und Gewissensunruhe sich eben erst entwickelt, merkt es wenn die deutlich gewordene Aufgeregtheit und Gewissensunruhe aufgehoben wird, und merkt es wenn die aufgehobene Aufgeregtheit und Gewissensunruhe künftig nicht mehr erscheint.

Er merkt wenn skeptischer Zweifel in ihm ist 'In mir ist skeptischer Zweifel', merkt wenn kein skeptischer Zweifel in ihm ist 'In mir ist kein skeptischer Zweifel'. Er merkt es wenn skeptischer Zweifel sich eben erst entwickelt, merkt es wenn der deutlich gewordene skeptische Zweifel aufgehoben wird, und merkt es wenn der aufgehobene skeptische Zweifel künftig nicht mehr erscheint.

So wacht er nach innen bei den Geistobjekten in der Betrachtung der Geistobjekte, so wacht er nach außen bei den Geistobjekten in der Betrachtung der Geistobjekte, nach innen und außen wacht er bei den Geistobjekten in der Betrachtung der Geistobjekte. Er beobachtet wie die Geistobjekte entstehen, beobachtet wie die Geistobjekte vergehen, beobachtet wie die Geistobjekte entstehen und vergehen. 'Die Geistobjekte sind da': diese Achtsamkeit ist ihm nun gegenwärtig, soweit sie eben zum Wissen taugt, zur Besinnung taugt; und uneingepflanzt verharrt er, und nirgends in der Welt ist er angehangen. So aber, ihr Mönche, wacht der Mönch bei den Geistobjekten über das Erscheinen der fünf Hemmungen.

Weiter sodann, ihr Mönche, wacht der Mönch bei den Geistobjekten über das Erscheinen der fünf Daseinsgruppen

Wie aber, ihr Mönche, wacht der Mönch bei den Geistobjekten über das Erscheinen der fünf Daseinsgruppen?

So ist die Körperlichkeitsgruppe, so entsteht sie, so löst sie sich auf;

so ist die Gefühlsgruppe, so entsteht sie, so löst sie sich auf;

so ist die Wahrnehmungsgruppe, so entsteht sie, so löst sie sich auf;

so ist die Gruppe der Geistesformationen so entsteht sie, so löst sie sich auf;

so ist die Bewusstseinsgruppe, so entsteht sie, so löst sie sich auf.'

So wacht er nach innen bei den Geistobjekten in der Betrachtung der Geistobjekte, so wacht er nach außen bei den Geistobjekten in der Betrachtung der Geistobjekte, nach innen und außen wacht er bei den Geistobjekten in der Betrachtung der Geistobjekte. Er beobachtet wie die Geistobjekte entstehen, beobachtet wie die Geistobjekte vergehen, beobachtet wie die Geistobjekte entstehen und vergehen. 'Die Geistobjekte sind da': diese Achtsamkeit ist ihm nun gegenwärtig, soweit sie eben zum Wissen taugt, zur Besinnung taugt; und uneingepflanzt verharrt er, und nirgends in der Welt ist er angehangen. So aber, ihr Mönche, wacht der Mönch bei den Geistobjekten über das Erscheinen der fünf Daseinsgruppen.

Weiter sodann, ihr Mönche, wacht der Mönch bei den Geistobjekten

1. Da kennt, ihr Mönche, der Mönch das Auge und kennt die Formen, und die Verbindung, die sich aus beiden ergibt, auch diese kennt er. Er kennt es wenn die Verbindung eben erst erfolgt, kennt es wenn die erfolgte Verbindung aufgehoben wird, und kennt es wenn die aufgehobene Verbindung künftig nicht mehr erscheint.

2. Er kennt das Ohr und kennt die Töne, und die Verbindung, die sich aus beiden ergibt, auch diese kennt er. Er kennt es wenn die Verbindung eben erst erfolgt, kennt es wenn die erfolgte Verbindung aufgehoben wird, und kennt es wenn die aufgehobene Verbindung künftig nicht mehr erscheint.

3. Er kennt die Nase und kennt die Düfte, und die Verbindung, die sich aus beiden ergibt, auch diese kennt er. Er kennt es wenn die Verbindung eben erst erfolgt, kennt es wenn die erfolgte Verbindung aufgehoben wird, und kennt es wenn die aufgehobene Verbindung künftig nicht mehr erscheint.

4. Er kennt die Zunge und kennt die Säfte und die Verbindung, die sich aus beiden ergibt, auch diese kennt er. Er kennt es wenn die

Verbindung eben erst erfolgt, kennt es wenn die erfolgte Verbindung aufgehoben wird, und kennt es wenn die aufgehobene Verbindung künftig nicht mehr erscheint.

5. Er kennt den Körper und die Tastungen, und die Verbindung, die sich aus beiden ergibt, auch diese kennt er. Er kennt es wenn die Verbindung eben erst erfolgt, kennt es wenn die erfolgte Verbindung aufgehoben wird, und kennt es wenn die aufgehobene Verbindung künftig nicht mehr erscheint.

6. Er kennt den Geist und er kennt die Geistobjekte, und die Verbindung, die sich aus beiden ergibt, auch diese erkennt er. Er kennt es wenn die Verbindung eben erst erfolgt, kennt es wenn die erfolgte Verbindung aufgehoben wird, und kennt es wenn die aufge-hobene Verbindung künftig nicht mehr erscheint.

So wacht er nach innen bei den Geistobjekten in der Betrachtung der Geistobjekte, so wacht er nach außen bei den Geistobjekten in der Betrachtung der Geistobjekte, nach innen und außen wacht er bei den Geistobjekten in der Betrachtung der Geistobjekte. Er beobachtet wie die Geistobjekte entstehen, beobachtet wie die Geistobjekte entstehen und vergehen. 'Die Geistobjekte sind da': diese Achtsamkeit ist ihm nun gegenwärtig, soweit sie eben zum Wissen taugt, zur Besinnung taugt; und uneingepflanzt verharrt er, und nirgends in der Welt ist er angehangen. So aber, ihr Mönche, wacht der Mönch bei den Geistobjekten über das Erscheinen der sechs Innen- und Außenreiche.

Weiter sodann, ihr Mönche, wacht der Mönch bei den Geistobjekten über das Erscheinen der sieben Erleuchtungsglieder. Wie aber, ihr Mönche, wacht der Mönch bei den Geistobjekten über das Erscheinen der sieben Erleuchtungsglieder?

1. Da gewahrt, ihr Mönche, der Mönch wenn Achtsamkeit in ihm munter wird 'In mir wird Achtsamkeit munter', und gewahrt wenn Achtsamkeit in ihm nicht munter wird 'In mir wird Achtsamkeit nicht munter'; er gewahrt es wenn Achtsamkeit eben erst munter wird, und gewahrt es wenn die munter gewordene Achtsamkeit völlig aufgeht.

2. Er gewahrt wenn Gesetzesergründung in ihm munter wird 'In mir wird Gesetzesergründung munter', und gewahrt wenn Gesetzesergründung in ihm nicht munter wird 'In mir wird

Gesetzesergründung nicht munter'; er gewahrt es wenn Gesetzesergründung eben erst munter wird, und gewahrt es wenn die munter gewordene Gesetzesergründung völlig aufgeht.

3. Er gewahrt wenn Willenskraft in ihm munter wird 'In mir wird Willenskraft munter', und gewahrt wenn Willenskraft in ihm nicht munter wird 'In mir wird Willenskraft nicht munter'; er gewahrt es wenn Willenskraft eben erst munter wird, und gewahrt es wenn die munter gewordene Willenskraft völlig aufgeht.

4. Er gewahrt wenn Verzückung in ihm munter wird 'In mir wird Verzückung munter', und gewahrt wenn Verzückung in ihm nicht munter wird 'In mir wird Verzückung nicht munter'; er gewahrt es wenn Verzückung eben erst munter wird, und gewahrt es wenn die munter gewordene Verzückung völlig aufgeht.

5. Er gewahrt wenn Gestilltheit in ihm munter wird 'In mir wird Gestilltheit munter', und gewahrt wenn Gestilltheit in ihm nicht munter wird 'In mir wird Gestilltheit nicht munter'; er gewahrt es wenn Gestilltheit eben erst munter wird, und gewahrt es wenn die munter gewordene Gestilltheit völlig aufgeht.

6. Er gewahrt wenn Sammlung in ihm munter wird 'In mir wird Sammlung munter', und gewahrt wenn Sammlung in ihm nicht munter wird 'In mir wird Sammlung nicht munter'; er gewahrt es wenn Sammlung eben erst munter wird, und gewahrt es wenn die munter gewordene Sammlung völlig aufgeht.

7. Er gewahrt wenn Gleichmut in ihm munter wird 'In mir wird Gleichmut munter', und gewahrt wenn Gleichmut in ihm nicht munter wird 'In mir wird Gleichmut nicht munter'; er gewahrt es wenn Gleichmut eben erst munter wird, und gewahrt es wenn der munter gewordene Gleichmut völlig aufgeht.

So wacht er nach innen bei den Geistobjekten in der Betrachtung der Geistobjekte, so wacht er nach außen bei den Geistobjekten in der Betrachtung der Geistobjekte, nach innen und außen wacht er bei den Geistobjekten in der Betrachtung der Geistobjekte. Er beobachtet wie die Geistobjekte entstehen, beobachtet wie die Geistobjekte vergehen, beobachtet wie die Geistobjekte entstehen und vergehen. 'Die Geistobjekte sind da': diese Achtsamkeit ist ihm nun gegenwärtig, soweit sie eben zum Wissen taugt, zur Besinnung taugt; und uneingepflanzt verharrt er, und nirgends in der Welt ist er angehangen. So aber, ihr Mönche, wacht der Mönch bei den Geistobjekten über das Erscheinen der sieben Erleuchtungsglieder.

Weiter sodann, ihr Mönche, wacht der Mönch bei den Geistobjekten über das Erscheinen der vier heiligen Wahrheiten. Wie aber, ihr Mönche, wacht der Mönch bei den Geistobjekten über das Erscheinen der vier heiligen Wahrheiten? Da versteht, ihr Mönche, der Mönch der Wahrheit gemäß 'Das ist das Leiden', versteht der Wahrheit gemäß 'Das ist die Leidensentwicklung', versteht der Wahrheit gemäß 'Das ist die Leidensauflösung', versteht der Wahrheit gemäß 'Das ist der zur Leidensauflösung führende Pfad'.

So wacht er nach innen bei den Geistobjekten in der Betrachtung der Geistobjekte, so wacht er nach außen bei den Geistobjekten in der Betrachtung der Geistobjekte, nach innen und außen wacht er bei den Geistobjekten in der Betrachtung der Geistobjekte. Er beobachtet wie die Geistobjekte entstehen, beobachtet wie die Geistobjekte vergehen, beobachtet wie die Geistobjekte entstehen und vergehen. 'Die Geistobjekte sind da': diese Achtsamkeit ist ihm nun gegenwärtig, soweit sie eben zum Wissen taugt, zur Besinnung taugt; und uneingepflanzt verharrt er, und nirgends in der Welt ist er angehangen. So aber, ihr Mönche, wacht der Mönch bei den Geistobjekten über das Erscheinen der vier heiligen Wahrheiten.

Wer auch immer, ihr Mönche, diese vier Pfeiler der Achtsamkeit sieben Jahre also behaupten kann, dem mag eins von beiden zur Reife gedeihen: entweder schon bei Lebzeiten vollkommenes Wissen oder aber, wenn noch ein Rest Anhängen übrig bleibt, die Niewiederkehr.

Sei es, ihr Mönche, um die sieben Jahre: wer auch immer, ihr Mönche, diese vier Pfeiler der Achtsamkeit sechs Jahre, fünf Jahre, vier Jahre, drei Jahre, zwei Jahre, ein Jahr also behaupten kann, dem mag eins von beiden zur Reife gedeihen: Bei Lebzeiten vollkommenes Wissen oder aber, wenn noch ein Rest Anhängen übrig bleibt, Niewiederkehr. Sei es, ihr Mönche, um das eine Jahr: wer da, ihr Mönche, diese vier Pfeiler der Achtsamkeit sieben Monate also behaupten kann, dem mag eins von beiden zur Reife gedeihen: Bei Lebzeiten vollkommenes Wissen oder aber, wenn noch ein Rest Anhägen übrig bleibt, Niewiederkehr. Sei es, ihr Mönche, um die sieben Monate: wer auch immer, ihr Mönche, diese vier Pfeiler der Achtsamkeit sechs Monate, fünf Monate, vier Monate, drei Monate, zwei Monate, einen Monat, einen halben Monat also behaupten kann, dem mag eins von beiden zur Reife gedeihen: Bei Lebzeiten vollkommenes Wissen oder aber, wenn noch ein Rest Anhängen übrig bleibt, Niewiederkehr. Sei es, ihr Mönche, um den halben Monat: wer auch immer, ihr Mönche, diese vier Pfeiler der Achtsamkeit sieben Tage also behaupten kann, dem mag eins von beiden zur Reife gedeihen: Bei Lebzeiten vollkommenes Wissen oder aber, wenn noch ein Rest Anhängen übrig bleibt, Niewiederkehr.

Der einzige Weg, ihr Mönche, der zur Läuterung der Wesen, zur Überwältigung des Schmerzes und Jammers, zur Zerstörung des Leidens und der Trübsal, zur Gewinnung des Rechten, zur Verwirklichung der Erlöschung führt, das sind die vier Pfeiler der Achtsamkeit': wurde das gesagt, so war es darum gesagt."

Also sprach der Erhabene. Zufrieden freuten sich jene Mönche über das Wort des Erhabenen.

Jens: „Das ist jetzt hervorragend abgeschrieben. Na gut, aber die Meditation über meine eigene verweste Leiche, ich weiß nicht, die ganze Geschichte mit dieser Meditation scheint mir doch nicht nur eine theoretische Angelegenheit zu sein!
Das ist harte praktische Arbeit, so wie es aussieht!
Was war jetzt nochmal der Unterschied zwischen Theravada Buddhismus und Mahayana Buddhismus, dem kleinen bzw. großen Fahrzeug?"

Siggi: „Schätzungen zufolge sind von den 324 Millionen Buddhisten weltweit 38 % Theravada, 56 % gehören der Mahayana Schulen an und 6% den tantrischen oder tibetischen Buddhismus an (32/82). Die Betonung im Theravada liegt auf der Befreiung des Einzelnen. Im Unterschied zur Theravada Tradition, in der das Erreichen von Bodhi durch eigenes Bemühen im Vordergrund steht, nimmt im Mahayana das Bodhisattva Ideal eine zentrale Rolle ein. Bodhisattvas sind Wesen, die als Menschen bereits Bodhi erfuhren, jedoch auf das Eingehen in das Parinirvana verzichten, um statt dessen allen anderen Menschen letztlich aller Wesen zu helfen, ebenfalls das Ziel zu erreichen."

Jens: „Die Zahlen sind recht nett, aber wie soll ich mit deinem Buddhismus hier anfangen. Machs doch mal einfach! Ich bin doch ein einfacher Mensch. Diese ganze theoretische Zeug macht mich ganz verrückt im Kopf!"

Siggi: „Nein, bleib doch ruhig. Du musst dir zuerst einmal ein ruhiges Plätzchen suchen, es muss nicht ein Baum sein!... aber hatten wir darüber nicht schon gesprochen. Ich muss mich jetzt wiederholen ein paar Seiten vorher haben wir das schon behandelt. "

Es ist jedoch völlig egal, sooft wie du das noch praktizieren musst hunderte mal, da kommt es auf eine Wiederholung nicht drauf an. Denn die ritualisierte Wiederholung ist das Non plus Ultra in der Meditation. Also nochmal:.Du beginnst damit deinen Geist zu sammeln. Im nächster Schritt beobachtest du deine Gedanken. Es folgen deine Sinneseindrücke. Beobachte genau was du siehst, was du hörst. Beobachte deine Gefühle, kontrolliere deine Absichten, benenne deine Gedanken. Was kannst du erinnern, was willst du planen, was fantasieren ?
Reflektiere die Meditation, frage dich nach der Bedeutung und den Konsequenzen.
Wie sieht in 5 Jahre deine Zukunft aus. Wie steht es um deine Tatkraft ? Meditiere über die zweifache Wirklichkeit.
Lass dich die vier Elemente (Erde, Wasser, Feuer. Und Luft) in dir spüren. Danach erkenne die körperliche Leere und beginne langsam damit die Ausdehnung und die Verkleinerung des Universum im Brustraum. "

Jens: „Ich sag jetzt nichts mehr......so was hab ich noch nie gehört."
Bin mal gespannt wie es dem Ehrhard ergangen ist den letzten Jahren."

Für Ehrhard gibt es eigentlich nur eine wichtige Frage, die ihn ständig begleitet. Er ist ein disziplinierter Mann, immer dabei sich weiter zu entwickeln, etwas zu lernen, besser zu werden, jedem Tag etwas Besonderes abzuverlangen. Sein Triumph jeden Tag etwas weiter und etwas Neues zu entdecken und dazugewinnen. Seine größte Sorge, ja die Frage überhaupt, ist jedoch die furchtbare Vorstellung, er müsse sich selbst eingestehen, dass all sein Streben, sein Engagement ein besserer Mensch zu werden und zu sein, ihn praktisch sein ganzes Leben kostet, und er dann praktisch gar nicht gelebt hat, sondern nur gestrebt. Gestrebt nicht gelebt. Ja das war seine wichtige Frage. Und übrigens, in den Himmel kommt er so auch nicht. Er wär der Erste der sich selbst in den Himmel katapultiert.

Mit Goethes Worten: „Es irrt der Mensch solang er strebt". Also Leute, die Streber sind die Verlierer unter Gottes Himmel!

Seine Mutter hat ihn nie geliebt, zumindest ihm nie gezeigt oder fühlen lassen. Sie hat wahrscheinlich die ganzen Jahre nur ihr geschiedenen Mann in ihm gesehen. Wie furchtbar! Ehrhard hasst seine Mutter, weiß dass es keinen Gott gibt und dass er zu diesem Leben verpflichtet ist. Egal und wenn's kein Spaß macht. Mutter, Gott, Leben und Spaß...wo geht das zusammen? Schwierigste philosophische Zusammenhänge erscheinen ihm einfach. Jedoch sind sein Denken und seine Gefühle zwei getrennte für ihn undefinierbare Zustandsformen. (Entschuldigen Sie bitte das durcheinander, es ist alles noch ungeordnet im Kopf, wie sie schon bemerkt haben. Bem. Varth)

Seine Mutter hat seinen Vater erschossen als er 6 Jahre alt war.

Er würde alles tun um diese Gefühle und Erinnerungen los zu werden.

Was ein Gedankenmüll. Hans liegt auf der Couch und studiert seinen eigenen Müll immer und immer wieder. Soll der Plot tatsächlich den Selbstmord von Jens zum Thema haben ?....... Ja aber die Situation ist doch jetzt besser mir geht es doch auch besser, seit ein paar Tagen.......aber ich will doch noch besser, bildlicher, einfühlsamer, direkter, schonungsloser erzählen.Stirbt Jens nachdem er mit den 7 gesprochen hat doch noch, oder wird er gerettet...... Wo ist der Unterschied? Falls er die Erleuchtung noch vor Eintritt ins Nirwana erreicht, dann spielt es doch keine Rolle mehr.

Ehrhard: „Das Schöne berührt uns in 4 Ebenen: Körperlich, Seelisch, Geistig und Metaphysisch. Das Nützliche und Schöne. Wo berührt sie das Thema Selbstverwirklichung. Die Leere hatte zum ersten Mal ihren Platz gefunden. Nach vielen Jahren wird der Leere eine ganz andere Bedeutung zugemessen. Der Glaube allein bringt das Heil. Man muss nur glauben, nicht glauben, dass man glaubt, oder glauben, wenn es nötig ist... ja dann glaube ich mal an Gott.....nein man muss glauben ohne zu wissen dass man glaubt die, die richtig glauben, die wissen eigentlich gar nicht, dass sie nur glauben nein die denken sie glauben, nein quatsch die glauben das zu Wissen was sie glauben Die denken sie wissen um Gott und glauben es

Jeden Abend.das Gleiche.

Ich höre Musik. Der CD-Wecker spielt James Taylor:

„I Feel Fine" zum 31. Mal . Seit dem heilig Abend jeden Morgen .Der hat gut singen, ist Multimillionär, der hat es geschafft. Schon wieder,.jeden Morgen das gleiche. Warum muss ich jetzt um 4:30 Uhr aufstehen. Ich weiß genau warum ich aufstehen muss, weil die Realität Geld heißt. Ja, die Wirklichkeit heißt Geld"

Wie bekomm ich jetzt den Dreh zur wahren Gestalt des Ehrhard. Ehrhard behauptet von sich er sei Sozialist.Viele behaupten das. Was ist also Sozialismus? Ist das Kommunismus auf Sparflamme oder nur ein von der heutigen Gesellschaft akzeptierte Form des Kommunismus? In Wikipedia wird der klassische Sozialismus folgend beschrieben: "In der Theorie des 'klassischen' Sozialismus wird die Auffassung vertreten, dass die Profitinteressen der Kapitaleigner die Produktion nicht am Bedarf der Gesellschaft ausrichten. Profitinteresse bringe privates Kapital dazu, sich in wenigen Händen zu konzentrieren. Diese Entwicklung führe zu einer finanziellen Oligarchie, deren Macht auch von einer demokratischen Gesellschaft immer weniger kontrolliert werden könne. Daraus wird in der Theorie des klassischen Sozialismus der Schluss gezogen, dass es notwendig sei, die Produktionsmittel durch Vergesellschaftung oder Verstaatlichung der Verfü-ügungsgewalt der Klasse der Kapitalisten zu entziehen. Die Verteilung von Gütern soll nach Auffassung des klassischen

Sozialismus nicht über den Markt, sondern durch staatliche Lenkung oder auf Arbeiterselbstverwaltungberuhende, gesamtgesellschaftliche Räteverwaltung erfolgen. Im Unterschied zum Liberalismus bezieht sich die sozialistische Theorie nicht allein auf Gleichheit der Menschen vor dem Gesetz, sondern auf die materielle Gleichheit im Ergebnis (gleiche Verteilung des gesellschaftlichen Reichtums), im Idealfall mit dem Ziel einer klassenlosen Gesellschaft. Freiheit wird als Möglichkeit zur Emanzipation verstanden, die sich nur durch eine soziale Integration aller Menschen in die Gesellschaft erreichen lasse. Der Sozialtheoretiker Karl Marx ging davon aus, dass nach der Weltrevolution der Staatsapparat mit der Zeit überflüssig sein und absterben werde.

Der Staat habe vor allem die Aufgabe, die erwirtschafteten Güter zum Wohle aller sozial gerecht zu verteilen. Ein kleiner Einwurf von meiner Seite . wer bezahlt nun übrigens die Zeche für diesen katastrophalen Kaitalmarktzusammenbruch 2008? Wer gibt nun die Hilfen, wer gibt nun die Sicherheiten in welcher Höhe? wie viele... 400 Milliarden? Der arme, ausgelieferte Steuerzahler. Menschen wie Du und Ich. (Hans: „Also, ich hab mit Politik nichts zu tun!") Doch zurück zu Ehrhards Traumwelt.

Unser lieber Ehrhardt ist von Kind auf Sozialist. Warum? Ganz einfach erklärt. Erstens war Jesus auch Sozialist und Ehrhardt fühlte sich schon als kleines Kind benachteiligt. (Lachen Sie gerade?..oder verstehen sie nicht was Hans sagen will?) Alle anderen Kinder in seinem Alter hatten viel mehr. Schönere Fahrräder, später Mofas und Mopeds. Natürlich hatten die anderen auch intakte Familien, Häuser, Autos einfach alles was man so braucht. Sozialismus war für ihn die Wunschwelt, in der er sich sah, als Mitglied einer Gesellschaft die gerecht mit ihren Bürgern umgeht. Eine Gesellschaft die sozial und liebevoll ist.

Eine Bürgergesellschaft in der es selbstverständlich ist, sich gegenseitig zu helfen. Leben in einem Leben, für das man täglich belohnt wird. In dem man sich permanent austauschen kann mit seinen nächsten Menschen ohne Angst zu haben man wird bei nächster Gelegenheit in die Pfanne gehauen. Inwieweit das eine Wunschwelt ist, oder ein ganz normales Ziel für jeden Menschen in Frieden, Harmonie und Gerechtigkeit zu leben. Wo aber endet der realistische Lebensplan und wo beginnen zum Selbstschutz unbewusste, paranoide Wunschvorstellungen ?
Erhard wird in die Partei die Linke eintreten. Nächste Woche beginnt auch seine Therapie. Die Angst vor Menschenansam-

mlungen bringt ihn fast um. Er würde Jens gerne helfen, hängt aber selbst derartig in der Scheiße, finanziell und seelisch, das hat kein Wert. Ehrhard bleibt still. Er steht wortlos vor Jens. Mit seinem politischen Geschwätz von Gerechtigkeit und Freiheit wird er von Jens nicht gehört. Der nächste Kandidat ist Veith.

Achter Akt
Veith

In seinem Büro hängen die Medaillen an der Wand. Marathon, Ironman usw. Veith ist eine nach außen ruhig wirkende Führungsperson. Veith ist Triathlet. Locker, lustig, jedoch verblendet durch den Glauben. Es geht gleich wieder zur Sache. Ohne Umschweife.

Jesus lebt, das Himmelreich erwartet ihn. Durch die Verblendung geht ihm das Leben leicht von der Hand. Er spricht nur wenn er etwas gefragt wird. Diese Eigenschaft macht ihn teilweise zu einem angenehmen Menschen. Wird beneidet weil er so gelassen ist. Er würde alles tun um dieses Gefühl los zu werden. Er will nicht beneidet werden. Er hat oft das Gefühl er wird begafft. Seinen ersten Kontakt mit der Kirche und Gott hatte Veith im zarten Alter von 5. Es war auch gleichzeitig sein erster Schultag. Hannelore, ein um zwei Jahre älteres Kind aus der Nachbarschaft nahm Veith an der Hand und zog in mit in die Kirche „Bist du katholisch oder evangelisch", fragte Hannelore unseren Veith. „Das weiß ich nicht", sagte der arme kleine Veith. So war es eine katholische Kirche die er als erstes in seinem Leben betrat. Veith war eigentlich evangelisch getauft.

In diesem riesengroßen, kalten Betonbau wartete ein verkleideter alter Mann auf die Kinder. Veith verstand kein einziges Wort von diesem Fremden, er sprach auch zwischendurch auch eine andere Sprache. An weitere Ereignisse an diesem Tag kann er sich nicht mehr erinnern. Nur dieses Angstgefühl an diesem Morgen, diese Verlorenheit, diese Verlassenheit und Ratlosigkeit haben ihn nie mehr verlassen. Der Mann war gruselig. 30 Jahre später stellt sich heraus, dass dieser Kasper über Jahre hinweg ein falsches Hoppe-Hoppe Reiter Spielchen mit den ihm anvertrauten Kindern gespielt hat. Die katholische Kirche war nach außen schon immer ein Kasperletheater. Nun spielt der Teufel im Innern auch noch eine entscheidende Rolle dabei.

(................Klaus stockt. Bischoff Williamson leugnet den Holocaust. Unser verehrter Papst Ratzinger nimmt die Exkommunikation zurück. Merkel telefoniert mit dem Papst. Diese Welt ist zum Kotzen.

Ich muss das Buch jetzt über die Bühne ziehen. Ich kann und will mich mit diesem ganzen Scheiß um mich herum nicht mehr beschäftigen. Nein, ich will meine Ruhe. Das Projekt wird wahrscheinlich nicht so schnell fertig, da ich jede Menge an Lesearbeit zu leisten habe. Man kann den Größenwahn nur bekämpfen wenn man ihn am Hals nimmt. Größenwahn bedeutet in meiner Terminologie: Ehrgeiz ohne Grenzen. Es gibt nichts mehr Neues auf dieser Welt, alles nur Reproduktion. Es geht nur noch

darum eine gute Verpackung zu finden. Das „Wie" bezieht sich auf die Geisteshaltung. Mit welchen Motiven verpacke ich die Welt. Welche Filter hab ich zwischen mich und der Welt geschaltet. Was will ich sehen und bei was schau ich weg.
Jesus sagt: „Ich bin nicht von dieser Welt". Was heißt das?
Welchen Bezug zur Realität hat er verloren? Jeden! Religion, Theologie und Philosophie find ich ja interessant, aber die machen verrückt
Auf der anderen Seite gibt es die Wirklichkeit, die ist noch interessanter und einfacher. Sie schenkt das Leben, präsentiert aber leider den Tod dazu..............)

Vier Engel fliegen über ihm. Er, im langen weißen Gewand, am Fuße eines Berges, stehend, die Arme beidseitig ausgestreckt, milde lächelnd. Er war es. Veith weiß nicht mehr wie oft er schon vor diesem Bild, starr vor Ehrfurcht gepaart mit einer ängstlichen Neugierde, in diesem eiskalten Schlafzimmer von Oma, gestanden hat. Das Bild hatte für Veith etwas Magisches. Dieses Lächeln war für ihn etwas sehr Besonderes. Es war so friedlich, es war Jesus. Veith war´4 Jahre alt. Um es vorweg zu nehmen, weder Schule noch Elternhaus waren in der Lage Veith die Bibel auch nur ein bisschen näher zu bringen.
Die Gesänge und das Beten in der Stadtmission brachten Veith im Alter von 25 Jahren auch nicht in Verzückung. Er war nicht vorbereitet den heiligen Geist an diesem Tag zu empfangen.
Den lebendigen Jesus spüren, in mir? Nein, das war unmöglich, total irrational, vollkommen abgedreht. Ja, bin ich den bescheuert, dachte sich Veith, Herr, wir spüren dich!
Ein Jahr später war Veith mit seiner Frau in einer außergewöhnlichen Situation. Seine Tante wurde schwer Krebskrank. Aufgrund ihrer Zughörigkeit zu den Zeugen Jehovas kam es bei der Operation zu Schwierigkeiten aufgrund der Tatsache, dass es den Zeugen Jehovas verboten ist Bluttransfusionen anzunehmen, und es konnte wegen dem notwendigen vorzeitigen Abbruch nicht der ganze Krankheitsherd ausgeräumt werden.
Einige Wochen waren Veith und seine Frau nach dem Krankenhausaufenthalt bei seiner Tante zu Besuch. Täglich gingen Zeuge Jehovas ein und aus.
In den frühen Morgenstunden saß Veith am Krankenbett und lass aus der Bibel die gewünschten Stellen.
Kein einziges Mal kam nur ein Klagen über die Lippen der Tante. Das war für Veith unbegreiflich. Eine für Veith nicht fassbare zauberhafte Verbundenheit mit Gott überschüttete diese Frau mit einer Kraft, die ihren Todeskampf zu einem friedlichen Sterben verwandelte.

.............es war auch ein Anfang einer neuen Periode in seinem Leben.

Noch zwei Tage bevor sie starb, brachten Veith und seine Frau Christine Tante Helga zu einer Schwester der Zeugen. Sie konnte ihren Wunsch nicht abschlagen. Mit vereinten Kräften trugen sie die schwer kranke Frau in den vierten Stock.

Eine ältere Frau öffnete uns die Tür. Leuchtend stahlblaue Augen schauten uns an. Diese Augen sahen in meine Seele. Von diesem wildfremden Menschen war eine Kraft ausgegangen, die ich bis heute spüre. Und wenn ich das so sage, dann mein ich das auch. Ja, diese Kraft spüre ich heute noch. Ja.

Noch niemals in meinem Leben wurde ich so freundlich und herzlich begrüßest.

Kaum waren sie in ihr kleines 2 Zimmerappartment eingetreten begann Sie unser Zusammentreffen mit folgenden Worten: „Meine Erkenntnis, die aus meinem Leben und meiner Erfahrung kommt und sich immer klarer heraus stellt ist folgende: Das Leben, dass uns gegeben ist, und ein Geschenk ist, dieses mit Freude zu leben, können wir nur erreichen, wenn in uns die Liebe regiert. Unser denken, handeln und fühlen wird beherrscht von dieser Liebe, die in meinem Fall Gott ist. Diese Erkenntnis, wie Du ja weißt, ist so alt wie die Menschheit. Für denjenigen, der es "plötzlich" versteht etwas ganz Neues. Gott ist Liebe! Jeder hat es schon gehört.

Keine Philosophie, also menschliche Gedanken, und Religionen können da helfen. Das was wir suchen kommt nicht aus dem Menschen selbst. Dazu müssen wir einen Schritt ins Ungewisse machen. Wie ist das zu erreichen? Gott, Liebe, Glauben alles nicht genug. Wir brauchen Hilfe! Nur die christliche Religion hat es zu geben und Jesus Christus ist der Vermittler.

Veiths Mutter ist mit 50 an Krebs gestorben.

Unser Leben ist aus diesen Millionen oder Billionen Momenten zusammengesetzt und nur einer davon ist wichtig. Nämlich jener, der uns die Erkenntnis wahr macht.

Ohne Liebe und Hoffnung ist das Leben unerträglich. Das ist es, was Ich glaube wofür wir geboren werden. L I E B E
Einfach! Auf keinen Fall! Das Thema ist unendlich groß!

Zu dieser Zeit, dachte ich, das war er! Ja, ich habe Jesus gesehen und erlebt. Veith ist sich bewusst, dass er in dieser Zeit nervlich sehr stark angegriffen war. Für ihn bleibt es aber dabei. Er hat an diesem Tag, Jesus -- Gott – gesehen, nicht weil er darauf gefasst war, praktisch darauf gewartet hat, also verstehen sie mich nicht falsch, er hat nicht daran geglaubt, nein er hat ihn real gesehen.. R E A L !!! Es war kein Beginn des Glaubens für ihn, nein, es war wissen, eine wissen, dass es Gott gibt, er hat ihn gesehen. Es war wie ein Schock . Aber was soll ihn jetzt noch erschrecken, er hat doch Jesus gesehen und gespürt. Er ist erlöst von den Sünden. Er braucht sich nicht mehr zu schämen. Er gehört nun dazu. Nicht nur er hat Gott gesehen, nein, Gott persönlich hat ihn in seine Welt aufgenommen. Das war es was er sein ganzes Leben gesucht hatte. Jetzt kann ihm nichts mehr passieren.

Veith sieht Jens die ganze Zeit in die Augen. Es wurde in der letzten Stunde kein Wort geredet. Jens hat auch ohne Worte gespürt, was Veith zu sagen hatte. Jens hat es gefühlt.

Angelo: „Geld ist die Welt. Geld regiert die Welt. Geld macht glücklich und zufrieden! Wer was anderes sagt, macht sich selbst was vor.".Er kann sich nicht vorstellen mit einem Fiat Panda durch die Stadt fahren.
Was ein Armutszeugnis. Mach dir Nichts vor, arm sein ist scheiße. Sein Vater starb viel zu früh im Altenpflegeheim, arm und allein. Das will er auf keinen Fall .
Angelo ist der große Menschenkenner, hat auch schon Bücher darüber gelesen, er würde gerne sagen er hat studiert, das hört sich immer so gut an, wenn seine Freunde erzählen, dass sie studiert haben.

Er hätte gern Psychologie studiert. Wer weiß aber schon, was für eine Statistikmüll in einem solchen Studium wartet?

Ins Gras zu beißen, ohne wirklich ernsthaft und seriöses gelebt zu haben, das wäre dann wirklich das Ende. Was heißt hier seriös gelebt zu haben, noch schlimmer, gelebt zu haben ohne ernst genommen zu werden. Gruselig ein absolut ekliges Gefühl das zwangsläufig nach einer Panikattacke schreit. Sein Vater versuchte sich mit 25 Jahren das Leben zu nehmen. Angelo hat es nie erfahren. Er weiß es nicht. Er weiß von seinem Vater Nichts. Er war 3 Jahre alt, als seine Eltern sich scheiden ließen. Furchtbar. Doch da ist dieses Gefühl. Dieses Gefühl. Er weiß wie es sich anfühlt, und er weiß auch wie schön es ist....... aber er hat es nur im Traum gefühlt. Er würde alles aufgeben, alles verkaufen, allem abschwören, er würde alles tun, wenn es ihm gelänge dieses Gefühl aus dem Traum in die Realität herüber zu retten.....das wird ihm aber nicht gelingen..... und das ist genau das Gefühl das ihn am meisten umtreibt. Das Gefühl von dem wir die ganze Zeit sprechen. Kennen sie das Gefühl? Das Gefühl ein ganz bestimmtes lebensnotweniges Gefühl nie zu bekommen. In diesem Leben auf keinen Fall.......Wir sprechen von Glück. Angelo glaubt er spürte ein Glücksgefühl im Traum. Das war für ihn ein besonderes Erlebnis. Er lebt auf großem Fuß. Kann sich alles leisten. Er wirkt nach Außen wie die Nummer eins.

Angleos Mutter war eine Hure. Sie wurde mit 45 von einem Freier erdrosselt. Aber wen interessiert das?
Ja meine Lieben, und wie ist das mit dem Tod? Sterben ohne 5 Minuten glücklich gewesen zu sein und ohne ernst genommen worden zu sein und ohne das Leben überhaupt verstanden zu haben, das sind Angelos große Ängste. Zu viel Fragen letztendlich

und keine ausreichenden Antworten. Hat er alles verstanden? Aber was will er noch. Er hat alles. Aber was will er noch. Will er irgendwie, irgendwas noch sehen oder wissen oder? Er will noch etwas Spezielles fühlen. Nein er muss noch etwas speziellen Fühlen. Er hat keine Ahnung wie sich das anfühlt, was er da sucht, aber er glaubt daran. Es muss da noch ein Gefühl geben, dass er sucht. Irgendwie hat er ein Gefühl, dass da noch etwas fehlt. Was ihn umbringen würde, ist das Gefühl lächerlich zu wirken. In ihm fehlt noch was. Materiell fehlt im Nichts, aber wenn dieses Gefühl nicht wäre.

Angelo ist der absolute Materialist. Er ist der Macher. Über seine Kindheit redet er nicht, da er keine Erinnerung hat.

Das wenige an das er sich erinnern kann, ist für ihn nur eine Belastung. Angelo will nicht nur Unternehmer sein. 35 Menschen putzen und schuften für ihn für lächerliche 4,95 Euro Stundenlohn, nein, er wäre gern Chef eines Großkonzerns oder Bundestagsabgeordneter, wäre auch gern Oberbürgermeister in einer Großstadt oder Minister in der Regierung. Das mindeste wäre Landtagsabgeordneter. Kein Mensch auf dieser Welt hat eine Ahnung über seinen Gefühlszustand. Sein Minderwertigkeitsgefühl ist selbst für ihn unbeschreiblich und unvermittelbar

Aber da ist es wieder, gerade in diesem Moment wird es ihm wieder heiß. Er würde alles tun um dieses Gefühl los zu werden. Er glaubt eine gewisse Position verleit das notwendige Gefühl. die notwendige Beachtung. Um diesem Gefühl auf die Spur zu kommen beschäftigt sich Angelo, wie schon erwähnt, mit Psychologie ins besondere mit dem Thema Menschenkenntnis.

Menschenkenntnis und Soft Skills. Diese Kompetenzfelder sind kaum voneinander zu trennen. Doch Angelo hat sie alle im Griff. Er ist sprachlich gewandt, kann Probleme durchdenken, analysieren und hat auch ein Gefühl dafür, wie er sich verkaufen muss, hab ich gesagt verkaufen, nein, er weiß wie er sich ehrlich und wahrhaftig zeigen muss um ernst genommen zu werden. Ihr wisst das mit dem „Ernstnehmen" ist eine wichtige Sache für Angelo. Naja, für wen nicht. Für Sie doch auch?

Unser Freund hier denkt wirklich von sich, dass er etwas Besonderes ist. Das ist an sich nichts Verwerfliches. Angelo hat mehrere Bücher gelesen über Soft Skills, die „sanften Fähigkeiten", die Kompetenzen, die neben der reinen Fachkompetenz den beruflichen und privaten Erfolg bestimmen.

Angelo: "Also Jens um das ganz klar zu machen. Ich hab jahrelang an mir hart, sehr hart gearbeitet. Mir geht nichts durch die Lappen. Verstehst du das. Nichts. Gearbeitet habe ich unter anderem an meiner Ethik und Moral. Entscheidend sind auch meine Glaubenssätze, d.h. wie ich die Realität sehe und was ich glaube, zum Beispiel was möglich oder unmöglich ist oder was ich darf. Angelo steht vor Jens und brettert seine gesamtes Programm herunter. Hier zählen auch seine Werte, zum Beispiel was ihm wichtig ist, woran er sich und andere messen und welche Grundsätze er seinem Handeln zugrunde legt.

Die Optimierung deiner sanften Fähigkeiten wird Veränderungen und Erfolg vor allen Dingen in folgenden Bereichen auslösen. Du wirst souveräner im Umgang mit Kollegen, Kunden, Vorgesetzten und Mitarbeitern.

Du baust bestehende Ängste ab, zum Beispiel was das präsentieren, Reden vor Menschen, Bewerbungs sowie Mitarbeitergesprächen sowie alle Art von Veränderungen angeht.
Du bist in der Lage, bessere und intensivere Beziehungen zu Menschen zu führen, weil du besser zuhörst, du wirst deine Kommunikationspartner besser verstehen und es schaffen ein Gefühl von Vertrauen, Respekt und Wertschätzung aufzubauen.

Du gehst souveräner mit Einwänden in Diskussionen und Verhandlungen um, du bist dank Schlagfertigkeitstechniken nie wieder sprachlos bei persönlichen Angriffen und kannst besser mit Belastungen und Stresssituationen umgehen. Du kommst in die Lage, Kunden, Kollegen und Mitmenschen zu überzeugen, zu begeistern und zu motivieren, in dem Du deine lebendige und Sprache gebrauchst. Du wirst zu einer richtig cleveren Sau. Kein Mensch wird dir das Wasser reichen können.

Deine Menschenkenntnis wird differenzierter, du nimmst Gruppendynamiken wahr und verstehst die Bedürfnisse, Motive und Verhaltensweisen besser. Machen wir es kurz. Um einigermassen in der Welt zu bestehen würde ich dir vorschlagen in den nächsten Wochen an folgenden Themen zu arbeiten um uns allen mit deinen Problemen zu verschonen. Arbeite an dir! Beschäftige dich einmal bitte ausführlich mit all deinen Schwächen, dann brauchst du mir und deiner ganzen Umwelt nicht auf den Sack zu gehen. Ich mein das nur gut mein Lieber. Aber diese Welt hier ist nicht die Traumwelt aus deinen Kinderjahren. Hast du mich verstanden ? Ich mein das nur gut. Verstehst du? Das ist nichts persönliches, nur gut gemeint. Arbeite an dir und du wirst sehen. Geh in dich. Alles wird gut. Das Leben ist hart. Du musst noch an folgenden Dingen arbeiten:

Aktive Lebensführung
Ausstrahlung
Delegationskompetenz
Empathie
Entscheidungskompetenz
Entscheidungsstärke
Führungskompetenz
Initiative und Ausdauer
Intra- und interkulturelle Kompetenz
Kommunikative Kompetenz
Konfliktkompetenz
Konstruktive Lebensbenseinstellung
Kontaktfähigkeit
Kreativität
Kreativitätstechniken
Kritikkompetenz
Leading
Lerntechniken
Lese und Lernkompetenz
Lesetechniken
Menschenkenntnis
Mentale Kompetenz
Moderationskompetenz
Motivierungsvermögen
Networking-Kompetenz
Nonverbale Sensibilität
Personale Kompetenz
Präsentationskompetenz
Psychologische Kompetenz
Rhetorik
Schlagfertigkeit
Selbstbewusstsein
Selbstmanagements
Selbstsicherheit
Selbstvermarktungsfähigkeit
Smalltalk
Soziale Kompetenz
Stressbewältigungsvermögen
Systemisches Denken
Teamfähigkeit
Überzeugungsvermögen
Umsetzungskompetenz
Verhandlungsgeschick
Zeitmanagement

Das ist alles, dann wird alles gut!

Tschüss Jens machs gut.

Jens antwortet nicht.

Zehnter Akt
Ende bedeutet auch Anfang

Es reicht jetzt, wir müssen sofort etwas unternehmen flüstern die Engel untereinander. Wir müssen ihn retten, der flippt total aus. Angelo hat ihm wohl den Rest gegeben. Gott sei Dank ist die Schnittwunde nicht tief genug.

Die Engel tun ihre Pflicht. Danach ging alle viel zu schnell. Es tut mir leid, ich kann das im Detail nicht beschreiben. Telefon, Haustür aufgebrochen, Notarzt, Sanitäter, Blaulicht, Intensivstation, Blutkonserven etc. Das ist alles zu viel für meine Nerven!

..auf der Wachstation im städtischen Krankenhaus wird Jens, der nur durch Glück seinen Selbstmordversuch überlebte, langsam klar, dass dieser Traum kein Traum war. Es spielt jetzt keine Rolle mehr ob die Figuren real sind oder auch nur in seinem Kopf waren. Es ist das gleiche. Fantasiefiguren spielen in seinem Kopf die gleiche Rolle wie real existierende Personen, denen er nachgeifert hat, beneidet und noch dazu gehasst hat.
Gedanken sind wie real existierende Gegenstände. Man muss die Gedanken und Ideen anfassen können.
Die Personen in seinem Kopf haben ihm jahrelang größere Schmerzen zugefügt, wie reale Personen. Also, unter uns gesagt, keiner der genannten Personen hat Jens jemals angegriffen.
Jens muss die sieben Personen befreunden, vereinen, verschmelzen. Die 7 waren seine Feinde. Die 7 haben ihn in die Depression, Verzweiflung gebracht.

Jens muss einsehen, dass er allein auf sich gestellt ist und nur er nur durch sich selbst geheilt werden kann, alle Voraussetzungen dazu sind in ihm schon angelegt. Alles und alle gehören zusammen.

Mitgefühl mit sich selbst

Wir leben in einer Welt. Ich habe eine Welt in mir. Rette ich mich, rette ich die Welt. Diese beiden Welten müssen sich vertragen. Ständig synchronisieren, anpassen, verarbeiten, verdrängen, abhaken, oder weiterentwickeln. Jens kommt ins Schwärmen, er ist komplett. Er hat es verstanden. Er fühlt es. Jens hat zu Beginn immer das Gefühl, alles, das was er gelesen hatte, würde ihm helfen. Gegen Ende muss er sich sein Scheitern eingestehen. Allein Lesen reicht nicht. Es ist vielleicht ein Anfang. Man muss das Leben wirklich leben nicht nur denken man lebt. Aber wie geht das richtig? Wissen Sie es ?
Grundvoraussetzung ist die richtige Kommunikation. Der wahrhaftige, ehrliche Gedankenaustausch, das will die Liebe zur Wahrheit. Das will die Philosophie. Jedoch, mit intellektuellen Klimmzügen kann man seine Seele nicht heilen. Nur eine Mischung aus Erkenntnis und Mitgefühl mit sich selbst, das ist die homöopathische Tinktur die man sich selbst anrühren muss, und täglich frisch zubereiten und einnehmen muss.
Liebe ist ein großer Begriff, ein allumfassender, zu großer Begriff. Aber woher kommt sie? Von mir? Ich glaube ja, die Tinktur kommt von mir. Man kann mit der Liebe im Kleinen anfangen. Man kann mit sich selbst anfangen. Jeder Mensch hat das Rüstzeug an sich zu arbeiten. An der Liebe muss man arbeiten.

Am Ende ist er erleichtert, da er sich bewusst gemacht hat, er hat alle Instrumente und Werkzeuge in seiner Hand um dieses Leben wiederzubeleben und fortzusetzen. Es braucht nur etwas Optimismus und Zuversicht. Man darf die Hoffnung niemals aufgeben.

Klaus würgt an dem Begriff „Optimismus", muss sich jedoch selbst eingestehen, dass er sich beim Schreiben über diese Themen auch seine eigenen Gedanken gemacht hat. Ich glaube ich habe etwas gelernt in den letzten Wochen.

Aber nun ist die Geschichte fast zu Ende. Jens ist gerettet.
Aber warum schreib ich das alles ? Weil ich schon so gut wie tot war und gerettet wurde. Ich wurde gerettet, weil ich mir Zeit genommen habe über die Dinge nachzudenken wie sie wirklich sind.
Ich bin beschenkt worden.
Ich habe alles um zufrieden zu sein.

Es ist die größte Herausforderung im Leben, die Dinge so zu sehen wie sie sind. Wenn man die Augen nicht verschließt, kann man sehen. Man wird Dinge sehen, die man nie für möglich gehalten hat.

Ich habe genug. Ich bin zufrieden. Ich habe gelernt zu unterscheiden zwischen Realität und Fantasie. Dieser Satz klingt so einfach! Er beinhaltet jedoch die Aufforderung sich mit der tatsächlichen Wirklichkeit zu beschäftigen und die Scheinwelt, die Traumwelt, zu verlassen.

Alles bisher war Illusion, Alles nur im Kopf, alles Gesagte, alles Gefühlte, alles Gedachte, alles Erkannte, alles nur im Kopf. Alles wurde schon vorher gedacht, wurde vor uns geschrieben, wir haben abgeschrieben, wir haben nochmals gedacht, das Gleiche, das Selbe, nochmal und nochmal. Es gibt nichts Neues. Es gibt auf der Welt Milliarden von Büchern. Literatur macht die Menschen nicht friedlicher.

Kein Krieg wurde durch ein Buch verhindert. Die Menschen sind intelligenter geworden, dennoch müssen Millionen verhungern. Der einzelne kann jedoch sein Horizont erweitern mit Hilfe der richtigen Literatur...oder nicht ? Haben wir etwas begriffen? Haben wir etwas erkannt. Können wir etwas für uns behalten, umsetzen im Alltag, umsetzen in uns? Wenn Geschichte uns etwas lehren würde, dann........Wenn uns Philosophie etwas lehren würde, dann.......

Hans schreibt die letzten Sätze seines Romans. Es ist 16 Uhr 30. Wir schreiben heute den 3. September 2010. Sarrazin, der Hetzer wird das Dorf hinausgejagt. Hans legt seinen Bleistift zur Seite und klappt sein Ringbuch zu.

Flamingos

Um 18 Uhr gibt es Abendbrot. Die Birken riechen angenehm, der Wind kommt von Osten. Wie immer sitzt Wilhelm bei mir am kleinen Tisch in der Ecke.
Schöne grünweiß karierte Wachstischdecke, in der Mitte ein Strohgesteck. Alte Rohrsessel mit brauner abgegriffener Armlehne und extra Kissen! Man darf auf der Terrasse soviel rauchen wie man will.

Der Hans, ach ja, das bin ich. Sie sind am Ziel. Wir sind am Ziel!

Es gibt belegte Brote. Wilhelm war bei der Stasi. Hier interessiert das kein Mensch. 2003 hat es Hans erwischt, nach 3 vergeblichen ambulanten Therapieversuchen wurde er in eine psychiatrische Klinik eingewiesen. Weit weg von allen Menschen die ihn liebten und allen Problemen, die eigentlich nur kleine harmlose Herausforderungen waren. Timo K. hat um sich geschossen. 16 Tote. Killerspiele, Schützenverein und die ganze Gesellschaft wurde verantwortlich gemacht, was ein Quatsch. Von einem einzelnen auf die Gesellschaft schließen.
Beide blicken auf den Rasen unterhalb der Terrasse, es wird etwas über 20 Grad warm sein, Wulf ist jetzt Bundespräsident, blauer Himmel, Schleierwolken, aus der Ferne hört man die Autobahn.....
Die Kernkraftwerke laufen noch 15 Jahre....es gibt nicht viel zu sehen, zwei Plastik Flamingos strecken ihre Hälse in die Luft. Man könnte meinen sie wären echt. Die Wasserstrahlen die aus dem Brunnen herausspritzen verfehlen nur knapp ihre Schnäbel. Für Hans ist das hier die ganze Welt. Nicht mit Bohlen, Barth und Becker. In Chile sind Bergarbeiter 700 Meter unter der Erde lebendig begraben, leben aber noch.
Hans grübelt den ganzen Tag über vergangene Tage .Was bringt es eigentlich sich zu öffnen. Es hat über die letzten Jahre überhaupt Nichts eingebracht. Lediglich verdutzte Gesichter, die meine Wahrheit nicht ertragen konnten.
Ich möchte mich nie mehr öffnen. Ich hab alles gesagt.
Niemandem. Aus diesem Grund bin ich auch hier. Hier in meinem geschützten Raum. Jeder hat doch so einen geschützten Raum, oder? Auf jeden Fall werde ich diese Einrichtung niemals verlassen. In keinem Fall werde ich mich dieser Welt da draußen noch einmal aussetzten. Kein Mensch wird mich mehr auslachen. Kein Mensch braucht mehr an meiner Authentizität zu zweifeln. Das Sprechen mit der Außenwelt habe ich eingestellt. Nun werde ich auch die Gespräche mit den unterschiedlichsten Geistern in meinem Kopf einstellen. Mit ihnen leider auch in ein paar Minuten.
Ob ich mein Ziel, mich nur noch mit Gott unterhalten zu können,

erreichen werde? Ich bin mir sicher! Sie unterhalten sich doch auch mit Gott, wenn Sie beten, wenn Sie Wünsche in sich formulieren, wenn Sie Illusionen nähren, wenn Sie sich ihre Welt aufbauen, jeden Morgen wenn Ihr System hochfährt und Sie das Bewusstsein erlangen. Jeden Moment sind Sie in Verbindung mit Gott. Selbst die Gedanken sind Eigentum Gottes. Ob Sie es wollen oder nicht. Ob Sie es fühlt oder nicht.

Die Wunschwelt gibt es. Sie ist Bestandteil unseres Problems. Und gibt es einen Unterschied zwischen der Realität in deinem Kopf und der Realität außerhalb deines Körpers? Natürlich, wer vermag schon die ganze Welt in seinem Kopf aufzufangen? Es ist Alles Wunschwelt. Selbst gebastelte Welt. Wir sprechen beim Thema Realität immer nur von diesem kleinen Stück, dass wir durch unsere Sinnesorgane aufnehmen und mit unserem Verstand bearbeiten, wenn er gerade funktioniert. Nur gibt es beim Erkennen und Abspeichern der Fakten unterschiedlichste Probleme. Diese Probleme werfen ihren Schatten auf unser Weltbild, auf unsere Realität, und auf unsere Wunschwelt. Unsere Realität ist gleichzusetzen mit unserer Wunschwelt, die durch unseren Willen gesteuert, unser Bewusstsein generiert. Die Fantasiewelt ist jene die man fälschlicherweise als Wunschwelt bezeichnet.

Das heißt unser Ich ist ein Ich. Intergalaktisch gesehen fast zeitgleich (Zitat P.K. 4. Klasse Grundschule). Unser Ich umzingelt die Erde (Kalil Gibran). Wir sind alle ich.

Ich bin nicht verrückt. Die Welt da draußen, die ist verrückt.
Meine Gefühle sind nicht ihre Gefühle. Ihre Gedanken waren nicht meine Gedanken .

Diese Welt ist nicht meine Welt.

Ich bin nicht von dieser Welt.

Meine Welt ist eine andere ein schöne gerechte Welt.
Jesus sagt in der Bergpredigt:
Selig, die arm sind vor Gott; denn ihnen gehört das Himmelreich.
Selig die Trauernden; denn sie werden getröstet werden.
Selig, die keine Gewaltanwenden; denn sie werden das Land erben.
Selig, die hungern und dürsten nach der Gerechtigkeit; denn sie werden satt werden.
Selig die Barmherzigen; denn sie werden Erbarmen finden.
Selig, die ein reines Herz haben; denn sie werden Gott schauen.
Selig, die Frieden stiften; denn sie werden Söhne Gottes genannt

werden.
Selig, die um der Gerechtigkeit willen verfolgt werden; denn ihnen gehört das Himmelreich.
Selig seid ihr, wenn ihr um meinetwillen beschimpft und verfolgt und auf alle mögliche Weise verleumdet werdet. Freut euch und jubelt: Euer Lohn im Himmel wird groß sein. Denn so wurden schon vor euch die Propheten verfolgt.Vom Salz der Erde und vom Licht der Welt. Ihr seid das Salz der Erde. Wenn das Salz seinen Geschmack verliert, womit kann man es wieder salzig machen? Es taugt zu nichts mehr; es wird weggeworfen und von den Leuten zertreten. Ihr seid das Licht der Welt. Eine Stadt, die auf einem Berg liegt, kann nicht verborgen bleiben. Man zündet auch nicht ein Licht an und stülpt ein Gefäß darüber, sondern man stellt es auf den Leuchter; dann leuchtet es allen im Haus. So soll euer Licht vor den Menschen leuchten, damit sie eure guten Werke sehen und euren Vater im Himmel preisen.

Denkt nicht, ich sei gekommen, um das Gesetz und die Propheten aufzuheben. Ich bin nicht gekommen, um aufzuheben, sondern um zu erfüllen. Amen, das sage ich euch: Bis Himmel und Erde vergehen, wird auch nicht der kleinste Buchstabe des Gesetzes vergehen, bevor nicht alles geschehen ist. Wer auch nur eines von den kleinsten Geboten aufhebt und die Menschen entsprechend lehrt, der wird im Himmelreich der Kleinste sein. Wer sie aber hält und halten lehrt, der wird groß sein im Himmelreich. Darum sage ich euch: Wenn eure Gerechtigkeit nicht weit größer ist als die der Schriftgelehrten und der Pharisäer, werdet ihr nicht in das Himmelreich kommen. Hütet euch, eure Gerechtigkeit vor den Menschen zur Schau zu stellen; sonst habt ihr keinen Lohn von eurem Vater im Himmel zu erwarten. Wenn du Almosen gibst, lass es also nicht vor dir herposaunen, wie es die Heuchler in den Synagogen und auf den Gassen tun, um von den Leuten gelobt zu werden. Amen, das sage ich euch: Sie haben ihren Lohn bereits erhalten. Wenn du Almosen gibst, soll deine linke Hand nicht wissen, was deine rechte tut. Dein Almosen soll verborgen bleiben, und dein Vater, der auch das Verborgene sieht, wird es dir vergelten.

Wenn ihr betet, macht es nicht wie die Heuchler. Sie stellen sich beim Gebet gern in die Synagogen und an die Straßenecken, damit sie von den Leuten gesehen werden. Amen, das sage ich euch: Sie haben ihren Lohn bereits erhalten. Du aber geh in deine Kammer, wenn du betest, und schließ die Tür zu; dann bete zu deinem Vater, der im Verborgenen ist. Dein Vater, der auch das Verborgene sieht, wird es dir vergelten. Wenn ihr betet, sollt ihr nicht plappern wie die

Heiden, die meinen, sie werden nur erhört, wenn sie viele Worte machen. Macht es nicht wie sie; denn euer Vater weiß, was ihr braucht, noch ehe ihr ihn bittet. So sollt ihr beten: Unser Vater im Himmel, dein Name werde geheiligt, dein Reich komme, dein Wille geschehe wie im Himmel, so auf der Erde. Gib uns heute das Brot, das wir brauchen. Und erlass uns unsere Schulden, wie auch wir sie unseren Schuldnern erlassen haben. Und führe uns nicht in Versuchung, sondern rette uns vor dem Bösen. Denn wenn ihr den Menschen ihre Verfehlungen vergebt, dann wird euer himmlischer Vater auch euch vergeben. Wenn ihr aber den Menschen nicht vergebt, dann wird euch euer Vater eure Verfehlungen auch nicht vergeben.

Wenn aber dein Auge krank ist, dann wird dein ganzer Körper finster sein. Wenn nun das Licht in dir Finsternis ist, wie groß muss dann die Finsternis sein! Niemand kann zwei Herren dienen; er wird entweder den einen hassen und den andern lieben, oder er wird zu dem einen halten und den andern verachten. Ihr könnt nicht beiden dienen, Gott und dem Mammon. Deswegen sage ich euch: Sorgt euch nicht um euer Leben und darum, dass ihr etwas zu essen habt, noch um euren Leib und darum, dass ihr etwas anzuziehen habt. Ist nicht das Leben wichtiger als die Nahrung und der Leib wichtiger als die Kleidung? Seht euch die Vögel des Himmels an: Sie säen nicht, sie ernten nicht und sammeln keine Vorräte in Scheunen; euer himmlischer Vater ernährt sie. Seid ihr nicht viel mehr wert als sie? Wer von euch kann mit all seiner Sorge sein Leben auch nur um eine kleine Zeitspanne verlängern? euch also nicht um morgen; denn der morgige Tag wird für sich selbst sorgen. Jeder Tag hat genug eigene Plage.

Richtet nicht, damit ihr nicht gerichtet werdet! Denn wie ihr richtet, so werdet ihr gerichtet werden, und nach dem Maß, mit dem ihr messt und zuteilt, wird euch zugeteilt werden. Warum siehst du den Splitter im Auge deines Bruders, aber den Balken in deinem Auge bemerkst du

Bittet, dann wird euch gegeben; sucht, dann werdet ihr finden; klopft an, dann wird euch geöffnet. Denn wer bittet, der empfängt; wer sucht, der findet; und wer anklopft, dem wird geöffnet. Oder ist einer unter euch, der seinem Sohn einen Stein gibt, wenn er um Brot bittet. Alles, was ihr also von anderen erwartet, das tut auch ihnen! Darin besteht das Gesetz und die Propheten. Geht durch das enge Tor! Denn das Tor ist weit, das ins Verderben führt, und der Weg dahin ist breit, und viele gehen auf ihm. Aber das Tor, das zum Leben führt, ist eng, und der Weg dahin ist schmal, und nur wenige finden ihn. Von den falschen Propheten: Hütet euch vor den falschen Propheten; sie kommen zu euch wie harmlose Schafe, in Wirklichkeit aber sind sie reißende Wölfe. An ihren Früchten werdet ihr sie erkennen. Erntet man etwa von Dornen Trauben oder von Disteln Feigen? Jeder gute Baum bringt gute Früchte hervor, ein schlechter Baum aber schlechte. Ein guter Baum kann keine schlechten Früchte hervorbringen und ein schlechter Baum keine guten. Jeder Baum, der keine guten Früchte hervorbringt, wird umgehauen und ins Feuer geworfen. An ihren Früchten also werdet ihr sie erkennen. Nicht jeder, der zu mir sagt: Herr! Herr!, wird in das Himmelreich kommen, sondern nur, wer den Willen meines Vaters im Himmel erfüllt. Viele werden an jenem Tag zu mir sagen: Herr, Herr, sind wir nicht in deinem Namen als Propheten aufgetreten, und haben wir nicht mit deinem Namen Dämonen ausgetrieben und mit deinem Namen viele Wunder vollbracht? Dann werde ich ihnen antworten: Ich kenne euch nicht. Weg von mir, ihr Übertreter des Gesetzes!

Wer diese meine Worte hört und danach handelt, ist wie ein kluger Mann, der sein Haus auf Fels baute. Als nun ein Wolkenbruch kam und die Wassermassen heranfluteten, als die Stürme tobten und an dem Haus rüttelten, da stürzte es nicht ein; denn es war auf Fels gebaut. Wer aber meine Worte hört und nicht danach handelt, ist wie ein unvernünftiger Mann, der sein Haus auf Sand baute. Als nun ein Wolkenbruch kam und die Wassermassen heranfluteten, als die Stürme tobten und an dem Haus rüttelten, da stürzte es ein und wurde völlig zerstört.

Als Jesus diese Rede beendet hatte, war die Menge sehr betroffen denn er lehrte sie wie einer, der göttliche Vollmacht hat, und nicht wie ihre Schriftgelehrten.

Die Ruhe ist jetzt in meinem Bauch und nicht nur ein Wort in meinem Kopf. Ich verzichte auf alles Intellektuelle, auf alle klugen Sprüche. Ich werde nicht auf Sand bauen. Ich baue auf Vertrauen, Glauben und die Wahrheit.
Ein Gefühl in meinem Körper, sagt mir: Du bist angekommen. Ich habe mich entschieden. Eigentlich habe ich es schon immer gewusst. Lange habe ich nachgedacht, lange, fast zu lange habe ich damit gewartet herauszufinden welches Gefühl ich als das Wichtigste zulasse. Ich lasse es jetzt zu. Zuerst kannte ich es nur von außen. Jetzt fühle ich es im innersten.
Dieses neue Gefühl nenne ich von nun an meinen Glauben. Er fühlt

sich stark und beschützend an.

Ich will jetzt meine Ruhe. Ich hör jetzt auf mit dem Schreiben. Noch so viele schöne Auszüge und passende Überlegungen hab ich geplant. Ich hab geplant wie ein Verrückter. Viele Bücher waren eigentlich noch auf dem Plan. Ich brauche sie nicht mehr. Sie werden alle auf dem Müll landen.

Nein, ich geb nicht auf! Ich bin jetzt an die Grenze gekommen.

Die schützende Grenze.

Danke.

Es reicht mir jetzt. Ich hab genug.

Zuviel ist zuviel.
Es war klar, dass dieser entscheidende Schritt kommen musste.

Ein Abschluss von mehreren ungewissen Abschnitten in meinem Leben.

Sich Entscheiden macht frei.

Aber das ist gut so. Die Suche ist beendet.

Der Plan beruhigt.

Ich glaube.

Gott ist mehr als nur eine Idee.

Gott ist die Kraft die mich lieben lässt.

Danke

Gott ist real.

Gott ist die Liebe. Ich spüre die Liebe.

Danke

Gott ist in der Welt

Und ich spüre mein Leben und ich spüre Jesus.

Danke

Welche Freude, hier auf Erden, welches Glück

Ja, ich bin es, Hans, das war meine Geschichte .

Es war alles nur in meinem Kopf

Mein Kopf war voll

Mein Herz war leer.

Hier an diesem Ort habe ich mich in ihm gefunden .

Hier habe ich es gefüllt.

Ich habe es gefüllt mit Liebe

Mein Herz, meine Liebe.

Ich bin nun endlich bei mir.

Ich bin jetzt gerne hier.

Ich bin glücklich hier

Was ein Gefühl!

Ich bin nicht allein..Jesus Christus ist bei mir.

Er hat für meine Sünden gebüßt.

Gott hat mir meine Sünden vergeben.

Ich bin gerettet.

Ich bin frei.

Ich vergebe euch.

Wie auch mir vergeben wurde .

Ich gebe mich selbst auf.

Ich gebe mich selbst hin.

Der heilige Geist gewinnt die Herrschaft über mich.

Ich glaube Jesus hat mein Leben.

Das ist gut so.

Ich bin nicht von dieser Welt.

Er ist jetzt bei mir.

Nachwort

Es geht ein besonderes Dankeschön an alle oben genannten Schriftsteller, Philosophen, Denker, Schreibern und Autoren die mich mit ihren Gedanken beflügelt haben. Nicht jedes Zitat und nicht jeder Auszug ist korrrekt belegt, man moege mir verzeihen.

2019

„Wie die Knochen, Fleischstücke, Eingeweide und Blutgefäßes mit einer Haut umschlossen sind, die den Anblick der Menschen erträglich macht, so werden die Regungen und Leidenschaften der Seele durch die Eitelkeit umhüllt; sie ist die Haut der Seele".

Friedrich Nietzsche.

Die Professor Varth Reihe:

Professor Varths Brainstorming Teil 1
„Die Vorbereitung"

Professor Varths Brainstorming Teil 2
„Die Verarbeitung"

Professor Varths Brainstorming Teil 3
„Die Vollendung"
3. Auflage Erscheinungsdatum: August 2010

Professor Varths Tag
Erscheinungsdatum: Juni 2010

Professor Varths Gespräche
Erscheinungsdatum: September 2010

Professor Varths Gesamtausgabe
Erscheinungsdatum: September 2010

Professor Varths Kurzgeschichten
Erscheinungsdatum: 2016

Professor D. Varths
Gespräche

Vorwort

Wie alles begann...

Fassen wir zusammen was bis jetzt geschah. Professor Varths Brainstorming Buch durchbrach 2010 alle Rekorde. Die siebte und damit letzte korrigierte Auflage war der Renner. Nur Kirchhosen mit seinem Glücksbringerbuch hatte 285 000 Bücher mehr verkauft. Es war eine turbulente Zeit. Finanzkrise, Eurokrise, Griechenlandkrise, Regierungskrise, Bundespräsidentsrücktrittskatastrophe und viele Ölkatastrophen schüttelten Europa und die ganze Welt.

Aber das wissen sie ja schon alles.

Widmen wir uns den angenehmen Dingen.

Kapitel 1
Fernsehstudio München: Mittwoch, 5. Juni 2019 22:15
Teilnehmer der Runde:

Moderator: Hannes J. Renrek
(Journalist und Schauspieler)

Gesprächspartner 1: Prof D. Professor Varth
(Philosoph und Schriftsteller)

Gesprächspartner 2: Prof Dr. Meier
(Psychiater und Psychotherapeut)

Gesprächspartner 3: Rainer Raschnitzki
(Literaturkritiker und Maler)

Gesprächspartner 4: Ehrhard von Kirchhosen
(Arzt und Kabarettist)

Gesprächspartner 5: Rea Tohn
(Schriftstellerin und Moderatorin)

Renrek: „Guten Abend meine Damen und Herren. Zur späten Stunde darf ich Ihnen heute Abend unseren ersten Gast Professor D. Professor Varth vorstellen. Herr Professor Varth hat vor einigen Jahren mit seinem ersten Roman: „Professor Varths Brainstorming" international Anerkennung gewonnen. Wie erklären Sie sich heute ihren Erfolg von damals?"

Varth: "Ja, nochmals Guten Abend liebe Zuschauer, von meiner Seite. Die Erfolgsstory dieses Romans geht weit über meine Vorstellungskraft. Anfänglich hatte ich vielleicht mit einer Auflage von 5 bis 10 Tausend gerechnet. Der Durchbruch über die Millionengrenze hat mich natürlich einerseits sehr gefreut, auf der anderen Seite aber muss ich aber ehrlich zugeben, dass nur die teueren Werbekampanien dazu beigetragen haben mich innerhalb kurzer Zeit auf die Spiegel Bestsellerliste zu pushen. Ein unbekannter Schriftsteller hat dagegen keine Chance. Es verhält sich in der Literaturwelt leider genauso wie in der Musikbranche. Hits und Stars werden gemacht. Auf welche perfide Machenschaften sich manche geldgeile Manager herablassen, darüber gibt es ausführliche Berichte und Dokumentationen. In meinem Fall, sie wissen wenn es um einen selbst geht, wird die Objektivität meist etwas vergessen, muss ich mich bei einigen Managern bedanken, die in letzter Zeit durch fulminante Buchveröfflichungen von sich Reden gemacht haben. Ich will damit sagen, ich bin mit meinem ersten Werk Millionär geworden. Geld macht aber nicht glücklich, wie ich in meinem ersten Roman ausgiebig erläutert habe.

Renrek: „Herr Varth, ich möchte, wie ich auch glaube, es Ihnen auch am Liebsten ist, wenn ich direkt in „Medias Res" gehe, und ich möchte sie fragen nach dem Glaubensproblem, dass sie ihrem Protagonisten, ihrem fiktiven Autor, Hans Keinhuhn, unterstellen?"

Varth: „Mein lieber Junge, warum sagen Sie unterstellen. Sie sprechen mit einem Schriftsteller. Herr Keinhuhn ist Fiktion, da gibt es keine Unterstellungen."

Renrek: "Dann frage ich sie direkt Herr Varth. Es scheint so, dass Sie ein Glaubensproblem haben und dieses auf ihren Protagonisten Herrn Keinhuhn projizieren und diesen nun ihre eigenen wichtigen Entscheidungen machen lassen?"

Varth: "Wie können Sie es wagen aufgrund der Geschichte meines Romans mich mit Ihren Spekulationen zu konfrontieren. Würden Sie Patrick Süskind fragen wie oft er Mordfantasien hat?"

Renrek: „ Natürlich nicht!"

Professor Varth: „Ja und warum fragen gerade Sie mich, ob ich ein Glaubensproblem habe?"

Renrek: "Sie sind doch Philosoph. Sie lieben die Wahrheit. Sie kennen den Urgrund allen Seins. Darum frage ich sie eine ganz einfache Frage, die schon so oft gestellt wurde. Glauben Sie an Gott?"

Professor Varth: „Ich glaube Sie haben mein Buch aus dem Jahr 2010 nicht gelesen. Falls sie es gelesen haben, haben sie es nicht verstanden. Ich kann mir auch nicht vorstellen, dass jemand wie Sie sich überhaupt in die Situation eins Jens hineinversetzen kann. Dieser Mann ist mit vielen Problemen mit sich und seiner Umwelt konfrontiert, und er scheint daran zu verzweifeln und er denkt an Suizid. Am Ende landet er geistig umnachtet in einer Erkenntnispsychose aus der ihm noch nicht einmal Gott helfen kann. (Varth muss kurz tief Luft holen, versteckt sein Gesicht hinter seinen kleinen Händen. Es scheint so als lache er sich halb kaputt, ohne einen Ton von sich zu geben)
Da ihr Leben immer sorgenfrei und ihre Karriere problemlos immer weiter nach oben ging, können Sie von Tiefschlägen und Depressionen nur berichten wie ein Blinder von Farben.
Viele scheinen zu vergessen, dass ich dieses Buch für den einfachen Leser geschrieben habe. Falls es Ihnen trotzdem zu schwer war, ja was soll ich das sagen, dann lesen sie besser Readers Digest Auswahlbücher !"

Renrek: „Herr Varth, es hat den Anschein, dass Sie sich in ihrem ersten Buch " Professor Varths Brainstorming" über alles erheben. Sogar Gott und alle guten Geister verkommen in ihrem Buch zu Statisten."

Professor Varth: „Man sieht, dass sie jahrelang nur Fußball kommentiert haben. Wie kommen Sie überhaupt zu diesem Job hier? Naja, ist ja egal jetzt. Wir sind jetzt hier, um den Menschen die Wahrheit zu sagen. Um Ihre Frage jedoch zu beantworten, als Schriftsteller und Künstler kann ich alles sagen und schreiben. Ich erhebe mich nicht über die Dinge und Personen. Ich stehe grundsätzlich über Ihnen. Das verstehen Sie schwerlich, ich sehe es Ihnen an ihrem Gesicht an. Wir sprechen hier von Literatur. Sie haben keine Ahnung."

Renrek: „Am Anfang ihres Romans war ein katastrophales Durcheinander. Ein furchtbar eklig stinkendes Gedankengeschwulst schien unaufhörlich anzuschwellen."

Professor Varth: „ Herr Renrek , brechen Sie sich keinen ab! Sie haben kein Ahnung. In diesem Lesedrama habe ich meine jahrelange Erfahrung mit depressiven Menschen erfolgreich in einem für die Öffentlichkeit, sprich für den normalen Bürger, verarbeitet. Mir schwellt der Kamm, wenn ich einen Typen wie Sie hier ertragen muss, der nun auch noch versucht sich vornehm auszudrücken. Benutzen Sie wieder ihre normale Sprache, das versteht auch jeder."

Renrek: „Es ist nicht notwendig mich so zu beleidigen!

Professor Varth: „Da sehen Sie! Die Wahrheit kann niemand ertragen. Die einfachsten Dinge werden bei Seite geschoben, einfach negiert, missachtet, verleugnet.
Meine Absicht war es, um es nochmals ganz deutlich zu sagen, "Otto Normalverbraucher" zu erreichen. Das war der einzige Grund warum ich in dieser Sprache geschrieben habe. Sind Sie nicht in der Lage mir eine vernünftige Frage zu stellen? Das war doch einfacher Text, was ich damals geschrieben habe!

Renrek: „Herr Professor Varth, sie haben ein 600 Seiten Abhandlung über Kant geschrieben. Dieses Werk ist in Studentenkreisen heiß begehrt, obwohl es eine schwierige, wissenschaftliche Kost darstellt".

Professor Varth: „ ....ja und, wo bleibt die Frage ?

Renrek: „Um den Rhythmus unser Konversation nicht zu gefährden, würde ich Sie gern fragen wollen, inwieweit Sie sich als Marionette der großen Meister sehen, mit deren Worte Sie ständig versuchen sich zu profilieren?

(Herr Professor Varth erhebt sich aus seinem Sessel mit den Worten: „Lecken sie mich am Arsch", und geht hinter Renreck vorbei Richtung Studioausgang. Jedoch nur 3 Minuten später hat er sich wieder an seinen Platz eingefunden)

Renrek: „Herr Professor Meier, wir haben nun Herrn Varth gehört. Seine Beweggründe waren vielfältig auf verschieden Ebenen. Wie sehen Sie die Situation oder besser gesagt, wie bewerten sie Varths Werk?

Professor Meier: „Vielen Dank, dass Sie mich direkt über die Wertigkeit und Qualität dieses Buches fragen. Herr Varth hat sich persönlich mit diesem Werk keinen gefallen getan.

Diese zum Teil äußerst primitive Sprache, dieser einfache und dazu noch falsche Satzbau, hat auf die Gesamtbewertung des Werkes einen nicht unerheblichen Einfluss.

Ich sehe Herr Varth hat den Versuch unternommen in der einfachen Sprache des Volkes, des normalen Bürgers, zu sprechen, was ihn nicht in die Ruhmeshallen der Literaturkönige gebracht hat.

Jedoch hat er mit diesem Buch der prekären Volksschicht eine Chance gegeben auf einfachste und preiswerteste Art Einblicke in die Philosophie und den Buddhismus zu bekommen."

Renrek: „Was veranlasst einen Menschen ein Buch so zu schreiben wie es Varth gemacht hat? Insbesondere die ersten 70 Seiten, die Komplet aus dem Konzept herausfallen."

Meier: „Die ersten 70 Seiten sind tatsächlich eine Kakophonie. Ich weiß überhaupt nicht was ich dazu sagen soll. ,Jeder normale Mensch wird bei Seite 20 oder 30 das Buch zur Seite legen.

Renrek: „Ist das Thema vielleicht zu kompliziert?"

Meier: „Ich möchte mich jetzt nicht in Anwesenheit von Herrn Varth über seine höchst persönlichen Beweggründe auslassen."

Professor Varth: „Warum nicht? Sie greifen doch nicht mich an! Gerade Sie müssen doch den Unterschied zwischen harter Realität und süßer Fiktion verstehen!"

Professor Meier: „Herr Varth, ich möchte Sie überhaupt nicht angreifen. Sprechen wir doch einmal über die Figur des Hans in Ihrem Buch „Professor Varth's Brainstorming". Wissen Sie, das Apostrophen „s", ist falsch!"

Professor Varth: „Ach du großer Gott! . Über diese „s" in der ersten Auflage, ach ja, über dieses lustige „s" wurde ich oft angesprochen. Das wäre nach deutscher Grammatik falsch. Ich sage Ihnen was, ihr seid alle Klugscheißer Brainstorming ist ein englisches Wort, da kann ich auch ein englisches Genitiv „s" benutzen, habt ihr dass jetzt verstanden? ....und außerdem, was gibt es da noch zu reden? Diese Figur, dieser Hans spielt eine sehr wichtige Rolle in diesem Buch."

(kurze Ruhe in der Runde, Renrek fummelt nervös an seiner Brille herum)

Professor Meier: „Ja, er ist der wahre Schreiber. Alle anderen Figuren sind frei erfunden. Alles ist Fiktion, nichts ist real. Alles ist

nur im Kopf, im Kopf von Professor Varth."
Varth: „Nur weil die Figuren in meinem Kopf sind, bin ich doch nicht die Figuren! Ich bin nicht der Hans, oder Klaus, oder Jens und wie sie alle heißen."

Professor Meier: „Jetzt regen Sie sich doch nicht auf! Es weiß hier jeder um was es geht!"

Professor Varth: „Ja sagen Sie es doch, um was geht es?"

Professor Meier: „Es geht hier um Größenwahnsinn!"

Professor Varth: „Sie glauben ich überfordere mich, ich traue mir selbst mehr zu, als es gut für meine Psyche wäre?

Professor Meier: „Nein, nicht Sie. Ihr Hans im Buch, der ist größen-wahnsinnig"

Herr Renrek: „Meine Herren! Ob diese Romanfigur „Hans" nun größenwahnsinnig ist, oder nicht, spielt in der Gesamtbeurteilung dieses Werkes keine Rolle!
Raschnitzki: „Die Frage ist eher, ob das ganze überhaupt Literatur ist oder nicht! Verstehen Sie was ich meine?"

Frau Thon: „Eindeutig ist das Literatur!"

Raschnitzki: „Woran sehen Sie das, meine Liebe?"

Frau Thon: „Erstens bin ich nicht ihre Liebe und zweitens auf ihre Frage einzugehen, sehe ich das am stimmigen Gesamtkonzept. Es handelt es sich um einen Dialogroman, der durchaus auch als Theaterstück aufgeführt werden könnte, nach dramaturgischer Bearbeitung versteht sich. Ich liebe nahezu diese Einteilung in drei Bücher, Vorbereitung, Verarbeitung und Vollendung. Denken Sie nur an das vierte Büchlein „Professor Varths Tag". Eine intime Beschreibung aus dem Leben des Professors. Das ganze hat ein Konzept!
Und dieses Stück lebt. Es hat eine Seele!"

Raschnitzki: „Sie übertreiben wohl! Das Stück hat eine Seele?"

Frau Thon: „Ja, Sie werden lachen, ich habe mich an vielen Stellen wiedererkannt. Das will doch jeder Schriftsteller zwingend zu unser aller Zufriedenheit erreichen!
Dieser Varth ist kein überragender Schriftsteller, aber er ist ein scharfer Realist und zusätzlich noch einer der größten Philosophen

unserer Zeit, der die wahren Probleme des einzelnen Individuums beim Namen nennt. Varth lässt niemanden so einfach im Regen stehen."

Herr Ehrhard von Kirchhosen: „Obwohl ich selbst in Varths Buch schlecht beurteilt werde, hat mir sein „Brainstorming" gut gefallen."

Herr Renrek: „Herr Kirchhosen, Sie haben mehrere Bestseller geschrieben, sie waren 5 Jahre lang zur besten Sendezeit im ARD, der Strahlemann der Nation. Sind Sie nun glücklich als Multimillionär?

Herr Ehrhard von Kirchhosen: „Das Glück ist ein Rindvieh und sucht sich Seinesgleichen. Ich bin glücklich".

(Kirchhosen lächelt genau 2,5 Sekunden in die Kamera, schaut direkt anschließend wieder auf sein Manuskript und spricht weiter)

Übrigens möchte ich noch einen letzten Satz an Herrn Varth richten. Herr Varth sie sind ein Aufschneider und dieser Hans in ihrem Buch das sind sie selbst. Jeder primitive Vorstadtkomödiant spielt sich in Ermangelung ausreichender Ausbildung und Intellekts am Anfang selbst.
Jeder dahergelaufene Schreiber spiegelt zu allererst sich selbst auf dem weißen unschuldigen Papier.

Sie Herr Varth sind die Hauptfigur in ihrem eigenen trivialen Drama. Sie spielen sich selbst. Sie schreiben über sich selbst.
Unprofessioneller und amateurhafter kann man nicht schreiben. Sie als Uniprofessor!
Lachhaft! Armselig! Bleiben Sie bei ihren auswendig gelernten Sprüchen von Kant und Satre und treten sie dem Klub der Klugscheißer bei !

(Im gleichen Moment, Kirchhosen hat kaum seinen Satz beendet, erhebt sich Varth blitzschnell aus seinem Sessel, geht zwei Schritte auf Kirchhosen zu, greift in seine Jackentasche, zieht einen kleinen Revolver hervor, der kaum größer ist als seine Hand, zielt direkt auf Kirchhosens Kopf und drückt ab.)

Die Talkshow ist beendet. In den kommenden Tagen war diese öffentliche Hinrichtung das Hauptthema in allen Nachrichtensendungen und in allen Tageszeitungen.

Kirchhosen hinterlässt 32 Millionen Euro, einen Hund und zwei Hasen.

Nach seinem Tod wurde bekannt, dass Kirchhosen eine MOF (Mensch ohne Freunde) war.

Man täuscht sich nicht mehr als in einem Menschen.

Kapitel 2 Im Rosengarten

Dienstag, 4.Juni 2019

Professor D. Varth   Philosoph und Theologe

Dr. Thewes,Psychotherapeut

(Varth und Thewes sitzen aus einer Bank am Rande des Kleinen Sees)

Professor Varth: „Die Situation erinnert mich an die Stelle in meinem ersten Buch, als Hans sich dem Leser offenbarte.
Hier herrscht eine ähnliche Stimmung!"

Dr. Thewes: „Nur sind wir hier nicht in einer psychiatrischen Klinik!"

Professor Varth: „Ja, ich weiß ja, aber die Plastikflamingos und das Wasser, die schönen Blumen, der gepflegte Rasen, alles wie damals in dieser Klinik."

Dr. Thewes: „Herr Varth, Sie sprechen von dieser Anstalt, als ob Sie selbst dort eingesessen hätten?"

Professor Varth: „Das heißt Klinik und nicht Anstalt. Heute benutzt man außerdem den Ausdruck "man war in Reha."

Dr. Thewes: „Ja gut, waren Sie jetzt in Reha?"

Professor Varth: „Nein, ich war natürlich nicht in dieser Klinik. Nach meinem Studium der Philosophie habe ich aber 2 Jahre begleitend zu meinen Vorlesungen in Psychologie gearbeitet. Meine Aufgabe war es eine philosophische Sprechstunde für alte Menschen zu gestalten, Mitarbeiter zu beraten und auch selbst viele hunderte von Stunden mein Wissen am Patienten einzubringen."

Dr. Thewes: „Sie sind morgen Abend bei Herrn Renrek zu einer Talkshow eingeladen. Kann man sich auf eine solche Sendung vorbereiten? Bekommen sie die Fragen vor der Sendung ausgehändigt?"

Professor Varth: „Nein, es wird improvisiert. Wo denken Sie hin? Man darf die Dynamik eines Gespräches doch nicht mit vorgefertigten Fragen und Antworten vergewaltigen!"

Dr. Thewes: „Da bin ich gespannt, wie diese Sendung ablaufen wird. Es sind einige bekannte Gesichter dabei. Herr Kirchhosen ist auch mit von der Partie? Stört Sie das?"

Professor Varth: " Nein, Herr Kirchhosen ist ein Blender. Glauben Sie ein Mann wie Kirchhosen hätte die Zeit die Bücher selbst zu schreiben, zu formatieren, mit lustigen Bildchen auszustatten? Der Mann hat Helfer und Helfershelfer. Man brauch ein ganzes Team, um einen derartigen Erfolg davonzutragen. "

Dr. Thewes: „Verspüre ich da etwa Neid, Herr Varth?"

Professor Varth: „Nein, ja sind Sie denn total verrückt geworden? In diese Neidfalle werde ich nicht Blindlinks hineintreten. Hier geht es um Gerechtigkeit. Verstehen Sie was ich meine?"

Dr. Thewes: "Ich verstehe Sie schon, sie sind schließlich auch mit ihrem halbwissenschaftlichen Schmöker "Professor Varth's Brainstorming" Millionär geworden. In diesem Werk hatten Sie auch ihre Helfer. Das Werk lebt von Zitaten und Ausschnitten und Querverweisen, was natürlich bei wissenschaftlichen Werken an der Tagesordnung ist."

Professor Varth: „Jetzt sind sie neidisch?"

Dr. Thewes: „Nein bin ich nicht! Sie hassen Kirchhosen! Das ist ihr wirkliches Problem."

Professor Varth: „Es ist nicht Kirchhosen den ich hasse."

Dr. Thewes: "Ja was denn?"

Professor Varth: „Fast alles. Ich hasse nahezu alles. Wir sind hier unter uns! Das geht keinen Menschen etwas an!"

(Thewes dreht den Kopf Richtung Wasser und beobachtet die Schwäne wie sie ihre Köpfe in das dunkle Wasser stecken. Varth sitzt regungslos daneben. Er hat seine rechte Hand in die Linke gelegt. Sein Gesicht bewegt sich nicht. Die Augen starren auf das Entenhaus. Minutenlang verharren beide alten Männer in dieser Stellung. Thewes bewegt sich nach einer Weile, dreht den Kopf zu Varth)

Dr. Thewes: „Kann ich Sie etwas fragen?"

Professor Varth: „Nur zu, deshalb sind wir hier. Sie der alte Psychiater und ich der alte Philosoph. Zusammen sind wir beide 140 Jahre alt."

Dr. Thewes: „Erzählen Sie etwas über ihren Vater."

Professor Varth: "Ach du großer Gott, jetzt geht die Psychoscheiße los!"

Dr. Thewes: „Nein, regen Sie sich nicht auf. Es geht mir nur um eine kleine Episode, ein kleiner Ausschnitt aus dem leben mit ihrem Vater. Sie erinnern sich doch bestimmt an eine Begebenheit?"

Professor Varth: "Wissen Sie, mein Vater war ein Gelehrter. Er war, wie man heute sagt ein "Workaholic". Die spärliche Zeit, die er Zuhause war, verkroch er sich in seinem Zimmer bis in den späten Abend. Als Kind war ich nicht gern gesehen in seiner Rumpelkammer. Man konnte sich dort schwerlich bewegen. Bücher aufgetürmt mitten im Zimmer versperrten den ganzen Raum. Was noch erschwerend hinzukam, es war im Winter immer bitterkalt in seiner Bude. Mein Vater entschuldigte diese Eisestemperaturen immer mit dem Satz " der alte Kant hatte es auch immer schön kalt in seinem Zimmer". Einschlafen konnte man in diesem Raum auf gar keinen Fall."

Dr. Thewes: „Wie war ihr Verhältnis in dieser Zeit?"

Professor Varth: „Was verstehen Sie unter Verhältnis? Ich hatte doch kein Verhältnis mit meinem Vater?"

Dr. Thewes: „Wie war ihre Beziehung. Verstehen Sie nicht was ich meine. Ich spreche von ihrem Gefühl zu ihrem Vater."

Professor Varth: "Mein Vater hat mit mir persönlich fast nie gesprochen. Zu Tisch wurde so gut wie nie geredet. Wenn mein Vater etwas zu sagen hatte, dann sprach er nur in der dritten Person. Er sagte zum Beispiel: "Mein Sohn Demian möge morgen sein Halbjahreszeugnis vorlegen, morgen werde ich voraussichtlich etwas Zeit finden". Ich saß ihm gegenüber."

Dr. Thewes: „Das klingt nicht sehr warm?"

Professor Varth: „Nein, da war keine Wärme, kein Herz. Ich kann mich nicht erinnern, dass mein Vater jemals meine Mutter in meiner Gegenwart umarmt hat, geschweige denn geküsst."

Dr. Thewes: „Herr Varth, wie ich weiß haben sie in Philosophie und

Theologie habilitiert. Einen Magistertitel besitzen sie auch in Psychologie. Diesen erwähnen Sie niemals? Warum nicht?"

Professor Varth: „Es herrscht die Volkesmeinung, dass Psychologen selbst eine Störung aufweisen. Der wahre Grund ihrer Berufsentscheidung liegt in ihrem eigenen Defizit. Ich will damit sagen, ihr Antrieb dieses Studium aufzunehmen liegt in ihrem Verlangen sich selbst zu studieren. Ihre eigene Fehlkonstruktion aufzudecken, ihre eigenen Neurosen zu analysieren und womöglich sie zu verstehen und damit vielleicht auch die Möglichkeit haben sie selbst aufzulösen und auch andere Probleme besser anzugehen.

Dr. Thewes: „Wie war das bei Ihnen? Gab es da einige Schwierigkeiten in Ihrer Jugend?"

Professor Varth: „Nachdem ich meinen Magister in Psychologie gemacht hatte, war ich schon gedanklich bei einer weiteren Stufe angelangt. Psychotherapie war das Gebiet in dem ich mich bewegen wollte. Ein Beruf mit Zukunft. Der Bedarf wächst ständig. Zu dieser Zeit war sehr schwer einen Therapieplatz zu bekommen. Sie wissen selbst, dass man als Psychotherapeut, sie sind ja einer, selbst eine Analyse durchmachen muss. Das sind einige Stunden, und ich hatte dafür keine Zeit."

Dr. Thewes: „Haben Sie es zumindest versucht?"

Professor Varth: „Ja, ich habe es versucht. Nach ungefähr 75 Stunden musste ich die zur Ausbildung gehörende Therapie abbrechen. zu viele Probleme wurden durch diese psychoanalytische Therapie ans Tageslicht befördert. Diese seelischen Schmerzen behinderten mein weiteres Studium der Philosophie. Ich musste mich entscheiden. Nehme ich diese grausamen und schmerzlichen Weg durch die Psychotherapie oder ich konzentriere mich auf die ach so kalte und wissenschaftliche Philosophie. Meine Entscheidung ist Ihnen bekannt.

Dr. Thewes: „Ja, Herr Varth, Sie waren und sind heute noch ein anerkannter Philosoph und Denker.

Professor Varth: „Das reicht aber nicht für ein gutes Leben!"

Dr. Thewes: „Danke für das Gespräch. Was sind ihre nächsten Ziele?"

Professor Varth: „Ziele habe ich keine mehr. Mein Leben ist gelaufen. Ich habe nur in meinen Büchern gelebt. Meine

Vorlesungen waren exakt geplante Schauspiele. Ich selbst brauche keine Menschen. Menschenmassen generieren bei mir ein schlechtes Gefühl.

Meine Gene und die meiner Vorfahren wurden durch den Faschismus malträtiert. Das verstehen Sie wahrscheinlich nicht. Das ist ein sehr komplexes und äußert schwieriges Thema.

Die Dummheit der Menschen ist überall und sie widert mich an.

Mit 71 Jahren hat man keine Zukunft mehr. Nur noch die Probleme der Gegenwart. Morgen werde ich meine letzte Talkshow besuchen."

Dr. Thewes: „Die letzte in diesem Jahr?"

Professor Varth: „Nein, die letzte Überhaupt. Ich ziehe mich aus der Öffentlichkeit gänzlich zurück. Jedoch muss ich noch ein Problem aus der Welt schaffen. Ein Exempel muss gegeben werden. Ein Zeichen der Vernunft. Nicht "gut meinen" ist unsere Maxime, die Dinge "gut machen".

Auch wenn es schmerzt und Opfer kostet. Die Besten sterben zuerst.

Vielen Dank für das Gespräch. Ich hoffe sie haben in dieser kurzen Zeit die Dinge erfahren, die Sie sich erhofften. Es gibt so viele Fragen die für immer unbeantwortet bleiben."

Kapitel 3 Das Arbeitsessen
Montag 3. Juni 2019

15:00

Teilnehmer:

Professor D. Varth Philosoph und Theologe

Frau Petra Klein   Lektor am Verlagshaus Adler

(Professor Varth und Frau Klein sprechen über Verlagsarbeit und Literatur. Sie sitzen im Restaurant "Zum bayrischen Hof" in München Schwabing. Das Restaurant ist nur mäßig besucht. Einzelne Touristen sitzen verstreut an den viel zu großen Holztischen. Das Mittagsgeschäft flaut langsam ab.
Die beiden Herren sitzen mit dem Rücken an der Wand an einem Tisch für vielleicht 12 Personen. Sie sehen verloren aus. Wie bestellt und nicht abgeholt.
Über Ihnen ragen zwei Sechsender in den verqualmten Raum. Links und rechts davon hängen zwei übergroße Landschaftsbilder. Ein Meter auf zwei Meter mindestens.
Links das übliche Alm mit Wasserradszenario und rechts natürlich die Gämsen auf der Alm.)

Frau Klein: „Das Hähnchen war außerordentlich lecker!"

Professor Varth: „Tut mir leid Ihnen sagen zu müssen, dass es sich hier um ein normales Rebhuhn gehandelt hat. Was die Genforschung nicht alles kann!"

Frau Klein: „Naja, ist auch egal, Hauptsache es macht satt."

Professor Varth: „Ich merke sie sind ein ausgesprochener Gourmot."

Frau Klein: „Apropo Gourmot, Herr Varth, sie sind doch gleichwohl ein Gourmot wenn es um Bücher und ihre Auswahl geht, oder?"

Professor Varth: „Sie machen eine Anspielung auf meinen Millionenerfolg aus dem Jahre 2010? Da machen Sie sich mal keine Sorgen. Kein einziger Autor, den ich in meinem populären

Werk zitiert habe, hat sich beschwert. Es liegen auch keine rechtlichen Grundlage vor. Einige Autoren haben sogar von meiner Erwähnung profitiert. Erinnern Sie sich noch an die Verkaufszahlen von Kirchhosens Glücksradgebers. 4,1 Millionen verkauft Bücher. Professors D. Varth`s Brainstorming wurde nur 3,9 Millionen mal verkauft!"

Frau Klein: „Erinnern Sie sich noch an ihre erste Auszeichnung?"

Professor Varth: „Es war nicht die Sternstunde meines literarischen Lebenswerkes. Sie müssen wissen, dass ich 2010 keine finanziellen Mittel hatte, einen professionellen Lektor zu engagieren. So musste ich den Roman selbst korrigieren. Die gelbe Zitrone des deutschen Buchhandels war aber im Endeffekt nur der Beginn einer monströsen Werbeaktion meiner Gönner und Geldgeber."

Frau Klein: „Orthografie, Grammatik und Layout waren nicht ihre Stärken?"

Professor Varth: „Ich wiederhole mich zum wiederholten Mal, mein Anliegen war es ein Buch zu schreiben, vorwiegend gedacht für den einfachen Bürger. Die naiven Nichtleser waren meine Zielgruppe, die mir am Herzen lag."

Frau Klein: „Herr Professor Varth!, Lassen Sie uns das Thema wechseln. Wie wir alle wissen sind Sie ein viel beschäftigter Philosoph und Theologe. Was hat Sie 2010 dazu bewegt diesen Roman zu schreiben. Hatten Sie gedanklich eine Vorlage. War Ihnen das Format von Anbeginn klar und bewusst. Bitte Herr Varth, erzählen sie uns wie es dazu gekommen ist?"

Professor Varth: „Wo sollen wir anfangen? Mit dem Hildebrandslied, einem Heldenlied in 68 althochdeutschen Stabreimversen? Vor 830. Hildebrand tötet seinen Sohn im Kampf, den er nicht erkennt, oder machen wir gleich einen Sprung ins 17. Jahrhundert zu Gottfried Wilhelm Leibniz, der Gott zwar als die Ursache der Vollkommenheit in der Natur und in den Geschöpfen sah, aber auch gleichzeitig erkennen musste, dass die Beschränktheit der Empfangsmöglichkeiten beim Geschöpf die Ursachen der Mängel in dessen Tätigkeit ist. Wenn man dumm ist, hat man es schwerer. Gott hat die Welt geschaffen als Werk seiner Allmacht, Weisheit und Güte, und diese Welt sei, einer moralischen Notwendigkeit folgend, die beste aller möglichen Welten............."

Frau Klein: „...STOP... was war ihre Motivation für das Buch?"

Professor Varth: „Am Anfang hatte ich die Idee ein Buch über Bücher zu schreiben. Die Ausgangsidee war die eines Ratgebers, einer Orientierung. Einhundert Bücher habe ich aus tausenden ausgewählt. Ungefähr 40 davon habe ich direkt eingearbeitet. Der Rest war in meinem Kopf.

Frau Klein: „Warum haben Sie sich keinen professionellen Lektor gesucht? Satzstellungsfehler hätten vermieden werden können."

Professor Varth: „Dadurch wäre meine gewählte Sprache verzerrt und nicht authentisch angekommen. Der Titel der Buchreihe war „Brainstorming". Denken Sie in druckreifen Sätzen? Also, bitteschön, wo ist da das Problem? Ich verstehe euch alle nicht. Aber was sagen Sie zum Inhalt?"

Frau Klein: „Man muss sich am Anfang wirklich mit aller Kraft durchkämpfen um dann endlich mit dem dritten Akt, etwas Ruhe zu verspüren. Die Ruhe konzentriert sich auf eine Person.

Professor Varth: „Haben Sie die Botschaft des Buches verstanden?"

Frau Klein: „Hans landet nach all seinem Suchen in der psychiatrischen Anstalt. Den wahren Grund seiner Bekehrung zum Glauben bleibt für mich offen."

Professor Varth: „Es gibt keinen Grund."

Frau Klein: „Was soll das heißen es gibt keinen Grund. Es muss doch irgend etwas vorgefallen sein?"

Professor Varth: „Bittet, dann wird euch gegeben. Sucht dann werdet ihr finden. Um mit Gott eine Verbindung einzugehen muss man zu Beginn suchen. Die richtige Suche führt zum richtigen Weg. Um jedoch das endgültige Ziel, die Verbindung mit Gott, zu erreichen muss man bitten. Die Verbindung wird gegeben und liegt nicht in unserer Macht."

Frau Klein: „Ich glaube den Inhalt des Buches verstanden zu haben. Vielen Dank Herr Professor Varth. Wo sind ihre nächsten Termine?"

Varth: „Morgen am 4. Juni habe ich einen Termin mit einem bekannten Psychotherapeuten, Herrn Dr. Thewes, und am Mittwoch diese Talkshow bei dem Herrn Renrek, oder wie der heisst. Das kann was geben. Ich denke ich muss durchgreifen. Gelegentlich müssen auch vereinzelt Zeichen gesetzt werden."

23: 00

Professor D. Varth   Philosoph und Theologe

Herr M. Tümmler   Radiomoderator

Sonntag Radio Studio des SVR. Herr Tümmler sitzt Herrn Varth gegenüber. Das Gespräch beginnt ohne jede Vorbereitung.

Herr Tümmler: „Guten Abend liebe Zuhörer. Heute Abend habe ich die Gelegenheit mit Professor D. Varth über sein Leben und seine Werke zu sprechen.
Herr Varth, ich hoffe Sie hatten eine angenehme Anreise?"

Professor Varth: „Guten Abend, Herr Tümmler. Die deutsche Bahn hat mich sicher hierher gebracht. Ich selbst habe kein Auto. Irgendjemand muss auch mal ein Zeichen setzten in dieser vergifteten Welt. Jeder Depp fährt ein Auto. Ja, Menschenskinder seid ihr verrückt?

Herr Tümmler: „Ja, liebe Zuhörer so kennen wir unseren Professor Varth, immer gleich in die Vollen.

Professor Varth: „Und das Problem mit der Kinderpornografie......"

Herr Tümmler: „....Halt, Herr Varth, lassen Sie uns über ihre nächsten Projekte sprechen.

Professor Varth : „Meine Projekte waren immer dafür da, die Wahrheit ans Licht zu bringen . Nichts als die Wahrheit. Ich werde immer für die Wahrheit und die Gerechtigkeit kämpfen. Notfalls muss ich auch tätlich eingreifen. Aufräumarbeiten gibt es überall. Veränderungen geschehen meist nur mit Gewalt."

Herr Tümmler: „Versteh ich Sie richtig. Sie befürworten Gewalt?"

Professor Varth: „Mein lieber Junge! Wie alt sind sie Herr Tümmler?

Herr Tümmler: „ 28"

Professor Varth: „Hören Sie mir einmal zu. Sie wurden unter Gewalt gezeugt, Sie sind mit Gewalt in die Schule gezwängt worden, Sie sind mit Gewalt in einen Arbeitsplatz gesteckt worden und Sie

216

werden mit Hilfe von äußerer oder Innerer Gewalt sterben. Sie fragen mich nach der Anwendung von Gewalt? Haben Sie eigentlich gedient?"

Herr Tümmler: „Nein, ich habe Ersatzdienst geleistet"

Professor Varth: „Wissen Sie wie viele Kriege im Moment geführt werden. Wäre die schwarzgelbe Regierung nicht abgewählt worden, würden heute junge deutsche unschuldige Soldaten nach den Einsätzen in Afghanistan, Irak und Iran jetzt auch bei den Kämpfen in Afrika sterben."

Herr Tümmler: „Wo sehen Sie die Grenze, wo ziehen Sie moralisch die Grenze? Adäquater Einsatz von militärischen Mitteln...."

Professor Varth: „Stop........mein Lieber! Was soll das sein adäquater Einsatz von Kampfmitteln? Was soll in einem Krieg angemessen sein? Der Einsatz von atomaren Sprengkörpern um ein Kriegsende herbeizuführen?

Herr Tümmler: „Entschuldigen Sie bitte Herr Varth, wir sollten nicht abdriften in die Weltpolitik.

Professor Varth: „Warum nicht?"

Herr Tümmler: „ Weil wir nicht genügend darüber wissen!"

Professor Varth: „Sie wissen vielleicht nicht genug darüber. Ich weiß alles darüber. Aus psychologischer sowie philosophischer Sicht.

Der Mensch ist ein dummes Tier

Herr Tümmler: „Ist diese Klassifizierung nicht ein billiges Klischee, dass in starker Kollision zu ihrer bisherigen Ausbildung steht. Sie waren ihr ganzes Leben damit bemüht die Komplexität ihrer Kompetenz in allen Kategorien zu beweisen. Und nun kaschieren Sie ihre kosmische Universalität mit banalen Plattitüden die mit ihrer professionellen Produktivität im Bereich Geisteswissen- schaften auf keinen Fall korreliert. Warum schießen Sie konkret gesagt aus dieser primitiven Sprachwelt? Den Menschen als dummes gieriges Tier zu bezeichnen grenzt an Blasphemie?
Unsere Zuhörer und ich haben Sie in Erinnerung als höchst toleranten, friedliebenden und ausgeglichenen Gesprächspartner!"

Professor Varth: „Ich bin jetzt 70 Jahre alt und werde mich in Kürze aus dem öffentlichen Leben zurückziehen. Ich habe genug gesagt.

Ich habe genug geschrieben. Ich habe genug Vorlesungen an den wichtigsten und größten Universitäten dieser Welt gegeben. Ich habe für die Philosophie gelebt. Ich habe 5803 Bücher gelesen. Ich habe selbst 132 Bücher geschrieben. Ich werde in den nächsten Tagen einen Schlussstrich ziehen."

Herr Tümmler: „Was verstehen Sie unter einem Schlussstrich?"

Professor Varth: „Seit 2017 bin ich Privatmann. Mit 65 habe ich meine Professur in Melbourne beendet. Seitdem reise ich nur noch in der Welt herum und halte Vorträge."

Herr Tümmler: „ Man kann Sie nicht mehr buchen?"

Professor Varth: „Nicht mehr. Im Februar diesen Jahres habe ich auch meinen letzten Vortragszyklus abgeschlossen."

Herr Tümmler: „Das heisst, Sie sind jetzt ein freier, unabhängiger Mensch?

Professor Varth: „Wenn man das in meinem Alter als große Leistung ansehen möchte? Ich bin mir in diesem Punkt nicht sicher.

Herr Tümmler: „Was sagen ihre Kinder dazu?"

Professor Varth: „Ich habe keine kinder!"

Herr Tümmler: „Was sagt ihre Frau dazu?"

Professor Varth: „Ich habe keine Frau!"

Herr Tümmler: „Was sagen ihre Freunde dazu?"

Professor Varth: „Ich habe keine Freunde!"

Herr Tümmler: „Sie werden doch Freunde haben? Vertraute Menschen?"

Professor Varth: „Was soll das sein?"

Herr Tümmler: „Vertraute Menschen, Menschen denen man vertrauen kann, denen man Geheimnisse erzählen kann, mit denen man Gefühle und Ansichten teilen kann!"

Professor Varth: „Das sind meine Bücher."

Herr Tümmler: „Wie soll ich das verstehen? Bücher sind doch keine Menschen, keine notwendigen soziale Wesen, die jeder von uns auf seine Weise braucht?"

Professor Varth: „ Ich höre heraus, Sie haben von Literatur keine Ahnung. Literatur ist ein abgeschlossener Kosmos. Dieser Kosmos ist nur auserwählten bekannt und zugänglich. In diesem Kosmos leben die Schriftsteller. Sie sind ständig aktiv, sie leben in ihren Werken. Ich rede mit Ihnen und ich höre Ihnen zu. Sie sprechen mit mir direkt. Wiederum einer kleinen Gruppe derer ist es erlaubt sich als Literat ansprechen zu lassen. Die Literaturschaffenden, also die höchste Gattung der Schreiberlingen. Die Literatur selbst wird also betrieben von auserlesen Intellektuellen die sich in diesem Kosmos beheimatet fühlen. Der Unterschied zwischen einem Schriftsteller und einem intellektuellen Literaturtreiben Genie, ist genauso groß wie der Unterschied zwischen einem Musikanten und einem richtigen Musiker. Ich habe mein ganzes Leben für die Literatur geopfert. Meine ganze Existenz habe ich in ihr aufgebaut.

Ein Buch lesen ist gleich bedeutend eines Gespräches.
Ich höre zu !

Konzentriert arbeite ich mich in die Gedanken des Literaten. Diese Verschmelzung beider Bewusstseins ist höchste Freude und Befriedigung. Diese Vereinigung gibt Kraft und Hoffnung auf eine bessere Welt. Diese Einheit umschlingt, nein sie festigt diese meine, unsere Identität. Unsere gemeinsame, geschlossene klare Einzigartigkeit

Unser Ich.

Die Klarheit und die Wahrheit geboren aus dem Urlicht, sind wie flüssige Elemente, die in diesem Akt der intellektuellen Verschmelzung zu meiner und unserer Literatureinheit werden."

Herr Tümmler: „Danke Herr Varth das reicht jetzt. Gute Nacht"

Professor Varth: „ Auf Wiedersehen. In den nächsten Tagen muss ich wohl noch deutlicher werden. Das Wort war am Anfang aber,.....man wird sehen."

Professor D. Varth   Philosoph und Theologe

Herr Lothar Pflederer   Ex Profitriathlet und Student

Bootsfahrt auf dem Bleicherbach. Samstag Nachmittag. 20 Grad Temperatur lockt nur wenige ins Schwimmbad. Herr Varth und Herr Pflederer steigen in ein Tretboot. Ein 30 minütiges Gespräch wurde vereinbart. Varth muss noch heute weiterreisen.

Herr Pflederer: „Sie wissen nicht, wie ich mich freue mit Ihnen eine kleine Tour machen zu dürfen auf unserem idyllischen Bleicherbach!"

Professor Varth: „Freuen Sie sich nicht zu früh. Herr Tümmler vom Radio hat Ihnen den Termin verschafft?"

Herr Pflederer: „Ja, das freut mich sehr. Ich kenn Herrn Tümmler noch als Sportmoderator. jedes Mal wenn ich Tümmler getroffen habe, sind wir im Gespräch über meine sportlichen Leistungen abgedrifftet in Themen des täglichen Lebens sowie über Philosophische und Psychologische. Ich bin nicht sehr gebildet in diesen Gebieten und habe bei Tümmler jedes Mal den Wunsch geäußert, dass ich gerne einmal mit einem richtig guten und intelligenten Philosophen sprechen würde."

Professor Varth: „Über welche Themen sollen wir reden. Brennt was bei Ihnen?"

Herr Pflederer: „Entschuldigung, ich bin nicht vorbereitet. Der Termin kam zu schnell. Tümmler hat mich gestern angerufen. Ich war gerade dabei eine umfangreiche Seminararbeit abzuschließen. Ich bin sehr froh Sie als Mensch kennen zu lernen."

Professor Varth: „Da sind Sie bei mir aber an der falschen Adresse. Herr Tümmler hat Sie mir als netten, zielstrebigen, jungen Mann vorgestellt. Er sagte, dass Sie einige Fragen haben, Fragen aus dem täglichen Leben.

Herr Pflederer: „Fragen habe ich immer auf Lager. Aber wie gesagt ich bin nicht vorbereitet."

Professor Varth: „Das macht doch nichts! Erzählen sie ein wenig von sich. Ich darf doch Lothar zu dir sagen?"

Herr Pflederer: „Ja, natürlich. Nach ihrem Äußeren zu urteilen, könnten Sie mein Vater sein. Sie haben noch eine gute Figur. Treiben Sie Sport. Wie alt sind sie?"

Professor Varth: „Ich bin 61. Sport betreibe ich keinen. Dafür habe ich keine Zeit. Ich ernähre mich vegetarisch und versüße mir meine knapp bemessene Freizeit mit Yoga.

Herr Pflederer: „Sie sehen aus wie 50!"

Professor Varth: „Gute Ernährung, klare Gedanken, etwas Bewegung in Form von Spaziergängen und Yoga. Zu vermeiden sind Dummschwätzerei, falsche Literatur und die falsche Menschen Das sind meine Mittel gegen das Älterwerden. Ich sag es gerne noch einmal. Ich habe gehört Sie treiben auch Sport? Erzählen Sie!"

Herr Pflederer: „Wo soll ich anfangen?"
Professor Varth: „Ganz einfach am Anfang"

Herr Pflederer: „Also, wie hat es angefangen. Als Kind habe ich bereits Landesmeisterschaften in verschiedenen Leichtathletikdisziplinen gewonnen. Zusätzlich habe ich mich auch noch im Judo und Fußball ausprobiert. Mit 16 begann ich längere Distanzen zu laufen. Zuerst Volksläufe über 10 km, danach Halbmarathon. Mit genau 18 Jahren bin ich meinen ersten Marathon gelaufen. Genau ein Jahr später habe ich meinen ersten Ironman gemacht."

Professor Varth: „Mein lieber Mann, das ging aber schnell!"

Herr Pflederer: „Ja, ich bin ehrgeizig. Als ich zum ersten Mal mein Bild in der Süddeutschen Zeitung auf der ersten Seite gesehen habe, war für mich alles klar. Von diesem Zeitpunkt an wusste ich, was ich für mich machen muss. Ich war auf dem richtigen Weg. Meine Profikarriere hat 10 Jahre angehalten. Mit 30 habe ich dann ein Studium angefangen, nachdem die Erfolge ausgeblieben sind."

Professor Varth: „Was haben Sie jetzt davon?"
Herr Pflederer: „Ein Haus, ein Auto, Geld und eine kaputte Wirbelsäule."

Professor Varth: „Andere in ihrem Alter sind schon Oberarzt, oder sitzen in Positionen, von denen Sie nur Träumen können!"

Herr Pflederer: „Ich hatte meine Zeit. Jeder kennt mich in Deutschland!"

Professor Varth: „Sie sprechen von Ruhm und Ehre?"

Herr Pflederer: „Ja genau von der sprech ich. Sie sagen das so vorwurfsvoll? Sie selbst haben sich doch auch jahrelang in der Öffentlichkeit gebadet!"

Professor Varth: „Ich habe für die Öffentlichkeit gearbeitet. Ich habe für die Menschen gelernt. Ich habe mein Wissen weitergegeben. Ich habe euch alles gegeben was ich hatte. Ich habe mein ganzes Leben der Wissenschaft und dem Weiterkommen meiner Mitmenschen geopfert. Und Sie ?"

Herr Pflederer: „Ich habe für mein Land gekämpft. Ich habe Deutschland vertreten in Hawaii und bei Olympia! Ich habe den Triathlonsport salonfähig gemacht. Ich habe Jugendgruppen aufgebaut. Verstehen Sie, ich war auch für die Menschen unterwegs. Ich habe Ihnen gezeigt, dass man mit Ehrgeiz und Disziplin etwas Großes erreichen kann, etwas ganz Großes selbst schaffen kann:"

Professor Varth: „Mein lieber Junge! Ich höre an Selbstbewusstsein mangelt es dir auf keinen Fall. Ich höre nur Ich, Ich,.Ich!"

Herr Pflederer: „Ohne Selbstbewusstsein geht es nicht. Denken Sie man kann ein Ironman Wettbewerb gewinnen, wenn man nur 5 Minuten an sich zweifelt. Der körperlich sowie geistige Zustand muss in Topform sein. Mein Rekord liegt unter 8 Stunden. Kennen sie Triathlon?

Professor Varth: „3,8 km Schwimmen, 180 km Rad und 42,2 km Marathonlauf."

Herr Pflederer: „Woher wissen Sie so gut Bescheid?"

Professor Varth: „Ein Assistent an der Universität von Boston, an der ich drei Jahre vor meiner Pension gelehrt habe, war ein Vollbluttriathlet."

Herr Pflederer: „Sie meinen Profi?"

Professor Varth: „Nein, Freizeitsportler. Der smarte Kollege aus Chicago hat seine gesamte Freizeit in diesen Sport investiert. Trotz Universitätsjob fand er noch 20 Stunden Zeit für sein Triathlontraining. Ja, Lothar, ich brauch dir nicht zu erklären wie intensiv und schwierig diese Training ist. John hat regelmäßig seine Altersklasse gewonnen. Im Alter von 52 hat er sich in San Juan von einer Klippe gestürzt. Für diesen Urlaub, zusammen mit seiner Frau, hat er wichtige Termine, die sich aus seiner Freizeitaktivitäten notwendigerweise ergaben, aus dem Jahresplan gestrichen. Die Urlaubsplanung war sehr emotional im Vorfeld."

Herr Pflederer: „Man bringt sich doch nicht einfach so um!"

Professor Varth: „John litt unter wahnsinnigen Depressionen im wahrsten Sinne des Wortes. 5 Jahre vor seinem Tod hatte er sich bei einer Trainingsfahrt sein linkes Bein gebrochen. Der Bruch war sehr kompliziert. Trotz bester ärztlicher Behandlung und bester physiotherapeutischer Betreuung war es ihm nicht mehr vergönnt Triathlonsport zu betreiben. John war plötzlich kein Triathlet mehr. Ein Teil seiner Identität war verloren gegangen. Es kamen dann noch andere private, sehr persönlich Probleme dazu."

Herr Pflederer: „Ich habe vom Triathlonsport zum Studium innerhalb eines Tages umgeschaltet."

Professor Varth: „Das nenn ich entscheidungsfreudig."

Herr Pflederer: „Ja, aber nur so kommt man heute noch durchs Leben. Ich bin dankbar für meine aktive Zeit."

Professor Varth: „Es scheint, mein Lieber, du hast den Absprung gerade nochmal geschafft."

Herr Pflederer: „Die Sucht ist bei den Amateuren wie bei den Profis die gleiche."

Professor Varth: „Sucht?"

Herr Pflederer: „Sportliche Betätigungen aller Art werden in unserer heutigen emotional armen Gesellschaft immer häufiger als Ersatzdroge missbraucht."

Professor Varth: „Woher nehmen Sie ihr Wissen?"

Herr Pflederer: „Ich habe jahrelang Psychologie studiert. In einer speziellen Studie die ich anfertigen durfte, war diese Thema exakt das Hauptthema. Sie wissen, das Psychologiestudium besteht aus vielen Statistikvorlesungen.
Suchtverlagerung, ein Begriff der bei Fresssüchtigen, Arbeitssüchtigen, Alkoholsüchtigen und anderen immer eine Welle der

Entrüstung auslöst, ist ein sehr ernst zu nehmendes Problem. „Ich und Suchtverlagerung", sagen sie alle, niemals, ich doch nicht. Ich bin doch ganz normal. Ich mach jetzt Sport, ich bin ganz sauber.
Bei genauer Studie dieser Kandidaten werden sie ein soziales Fehlverhalten nach dem anderen diagnostizieren. Diese Entgleisungen erstrecken sich von kleinen Verfehlungen im Alltag bis unnötig geführten Diskussionen über existenzielle Grundsatzfragen. Die einfachsten Dinge werden zu unüberwindbaren Hürden.
Mann kann nicht den Traingsrythmus unterbrechen. Ein fünfziger Geburtstag eines lieben Freundes ist nicht so wichtig wie das Training. Soziale Kontakte werden immer schwieriger.

Professor Varth: „Normal ist das nicht!"

Herr Pflederer: „9,5 % der Bevölkerung sind alkoholkrank. 47% der trocken Alkoholiker sind mit der Problematik Suchtverlagerung belastet. Von diesen sind 37% knallharte Suchtbolzen, die ihre Familie, ihre soziale Umfeld mit Füßen treten.
Diese Gruppierung hat wiederum einen besonderen Status. Sie bleiben unter sich. Ihr einziger Schnittpunkt zur „normalen Welt" ist in vielen Fällen der Arbeitsplatz.
Freizeit heißt Training mit Gleichgesinnten. Eine grobe Verallgemeinerung ist immer sehr gefährlich. Aber ich rede hier von seriösen, empirischen Daten. 1500 Sportler wurden von mir befragt."

Professor Varth: „Übertreibst du jetzt nicht ein wenig. Man ist doch besser von Sport abhängig als von Drogen?"

Herr Pflederer: „Die Antwort darauf ist relativ einfach. Natürlich ist da der Sport besser, es gibt auch gute Beispiele von ehemaligen Junkies, die jetzt Profisportler sind."

Professor Varth: „Die halbe Stunde ist vorbei. Ich muß zurück ins Rosengartenhotel."

Herr Pflederer: „Vielen Dank für das Gespräch. Wir legen hier jetzt an. Wie geht es weiter bei Ihnen?

Professor Varth: „Radiointerviews, Arbeitsessen, Rosengartenbesuch und dann muss ich noch in eine Talkshow, in der ich die Gelegenheit ergreifen werde ein wichtiges Problem zu lösen.

Herr Pflederer: „Probleme lösen klingt immer gut!"

Professor Varth: „Ja, das wird eine sehr gute Sache. Darauf warte ich schon Jahre."

Herr Pflederer: „Darf ich Sie noch etwas fragen?"

Professor Varth: „Ja, bitte!"

Herr Pflederer: „ Glauben Sie an Gott?"

Professor Varth: „Glauben, dieser Begriff existiert nicht in meinem Bewusstsein. Gott gibt es nicht. Und den Teufel gibt es auch nicht. Es handelt sich hier um zwei Begriffe die psychotische Zustände produzieren können. Welcher Schaden die Menschen mit falsch verstanden Religionen angerichtet haben, heisst jedes Kind. Ich muß jetzt gehen.

„Tschüss mein Guter."

6. Kapitel Kesarak der Gourmet
Freitag, 31. Mai 2019

Herr Professor D. Varth   Philosoph und Theologe

Herr Helmut Kesarak   Theaterwissenschaftler

Herr Professor Varth und Herr Kesarak sitzen gemütlich in Varths Garten, der genau genommen eher einer Parkanlage ähnelt. Das Areal ist komplett umgeben mit Bäumen und Sträuchern, nicht einsehbar von außerhalb.

Kesarek: „Vielen Dank Herr Varth für die Einladung. Sie haben es hier wirklich sehr gut. Mein Garten Zuhause ist weitaus kleiner. Hhmm....der Kaffee ist Erstklassik."

Varth: „Möchten sie noch ein Stück Kuchen ?"

Kesarek: „Nein Danke. Ich muss etwas auf meine Linie achten. Auch im fortgeschrittenen Alter von 85 Jahren kann man sich am Riemen reißen."

Varth: „Ihre Frau ist letztes Jahr gestorben ?"

Kesarek: „Im Januar. Sie war sehr krank. Ihre Schwester kümmerte sich Tag und Nacht um sie. Selbst ihre Enkeltochter stand am Wochenende zur Verfügung . Zur medizinischen Versorgung kamen Morgens und Abends Pfleger. So konnte ich fast alle Fernseh und Kongresstermine einhalten. Das war schon ein hervorragend eingespieltes Team."
Varth: „Ja das ist traurig. Aber sagen sie, mir brennt ein Thema auf der Zunge, können sie sich erklären wie Herr Kirchhosen mit seinem Buch "Glück kommt selten allein" im Jahre 2012 den "Friedenspreis des Deutschen Buchhandels" erhalten hat ?"

Kesarek: „Der Friedenspreis des Deutschen Buchhandels ist ein internationaler Friedenspreis. Den gibt es jährlich in der Pauls- kirche in Frankfurt. Dieser Preis geht an Menschen die in höchstem Maße durch ihre Tätigkeit auf den Gebieten der Literatur, Wissenschaft oder Kunst zum Friedensgedanken beigetragen haben. Er ist verbunden mit 25 000 Euro."

Varth: „Kirchhosens Buch ist doch keine Literatur, keine Wissenschaft und keine Kunst. Er hat lediglich kopiert .Ob er es auch tatsächlich selbst geschrieben hat steht in den Sternen. Der

Mann hat doch überhaupt keine Zeit.

Kesarek: „Ja, das ist die Frage. Was ist Literatur? Es gibt keine gesicherten Kriterien, um festzustellen was genau nun Literatur ist oder nicht. Literatur ist im weitesten Sinn der Bereich der schriftlich fixierten sprachlichen Zeugnisse. Im engeren Sinne wird unter Literatur der Bereich von Texten verstanden.

Das Wort „literarisch" ist nur in Bezug auf die Literatur im engeren Sinne zu gebrauchen. Nicht für Fachliteratur oder Gebrauchs-literatur. Kirchhosens Buch ist keine Literatur. Es bewegt sich zwischen Ratgeber und Bilderbuch. Literarische Qualitäten können je nach Literatur und Kunstverständnis Schönheit der Sprache, Bedeutungstiefe, Subjektivität, Originalität oder höhere Komplexität sein.
Grundsätzlich kann man nach Anspruchsniveaus unterscheiden. In „hohe" ,oder „anspruchsvolle" Literatur und „Trivialliteratur". Was hohe Literatur wirklich ist wird meist in einem so genannten Kanon festgelegt. Epik, auch erzählende Literatur genannt, ist neben der Dramatik und der Lyrik eine der drei großen Gattungen der Literatur und umfasst erzählende Literatur in Vers oder Prosaform. Die Epik unterscheidet sich von der Dramatik und Lyrik durch grundlegende Merkmale der Gestaltung, der Kommunikation und der Funktions-weise. Zu diesen Merkmalen gehören: das Erzählen als charakteristische Form der Vermittlung zwischen Erzähler und Zuhörer oder Leser, wobei aus der Perspektive des Erzählers oder einer dritten Figur erzählt wird.
Damit diese differenzierte Welt greifbar zu machen war, mussten sich neue Erzählformen herausbilden. Dazu gehört der Roman. Gleichzeitig entstanden, bedingt durch die industrielle Revolution, effektivere Mechanismen zur Verbreitung und Herstellung von Literatur. Sekundärliteratur ist die Literatur, die andere Texte (die dann Primärliteratur genannt wird) oder historische Quellen behandelt. Wir befinden uns hier gerade in einer Sekundärliteratur.
Die Dramatik ist neben Epik und Lyrik eine der drei grundlegenden dichterischen Gattungen.Manchmal wird der Begriff Drama sehr weit gefasst und schließt sämtliche Theaterstücke, Operntexte, Ballettszenarien, Hörspielmanuskripte oder Nach modernem Verständnis sind Dramen dafür geschrieben, durch Schauspieler im Theater aufgeführt zu werden.
Das Lesedrama ist eine spezielle Form des Dramas, die nicht in erster Linie aufgeführt, sondern wie ein Roman gelesen werden soll. Die Tragödie (Trauerspiel) ist eine Form des Dramas und neben der Komödie die bedeutendste Vertreterin dieser Gattung. Sie lässt sich bis in das antike Griechenland zurückführen. Kenn-zeichnend für die Tragödie ist der schicksalhafte Konflikt der

Hauptfigur.

Der Keim der Tragödie ist, dass der Mensch der Gier und dem Übermut verfällt und dem ihm vorbestimmten Schicksal durch sein Handeln entgehen will.

Varth: „Ich höre einige Passagen sind aus Wikipedia übernommen. Kratzt es nicht an ihrer Ehre, wenn sie Auszüge daraus vortragen, oder auch wie jetzt im Moment, vergeblich versuchen Eindruck zu schinden?"

Kesarak: „Ich versuche doch keinen Eindruck zu schinden, ich versuche uns allen Klarheit zu verschaffen was Literatur ist und was nicht. Das was wir hier jetzt vor uns liegen haben ist keine Literatur . Das ist Gebrauchsliteratur in Dialogform zur allgemeinen Unterhaltung. Selbst ihr dreiteiliges Werk „Brainstorming" ist Gebrausliteratur!"

Varth: „Das war kurz und schmerzlos. Dankeschön für diese professionelle Einschätzung. Wir können nun das Thema wechseln. Herr Kesarek erzählen Sie mir, wie war ihr Urlaub auf der Adria 2015?"

Kesarak: „Ach das war fantastisch. Angefangen vom Frühstück, dann das...................bla.......bla.......bla......

Varth:

Kapitel 7 Im Brennpunkt
SVR Fernsehen
Donnerstag, 30. Mai 2019

Professor D. Varth   Professor für Philosophie

Frau Cornelia Well   Chef Kommentatorin

Frau Will: „Guten Abend liebe Zuschauer. Ich begrüße Sie im Studio des SVR. Springen wir in die Vergangenheit! Wir schreiben 2010. Die Politik spielte verrückt. Der Normalbürger war von all dem Durcheinander verwirrt. Die Wahlbeteiligung ging rapide zurück. Die Finanz sowie die Gesundheitspolitik war am Ende. Gab es ein Möglichkeit aus der Misere heil herauszukommen?"
Heute Abend wollen wir versuchen ein paar Antworten auf diese wichtigen Fragen zu finden. Als Studiogast begrüße ich Herrn Professor Dr. D. Varth. Gibt es noch Hoffnung Herr Varth ?"

Professor Varth: „ Finanzkrise 2009, Griechenlandgeschenke, verpasste Gesundheitsreform 2011, all das führte zum Chaos.
Die Bundeskanzlerin sprach am 6. Juni 2010 vor dem deutschen Fernsehen und richtete folgende Worte an ihre Bevölkerung.

„Wir können nicht mehr ausgeben als wir einnehmen". Hiermit war die jahrelange Verdummungsaktion der Regierung beendet. Für solche Äußerungen brauchen wir keine Kanzlerin. Eine neue revolutionäre Gruppe „Wahrheit für Deutschland" hat die Wende gestartet. Wir alle erinnern uns noch an die Erpresservideos der halben Regierungsmannschaft. Die Regierungsspitze geknebelt in der improvisierten Pressekonferenz mit dem Anführer der Rebellengruppe.
Kredite für die Banken , Kredite für Griechenland und auf der anderen Seite die Kürzungen der Sozialleistungen und dann noch diese Unverschämtheit dem deutschen Zuschauer diese Binsenweisheit (man kann nicht mehr ausgeben wie man einnimmt) die jedes kleine Kind schon heisst, noch als außerordentlicher Erfolg der Konsolidierungsgespräche zu verkaufen. 70 Milliarden einsparen und nur auf Kosten des Kleinen Mannes und vor allen Dingen auf Kosten derer die Sozialleistungen erhalten. Dafür musste die Regierung hart bezahlen. Nachdem Sie kollektiv abdanken mussten, war bedauerlicherweise der physikalische Verlust der Führungsspitze zu verzeichnen. Ich möchte nicht auf die Bilder eingehen, die nach der Hinrichtung im Internet kursierten.
Der über Jahre hin verdeckte und gut gepflegte Sozialismus im

Demokratieschaafsmantel. wurde nachdem die Linksregierung an die Macht kam zumindest offiziell. (Eine Fachkraft, ledig, kein Kind, bekam 2010 von ihren 3000 Brutto noch 1290 Euro auf die Hand. Geschrumpft. Der Unterschied zwischen vollbeschäftigtem Arbeiter und Transfergeldbezieher war auf 12 % geschrumpft) Griechenland und Portugal wurden 2011 aus der EU ausgeschlossen und 2012 war das entscheidende Jahr für Europa.

Berlin wurde europäische Hauptstadt und Deutsch die erste Fremdsprache in fast allen Gymnasien in Europa, außer Österreich und der Schweiz."

Frau Well: „Das war eine schnelle Zusammenfassung der wichtigsten Ereignisse. Wie ist ihre Meinung heute ? Musste es soweit kommen."

Professor Varth: „Hinterher ist man immer schlauer. Heute schreiben wir 2019. Die Hinrichtung der Regierungsmannschaft war 2010. Die Zeit heilt alle Wundern, so heisst es im Volksmund, in unserem Fall hatte die Bevölkerung diese Terroraktion schnell vergessen. Kein einziger Nichtpolitiker also kein normaler, normal denkender Mensch wurde dabei verletzt."

Frau Well:„ Meine Damen und Herren, ich höre gerade über mein Ohrhörer, dass eine Bombendrohung im Sender eingegangen ist. Ich muss hier die Sendung abbrechen."

Schlussbemerkung

Folgende Gespräche wurden vom 30 . Mai 2019 bis zum 5. Juni 2019 geführt.
Der Autor hatte große Mühe die Gesprächspartner zu organisieren.
Der Terminkalender des Professors erlaubte nur eine Planung über exakt 7 Tage. Auf meine Frage hin, welche Gesprächspartner ich aussuchen solle, antwortete Herr Varth mit der Bemerkung, es sei ihm vollkommen gleichgültig wen er vorgesetzt bekäme.

„Mir fällt niemand ein, mit dem ich mich unterhalten möchte. Verstehen Sie? Was soll ich die Leute fragen?
Glauben Sie im ernst ein Mensch auf dieser Erde hätte eine Antwort auf meine Fragen?"

„Die Fragen, die ich noch zu stellen habe, kann mir kein Mensch mehr beantworten" entgegnet er mir am am Ende unseres Gespräches.

29. August 2019

Professor Demian Varth

Ein Tag im Leben des
Professors D.Varth

Folgender Tag ist angereichert mit Lebensweisheiten von LAOTSE.

Ich lese in meinem Lieblingsbuch.

Der Himmel ist ewig und die Erde dauernd.

Sie sind dauernd und ewig,

weil sie nicht sich selber leben.

Deshalb können sie ewig leben.

Also auch der Berufene:

Er setzt sein Selbst hintan,

und sein Selbst kommt voran.

Er entäußert sich seines Selbst,

und sein Selbst bleibt erhalten.

Ist es nicht also:

Weil er nichts Eigenes will,

darum wird sein Eigenes vollendet?

27 Jahre hat es gedauert bis ich die Zeit bekam.
Nun habe ich sie an mich gerissen.

Es war schon immer mein Wunsch, die Gedanken eines einzigen Tages zu notieren.

Es sind hoffentlich wenige orthografische, grammatikalische, semantische und sonstige Fehlleistungen in meinem Text, die schon von Anfang an unter diesem Zeitdruck nicht zu vermeiden waren. Sie müssen nun gegenüber allen Rechtschreibefanatikern unentschuldigt bleiben bis in alle Ewigkeit. Zeit für ein Korrekturlesen durch einen Lektor war schier unmöglich. Es musste schnell gehen, es war keine Zeit dafür. Ich hatte nur einen Tag zur Verfügung.

Ich lese in meinem Lieblingsbuch.

Höchste Güte ist wie das Wasser.

Des Wassers Güte ist es,

allen Wesen zu nützen ohne Streit.

Es weilt an Orten, die alle Menschen verachten.

Drum steht es nahe dem SINN.

Beim Wohnen zeigt sich die Güte an dem Platze.

Beim Denken zeigt sich die Güte in der Tiefe.

Beim Schenken zeigt sich die Güte in der Liebe.

Beim Reden zeigt sich die Güte in der Wahrheit.

Beim Walten zeigt sich die Güte in der Ordnung.

Beim Wirken zeigt sich die Güte im Können.

Beim Bewegen zeigt sich die Güte in der rechten Zeit.

Wer sich nicht selbst behauptet,

bleibt eben dadurch frei von Tadel.

5: 30

Aufwachen. Erwachen. Schmerzen im Rücken. Schmerzen im linken Knie. Halt. Heute ist der Tag. Text. Erster Satz formulieren. Vorstellung und so weiter.....

Mein Name ist Professor Varth. Sie kennen mich noch nicht. Aber sie werden mich noch kennen lernen. Vielen von Ihnen sind womöglich meine beiden Bücher „Professor Varth´s Brainstorming" und „Professor Varth`s Gespräche" bekannt. Einer kleinen Gruppe meiner wissenschaftlichen Arbeiten auf den Gebieten der Philosophie, Theologie und Psychologie. Meine ersten Gedanken drehen sich auch um Pläne für heute Abend. Soll ich Jemanden besuchen ? Aber wen denn ? Ich muss im Hier und Jetzt realistisch bleiben. Ich hab schon lange niemanden mehr besucht. Mein Haus ist leer. Meinen letzten Besuch bekam ich vor 2 Jahren.

5:45

Ich muss jetzt aufstehen. Rolladen hochziehen. Radio schaltet sich ein. Dieses 2. Klassik Programm. Was denken Leser über mich. Wie denken sie eigentlich über meine kleine Gedankenwelt? Interessiert es sie wie ich lebe?

Kann ich meine Armseligkeit beschreiben. Soll ich sie überhaupt beschreiben.

Ich lese in meinem Lieblingsbuch.

Etwas festhalten wollen und dabei es überfüllen:

das lohnt der Mühe nicht.

Etwas handhaben wollen und dabei es immer scharf halten:

das lässt sich nicht lange bewahren.

Mit Gold und Edelsteinen gefüllten Saal

kann niemand beschützen.

Reich und vornehm und dazu hochmütig sein:

das zieht von selbst das Unglück herbei.

Ist das Werk vollbracht, dann sich zurückziehen:

das ist des Himmels SINN.

240

6: 00

Morgentoilette. Heute muss ich meinen Körper einer Komplettreinigung unterziehen. Duschen ist im Programm. Der behindertengerechte Umbau hat sich gelohnt. Gemütlich sitze ich auf der ergonomisch geformten Sitzfläche, die man nach belieben herunterklappen kann. Unter dem programmierten 38 Grad warmem Wasser das auf mich herabfällt wie ein Regenschauer im Regenwald, wasche ich meinen alten Körper, von dem ich mich persönlich schon vor mindestens 20 Jahren verabschiedet habe.

Nachdem Sie im ersten und zweiten Buch am eigenen Leib erfahren haben, was es bedeutet ziellos seine Existenz zu verspielen und ohne Hoffnung auf Erfolg und ohne Glaube an die Vernunft seelisch und geistig zu verrecken, haben sie im dritten Buch erfahren, dass Intelligenz nicht alles ist um erfolgreich zu sein. Was nicht ganz richtig ist, dass Hans doch noch kurz vor Torschluss dem Glauben an Gott und Jesus Christus verfallen ist. Ich musste dramaturgisch den Lenker herumreißen, meine lieben Freunde, sonst wo wären wir gelandet? Wir wären alle auf dem Scheiterhaufen gelandet, oder in der Hölle. Vielen Dank für ihr Verständnis. Glauben an Gott ähnelt einer Psychose! Das soll aber ein Geheimnis bleiben zwischen uns!

6:15

Ich hoffe sie sind nicht auf meine Story im dritten Buch hereingefallen und denken jetzt vielleicht, der arme Professor sitzt jetzt für den Rest seines Lebens hinter Gittern.
Gibt es nichts Schöneres als diese fabelhafte Welt der Literatur.
Alles nur in den Köpfen.
Die Verwirrung scheint doch etwas zu groß zu sein.
Ich möchte mit ihnen Frieden schließen. Heute, für morgen, für die

Ewigkeit. Was soll das heißen? Ich kenn sie ganz genau und auf der anderen Seite kenn ich sie überhaupt nicht. Trotzdem möchte ich, dass Sie mich so annehmen wie ich bin. Ich habe keine Identitätskreise. Weder Borderline noch sonstige Psychosen können bei mir diagnostiziert werden. Ich bin ganz normal, wie sie auch ganz normal sind. Sie wissen was das bedeutet, sonst hätten sie auf gar keinen Fall dieses Buch gekauft. Es wird aber leider etwas kurz geraten, da die erste Stunde schon bald verstrichen ist. Die Zeit ist knapp. Die denke ich muss noch ein paar kluge Sprüche einfügen, sonst wird das Ganze einfach zu profan und unprofessionell. Denken und schreiben gleichzeitig ist eine neue Herausforderung für mich. Alles in Echtzeit!

Ich lese in meinem Lieblingsbuch.

Die Tüchtigen nicht bevorzugen,

so macht man, dass das Volk nicht streitet.

Kostbarkeiten nicht schätzen,

so macht man, dass das Volk nicht stiehlt.

Nichts Begehrenswertes zeigen,

so macht man, dass des Volkes Herz nicht wirr wird.

Darum regiert der Berufene also:

Er leert ihre Herzen und füllt ihren Leib.

242

Er schwächt ihren Willen und stärkt ihre Knochen

und macht, dass das Volk ohne Wissen

und ohne Wünsche bleibt,

und sorgt dafür,

dass jene Wissenden nicht zu handeln wagen.

Er macht das Nichtmachen,

so kommt alles in Ordnung.

6:30 Kaffee

Die programmierte Kaffeemaschine hat ihren Dienst getan, wie jeden Morgen. Ich mache mir Toast. Darauf kommt etwas Honig. Heute ist der 30.Juni 2029. Sie können ruhig auf Seite 15 zurückschlagen. Sie haben es doch nicht verstanden, oder?

8: 00 Hundespaziergang

Heute ist der 26. Juni 2029. Wie viele Tausend kleiner Steine sind es wohl, die unter meinen braunen ausgetretenen Lederschuhen knirschen, bis ich Zuhause ankomme.

Unter dem Schutz der Bäume kann ich mich von den Sonnenstrahlen schützen, die heute nach 8 Wochen Regenwetter endlich ungebremst auf die Erde brasseln. Links von mir fließt ein kleiner Bach ruhig in Richtung Österreich. Fünf kleine Entchen schwimmen aufgeregt hinter ihrer Mutter und geben leise kurze Rufe von sich. Eigentlich habe ich es meinem Hund zu verdanken, dass ich in den Genuss dieses herrlichen Spazierganges komme. Er zwingt mich praktisch aus meiner gewohnten Umgebung an die frische Luft. Dadurch komme ich ab und zu unter die Menschen. Ich lebe allein in dem großen Haus, das ich mir 2011 zugelegt habe. Natürlich ist es wie alles um mich herum zu groß, aber ich hatte keine andere Wahl. Die Gewinne aus meinen ersten Büchern haben mich dazu gezwungen. Geld auf der Bank liegen zu lassen, ist in unserer Zeit verantwortungslos, nahezu kriminell leichtsinnig.

Ich lese in meinem Lieblingsbuch

Kannst du deine Seele bilden, dass sie das Eine umfängt,

ohne sich zu zerstreuen?

Kannst du deine Kraft einheitlich machen

und die Weichheit erreichen,

dass du wie ein Kindlein wirst?

Kannst du dein geheimes Schauen so reinigen,

dass es frei von Flecken wird?

Kannst du die Menschen heben und den Staat lenken,

dass du ohne Wissen bleibst?

Kannst du, wenn des Himmels Pforten

sich öffnen und schließen,

wie eine Henne sein?

Kannst du mit deiner inneren Klarheit und Reinheit

alles durchdringen, ohne des Handelns zu bedürfen?

Erzeugen und ernähren,

erzeugen und nicht besitzen,

wirken und nicht behalten,

mehren und nicht beherrschen:

das ist geheimes LEBEN.

9:00

Meine Haushälterin kommt. Sie redet nicht viel und spreche sie auch kaum an. Seit Jahren macht sie mir den kompletten Haushalt. Eine gute Frau. Ich hatte in meinem ganzen Leben noch keine geschlechtliche Vereinigung mit einer Frau. In dieser Beziehung bin ich rein. Ist das nicht schön? Sie wären es bestimmt auch, aber ihre Sinnesorgane speziell ihre Augen, sagen ihnen jeden Tag, die oder die, oder, ja, die wäre mir auch recht. Ich kenn euch doch. Kommen sie mir jetzt nicht wieder mit dem alten Hut, das wäre alles nur in meinem Kopf. Was ein Quatsch. Machen Sie sich nichts vor, selbst Monogamie ist sehr problematisch. Der ganze Sex macht euch verrückt. Ich habe keine sexuellen Phantasien, die mich vom denken abhalten, desshalb wird dieses Büchlein nur 56 Seiten umfassen. Euer Gedankenbuch würde vielleicht 556 Seiten dick sein, würdet ihr alle euere sexuellen Phantasien notieren. Deshalb bin ich asexuell. Mit 80 Jahren ein glücklicher Mensch. Ich muss niemand dankbar sein und kein Mensch hat offene Rechnungen bei mir.

9:30

Die vierte Stunde bricht nun an und wir sind nur ein wenig bekannt. Sie wissen mittlerweile ungefähr mit wem sie es hier zu tun haben. Ich kenne sie auch ein wenig und um ihnen das wirklich zu beweisen, zitiere ich LAOTSE aus „Der Bahn" übersetzt von Alexander Ular, erschienen im Inselverlag 1920. Dieses Buch habe ich 1964 im englischen Internat fast täglich zum Überleben notwendigst gebraucht. Kein Vergleich mit der normalen Bindung oder Abhängigkeit mit Freunden oder Zimmergenossen. Nein, dieses Buch war mehr und es gab mir mehr als jeder Klassenkamerad. Wie sollte er auch. Wer kommt schon gegen LAOTSE an. Keiner meiner Schulkameraden hatte nur die geringste Ahnung in welchen Höhen ich als gerademal 15-jähriger schwebe. Wobei ich, wir haben nicht viel Zeit, ihnen ganz ehrlich sagen muss, keiner konnte mir nur annähernd folgen. Das Buch war wichtiger als jeder Mensch um mich herum. Ich hätte für dieses Buch, für dieses Wissen, schon damals getötet.

Im Übrigen sind meine Gesprächsversuche mit den wenigen Mitschülern, die ich als die Intelligentesten eingestuft habe, meistens sehr schnell im Sand untergegangen
Ich war allein. Und das war gut so. Ich bin allein. Und das war und ist gut für mich. Es gibt nichts auf dieser Erde was ich mehr hasse als Klugscheisserei. Abgrundtief.

Ich lese in meinem Lieblingsbuch

Der SINN ist immer strömend.

Aber er läuft in seinem Wirken doch nie über.

Ein Abgrund ist er, wie der Ahn aller Dinge.

Er mildert ihre Schärfe.

Er löst ihre Wirrsale.

Er mäßigt ihren Glanz.

Er vereinigt sich mit ihrem Staub.

Tief ist er und doch wie wirklich.

247

Ich weiß nicht, wessen Sohn er ist.

Er scheint früher zu sein als Gott.

11: 30
Der fahrende Mittagstisch kommt. Nicht der Rede wert.

12:00
Zweiter Hundespaziergang
Im gleissenden Licht der Mittagssonne erheben sich vor mir die Berge des nördlichen Allgäus. Auf dem Weg vor mir erkenne ich verschiedenartige Fußabdrücke. Menschen mit kleinen und großen Füßen sind hier vorbeigekommen. Glatte kleine Abdrücke wechseln sich ab mit dem Eindruck von übergroßen, groben Profilsohlen.

Ich lese in meinem Lieblingsbuch

Gnade ist beschämend wie ein Schreck

Ehre ist ein großes Übel wie die Person.

Was heißt das: »Gnade ist beschämend wie

ein Schreck«?

Gnade ist etwas Minderwertiges.

Man erlangt sie und ist wie erschrocken.

248

Man verliert sie und ist wie erschrocken.

Das heißt: »Gnade ist beschämend

wie ein Schreck«.

Was heißt das: »Ehre ist ein großes Übel

wie die Person«?

Der Grund, warum ich große Übel erfahre, ist,

dass ich eine Person habe.

Habe ich keine Person,

was für Übel könnte ich dann erfahren?

Darum: Wer in seiner Person die Welt ehrt,

dem kann man wohl die Welt anvertrauen.

Wer in seiner Person die Welt liebt,

dem kann man wohl die Welt übergeben.

Wissen sie jetzt warum ich fast täglich den LAOTSE lese. Ich glaube sie verstehen mich. Weil er GUT ist.
Allein die Verse über den Sinn und die Person, also, muss ich da

noch mehr sagen? Nichts mehr, es ist alles gesagt. Jeder Satz den ich jetzt noch schreibe ist nackte, beschämende Anmaßung.

12:15

Ich bin auf der Suche. Vielleicht werde ich das Ziel nie erreichen. Vielleicht werde ich die Spur nie finden und ganz umsonst umherirren. Irgendwo zwischen den Bergen bläst der Wind über Sandflächen und löscht die Spuren aus. Irgendwo regnet es, und das Wasser verwischt die heiß ersehnte Spur für immer. Die Suche ist meine Aufgabe. Mein Leben wurde mir gegeben um die Suche weiterzuführen. Die Suche nach der Wahrheit muss vollendet werden. Ich bin nur eine kleine Einheit, unabhängig und frei nach Außen, gebunden an den Auftrag aus dem Innersten. Wir werden in dieser kurzen Zeit, die uns beiden bleibt keine endgültige Wahrheit, keine endgültigen Antworten auf die dringlichsten Fragen finden.

12: 30

Mittagsschläfchen. Kann mich an keinen Traum erinnern.

13:00

Ich lese in meinem Lieblingsbuch

Mein ganz besonderer Lieblingsvers:

Die Bahn der Bahnen ist nicht die Alltagsbahn;

Der Name der Namen ist nicht der Alltagsname.

Unnambarkeit ist Wesen des Allüberall;

Nambarkeit ist Werden des Einzelnen.

Jedoch: klar sieht, wer von Ferne sieht,

und nebelhaft, wer Anteil nimmt.

Diese Grundwesenheit, zwiefältig, ist Eins

In der Erscheinung nur, zwiefacher Gegensatz.

Sie ist das Unergründliche, das unergründliche

Gründliche, das Tor zum letzten Geheimnis.

13: 30
Eine andere Übersetzung von Günter Debon

Könnten wir weisen den Weg,

es wäre kein ewiger Weg.

Könnten wir nennen den Namen

Es wäre kein ewiger Name.

Was ohne Namen,

Ist Anfang von Himmel und Erde

Was Namen hat,

Ist Mutter den zehntausend Wesen.

Wahrlich :

Wer ewig ohne Begehren,

Wird das Geheimste schaun,

Wer ewig hat Begehren,

Erblickt nur seinen Saum.

Diese beiden sind eins und gleich.

Hervorgetreten, sind ihre Namen verschieden.

Ihre Vereinigung nennen wir mystisch.

Mystisch und abermals mystisch:

Die Pforte zu jedwedem Geheimnis.

15:30

Kaffee und Kuchen. Langweilig. Keine gescheiten Gedanken. Ich kann Ihnen ja wohl nicht erzählen wie ich mich mindestens ein halbe Stunde meines kostbaren Lebens habe müssen erregen über den miserablen Reinigungszustand eines Fensters im hinteren Teil des Wintergartens.

Der Zucker macht mich ganz wirr im Kopf.

16:00

Dritter Hundespaziergang.

Unwiderruflich, weg, einfach verschwunden. Eine Stunde hab ich verloren. Ich war in Topform. Die richtigen Worte zur richtigen Zeit. Es war einfach schön. Nein, schön ist ein zu einfaches Wort. Wer weiß schon was schön ist. Haben Sie vielleicht Kunst studiert oder Musik oder Literatur um überhaupt den Anspruch zu erheben eine Bewertung abzugeben? Haben Sie nur die leiseste Ahnung von reiner und klarer Schönheit?

Schönheit ist nicht nur eine Frage der Ästhetik, nein, Schönheit ist auch eine Frage der Einheit, der Harmonie, des Klangs und des Rhythmuses, der Klarheit und Reinheit. Nur das Reine ist auch das Schöne. Meine lieben Freunde, ich hab den Hass. Ich hab gerade 1 Stunde Tipparbeit verloren. Eine Stunde höchster Kontemplation. Ich war so schön dabei ihnen meine Meinung zu sagen über Selbstherrlichkeit. Über das Phänomen des Altruismus. Ich war am Schreiben wie ein Irrerer. Die Gedanken konnte ich gar nicht schnell genug erfassen. Es war wie im Rausch. Dieser mir sehr wohl bekannte einzigartige Flow überkam mich fast wie geplant. Diese Selbstzufriedenheit. Dieses Gefühl etwas Besonderes zu schaffen. Es geschafft zu haben. Ja etwas zu schaffen was sonst kein Mensch schaffen kann. Ich hab ihnen ungefähr geschrieben, dass wir alle an uns arbeiten müssen und das wir in der zweiten Stufe an das Kollektiv denken müssen, und diese beiden Dinge müssen auch noch zusammen ablaufen . Vom zeitlichen Ablauf her gesprochen also gleichzeitig. Die Entwicklung an und mit sich selbst, sowie diese Kraft auch im Kollektiv zur Wirkung kommen lassen, dass ist die Essenz des Lebens. Das heißt in der Realität zum Beispiel sich politisch zu engagieren. Aber erst wenn sie reif dazu sind. Sie denken ich schreibe das alles nur für mich, das sind alles nur meine Gedanken. Nein. So ist die Welt. Mein Gott, was habe ich alles in dieser Stunde geschrieben. Es tut mir leid. Es tut mir Leid. Für mich und für sie. Es war einfach einzigartig, was ich da geschrieben habe. Aber ich denke, sie wissen, sie fühlen auch was ich gemeint habe. Wir müssen an uns selbst arbeiten. Es gibt keine Ausrede. Nein. Silentium.

Ich lese in meinem Lieblingsbuch

Man schaut nach ihm und sieht es nicht:

Sein Name ist Keim.

Man horcht nach ihm und hört es nicht:

Sein Name ist Fein.

Man fasst nach ihm und fühlt es nicht:

Sein Name ist Klein.

Diese drei kann man nicht trennen,

darum bilden sie vermischt Eines.

Sein Oberes ist nicht licht,

sein Unteres ist nicht dunkel.

Ununterbrochen quellend,

kann man es nicht nennen.

Er kehrt wieder zurück zum Nichtwesen.

Das heißt die gestaltlose Gestalt,

das dinglose Bild.

Das heißt das dunkel Chaotische.

Ihm entgegengehend sieht man nicht sein Antlitz,

ihm folgend sieht man nicht seine Rückseite.

Wenn man festhält den SINN des Altertums,

um zu beherrschen das Sein von heute,

so kann man den alten Anfang wissen.

Das heißt des SINNS durchgehender Faden.

17:45

An unserer Gier und unserem Neid müssen wir arbeiten. Wir müssen an unsere Persönlichkeit arbeiten. Unsere soziale und mediale Kompetenz muss verbessert werden. Die ideale

Kommunikation muss zu unserem Hauptthema werden. Und ohne Wirgefühl werden wir diese Welt nicht verbessern. Es gibt natürlich immer ein paar egozentrische Kapitalisten, die es überhaupt nicht zu ihrem Thema machen wollen.

18:00
Abendessen

Ein Schmalzbrot, 5 Tassen Kaffee, 2 Tassen Tee und jede Menge Probleme mit meinem Computer. Ich bin 80 und bin immer noch produktiv. Ich hoffe sie werde es auch noch sein.

Ich lese in meinem Lieblingsbuch

Himmel und Erde sind nicht gütig.

Ihnen sind die Menschen wie stroherne Opferhunde.

Der Berufene ist nicht gütig.

Ihm sind die Menschen wie stroherne Opferhunde.

Der Zwischenraum zwischen Himmel und

Erde ist wie eine Flöte,

leer und fällt doch nicht zusammen;

bewegt kommt immer mehr daraus hervor.

Aber viele Worte erschöpfen sich daran.

256

Besser ist es, das Innere zu bewahren.

19:00

Wahrlich wer ewig ohne Begehren, wird das Geheimste schaun, wer ewig hat Begehren,

Erblickt nur seinen Saum. Das ist wohl eine der besten und verständlichsten Stellen. Kein Mensch wird sich diesem Satz entgegenstellen. Begehren und Gier hat uns schon immer ins Verderben gezogen. Fortschritt wurde immer mit Leistungssteigerung, mehr an Umsatz, mehr an dies und mehr an das. Was brauchen wir zum Leben. Ein zweites Auto? Einen 2 Meter langen Plasmabildschirm? Nein, was wir brauchen ist Kommunikation auf allen Ebenen, sowie Empathie, Kompromissbereitschaft und Akzeptanz. Wir müssen uns gegenseitig ernst nehmen. Das ist der Anfang.

19:05

Ich fahre noch kurz meinen Computer hoch, um noch einige Sätze in mein neues Buch „Varths Gespräche" einzugeben. Ich hab die Sätze gestern schon auf Papier gebracht. Altmodisch mit Papier, ich weiß, so bin ich.

19:50

Verzeihen Sie mir, wenn ich jetzt etwas schullehrermäßig werde! Unsere tägliche Übung mit unseren Mitmenschen muss diese Punkte beinhalten. Beobachten Sie das Gesicht ihres Gegenübers, wenn Sie tatsächlich mit aller Seriosität ihren Gesprächspartner aussprechen lassen und ihm zusätzlich das Gefühl geben ihn vollends ernst zu nehmen und in seiner ganzen Erscheinung zu akzeptieren.

Wir sind jetzt gerademal 14 Stunden zusammen und schon spüre ich den Drang ihnen permanent in aller Konsequenz zu sagen was Sie in Ihrem Leben auf keinen Fall falsch machen dürfen.

Es liegt daran, dass ich selbst auf Schritt und Tritt von Klugscheißern verfolgt werde, von denen ich aber letztendlich noch nie unterstützt wurde. Alles was ich mache und was ich bin, bin ich.

20:00 Fernsehen

3 Stunden Verdummung. Ich sollte die Kiste nicht anschalten. Kein Kommentar von mir über mich..

23:00 zu Bett

Nachtlektüre, Nachtgedanken vorm Einschlafen.

Ich lese in meinem Lieblingsbuch

Wer andere kennt, ist klug;

Wer sich selbst kennt, ist erleuchtet.

Wer andere überwindet, hat Kraft;

Wer sich selbst überwindet ist stark.

Wer weiß, dass er genug hat ist reich.

Wer nicht aufgibt zeigt Willensstärke.

Wer seinen Ort nicht verliert, wird nicht untergehen.

Wer stirbt, ohne sich selbst aufzugeben,

bleibt ewig ein Teil des Lebens.

Letzte Gedanken

Tolstoi, Weizsäcker, Nietzsche, Friedrich von Schlegel, Rochefoucauld, Arthur Schnitzler, Christian Morgenstern und viele Andere haben sich auf meinem Nachtisch niedergelassen. Jeder von diesen Herren hat mir etwas mitgebracht. Jeder hat mir irgendwas zu sagen. Jeder will klüger sein als der Andere. Stimmt das was ich hier sage?

Kann ich Schlegel für anmaßend halten, wenn er zum gleichen Thema etwas das gleich von sich gibt wie der alte Epikur. Ist sie nicht unserer aller Welt, diese geistige Welt? Wir brauchen keinen Rudolf Steiner der uns von einer Welt hinter unserer Welt erzählt! Wir brauchen realistische Einschätzungen unserer Welt. Wir brauchen realistische Bilder und Konzepte von einer besseren Welt in unseren Köpfen von einer besseren Welt. Unsere Welt ist nicht die beste Welt. Aber die Einzige die wir haben. Es liegt in unsere Hand ob wir unsere Welt zum Besseren verändern können. Zuvor müssen wir aber unbedingt bei uns selbst anfangen. Unsere eigene Welt muss in Ordnung gebracht werden, nur dann kann es weiter gehen. Die Gier des Einzelnen findet sich wieder in der Gier der Familie, spiegelt sich in der Gier der Bevölkerung, wird Bestandteil unserer Gesellschaft.

Weniger ist mehr, und die einfachsten Lösungen sind die Schwierigsten. Aber ich bin kein Politiker sondern nur ein Schreiber. Gute Nacht. Einschlafen ist schwierig. Ich habe alles was ich brauche. Es sind zu viele Gedanken die mir im Kopf umherirren. Mein kommendes Buch, was esse ich morgen, soll ich jemanden anrufen? Ich bin allein, selbst dies wird sich nie ändern. Ich muss das Fenster schließen. Die Vögel werden morgen früh um 4: 45 Uhr wieder ein lautes Konzert geben.

Wenn ich doch nur wie das, nochmal das Gesicht, wer vergessen, ich glaube mein Plan ist gescheitert, das war viel zu wenig für einen Tag, zu wenig geschrieben, man kann nicht alles schreiben was man denkt, oder bin ich nur zu langsam, oder vielleicht zu alt, morgen lese ich Rainer Maria Rilke, vielleicht kann ich von ihm etwas lernen, so ein wunderschönes Buch, Ledereinband mit Goldbeschriftung wie war der Name nochmal? Das Buch! das....Buch!...so....schön....

Professor Varths Kurzgeschichten

Die wundersame Veränderung

Als Fritz Kifka an jenem scheußlichen Morgen aus seinen wunderschönen Träumen erwachte, fand er sich im Bett zu einem furchtbaren Ungeheuer verwandelt.

Ich kann mich nicht wie normal bewegen. Ich versuche die Arme zu bewegen. Ich kann sie nicht spueren. Meine Beine bewegen sich nicht. Was habe ich getan, damit ich so bestraft werde?

Schaue ich an meinem glitschigen grünen Körper herunter, sehe keine Arme, keine Beine! Wie eine Mischung aus Wurm und Schnecke.

Nun ja, Ungeheuer ist vielleicht wirklich nicht das richtige Wort. Ein Ungeheuer ist eine Figur aus dem Märchen. Ich bin aber die bittere Realität. Es gibt Ungeheuer. Es gibt mich. Aber was ist mit mir geschehen. Vor allen Dingen warum?

Oder bin ich vielleicht sogar in einem Kokot gefangen und fliege in ein paar Wochen als wunderschöner Schmetterling davon? Nein. Ich muss ungefähr einhundert Klílogramm wiegen. Schmetterling? Nein!

In meinem früheren Leben war ich Schriftsteller. Ich war ein glücklicher Mensch. Die unerschütterliche Struktur meines neuen Buches erfüllte mich mit einem Gefühl der absoluten Ruhe und Zufriedenheit. Allein der Gedanke an das neue Projekt erfüllt mich mit einem warmen, zufriedenen Gefühl.

Ich habe keine Arme, keine Hände, auch keine ähnliche Gliedmaßen, mit denen ein Halten eines Schreibgerätes möglich wäre.

Ich hatte so viele schöne Ideen, was ich schreiben könnte. Ohne Einleitung direkt ins Geschehen. Ohne Rechtfertigung. Ich will doch nur schreiben, weil es das Einzige auf der Welt ist, was mir persönlich etwas bedeutet. Mein Haus, mein Auto, mein Boot sind für mich nur Begriffe die meine Abhängigkeit von und mit der realen Welt festigen. Die will ich nicht. Ich will frei sein. Doch nun bin ich gefangen. Ich bin gefangen. Ständig wiederhole ich diesen Satz in meinem Kopf. Ich bin verloren.

Ich mache zwischen dem gesprochenen Wort und dem geschriebenen Wort keinen Unterschied. Ob ich etwas mit meiner Stimme in die Welt herausposaunen oder ich begebe mich mit meinem geschrieben Wort an die Außenwelt, das bleibt für mich das Gleiche.

Die Frage, die man sich stellen kann, ist natürlich, wenn ich den Mund aufmache, was soll dabei herauskommen? Was kommt dabei heraus, wenn ich schreibe. Das gesprochene Wort sollte den gleichen Stellenwert besitzen wie das Geschriebene.

Das bedeutet, reine Rede, reines geschriebenes Wort. Sich mitteilen, Gedanken teilen, Gefühle teilen, den Moment teilen, das Bewusstsein teilen. Das Leben teilen im Schreiben, im Flow, das Leben spüren, die Gefühle verstärken, die Einsamkeit teilen. Geht das?

Doch nun ist dieses Vorhaben erledigt. Ich kann nicht mehr schreiben. Mein Kontakt zur Außenwelt ist abgebrochen. Wie will ich aus dieser Wohnung, aus diesem Zimmer heraus, ohne abgeknallt zu werden. Loch Ness ist eine Schönheit im Vergleich zu mir.

Ich will nicht nur unterhalten. Die Geschichte muss meine Geschichte sein. Nicht Fiktion. Die Geschichte soll leben. Sie muss mit Leben gefüllt sein. Mit echten Gefühlen. Mit der Wahrheit. Mit meiner Lebenswahrheit. Was in meinem Leben wahr ist. Was in meinem Leben gut war. Absolut gut. Was lebenswert war. Was liebenswert war. Das Schreiben ist eine Sucht. Eine schöne Sucht.

Doch jetzt ist alles kaputt. Meine Pläne. Meine Zukunft. Mein Leben als normaler Mensch ist vorbei. Wie gern war ich doch ein ganz normaler Mensch. Dieses schöne, warme Gefühle ein ganz normaler Mensch zu sein, werde ich niemals mehr spüren. Ich wäre so gern wieder ein ganz normaler Mensch. Ein Ungeheuer wie ich ist unsterblich. Doch da scheiß ich drauf. Ich will wieder Mensch sein. Warum hat Gott mir das angetan. Irgendetwas muss ich falsch gemacht haben.

Mit dem Lesen, sowie beim Schreiben soll eine Verbundenheit mit dem Gegenüber geschlossen werden. Eine Einheit. Schreiber und Leser. Die Gefühle sollen sich synchronisieren. Das Gefühl soll überspringen. Die Verbundenheit im Moment. Über Jahre hinweg habe ich nichts anderes gelesen. Ausschließlich Literatur über Literatur und wie man ein gutes Buch schreibt. Wie man seine Leser fesselt.

Ich schwöre ich werde eine Therapie machen, um davon loszukommen, falls ich wieder zu einem normalen Menschen mutiere.

Heute bin ich gefesselt. Kein einziges Wort kann ich schreiben. Alles bleibt nur in meinem Kopf. Was für eine schreckliche Vorstellung. Ich allein in der Welt als Ungeheuer und kann mich nicht mitteilen. Ich halt das nicht aus. Werde ich morgen früh wieder als normaler Mensch erwachen?

Wie will ich in diesem Zustand Gedanken und Gefühle reflektieren. Wie soll ich Gedanken und Gefühle kommunizieren. Wie kann ich Gedanken und Gefühle teilen. Niemals kann ich einen Leser mehr mitnehmen auf die Reise zu guten Gedanken und guten Gefühlen. Mit ihm den glücklichen Moment teilen. Diese schönen Momente, die unser Leben bereichern. Die Liebe zum Leben teilen. Das ist nun vorbei.

»Was ist mit mir passiert? «, denke ich. Es war kein Traum, es war, nein es ist die grausame Wahrheit. Meine Stube, ein richtiges, nur etwas zu kleines Menschenzimmer, befindet sich im dritten Stock. Über dem Tisch, auf dem eine vergilbte und zerknitterte Gebirgswanderkarte aus dem Allgäu liegt, leuchtet ein kleiner Lichtkegel direkt auf die Mitte der Karte. Auf das Matterhorn. Das war mein Ziel. Ja, ich bin Schriftsteller und Bergsteiger. Mein Vater war schon Bergsteiger. Ich war der Erste unserer Familie, der auf die Idee gekommen ist, man könne doch sein Leben finanzieren durch Schreiben. Eins, zwei Bücher in einer von uns allen prädestinierten Form, der Vergangenheitsform, die in ihrer bestechend narzisstischen Monologtechnik auf Sie niederprasseln soll, um uns dann unwiderruflich in unserem Kern zu treffen.

Eine Form die uns nicht zwingt utilitaristisch zu denken und uns in eine Art von Footbridge-Dilemma zu entscheiden, was nun besser ist für unsere Zukunft. Das Lesen fortzusetzen oder unser gemeinsames Lebenlesen zu beenden. In unserer Gesellschaft gibt es immer nur zwei Optionen. Die Guten und die Schlechten.

Ich werde Sie niemals zu irgendetwas zwingen. Ich werde Sie nur animieren loszulassen. Alles. Befreien Sie sich. Befreien Sie sich selbst von Ihrem Ego. Damit sind Sie alle Probleme los. Doch diese Entwicklung kann ein ganzes Leben fordern.

Ich bin ein Ungeheuer und hab nicht mehr viel Zeit. Man wird mich töten.

In der immer wieder reinkarnierenden Welt wird man Mensch oder Tier.

In meinem Fall nun bin ich nun ein Ungeheuer. Eigentlich noch schlimmer wie Tier. Geächtet bin ich nun für alle Zeit. Kein Roman mehr. Kein Flow mehr durch das Schreiben.

Das alles würde ich nun auch gerne schreiben. Es war von mir geplant einen Bildungsroman zu schreiben. Eigentlich eine ganz linke Veranstaltung. Eine Roman mit dem Sie ihre Zeit totschlagen und gleichzeitig noch etwas dabei lernen, aber ohne es zu merken. Ich war schon clever, doch nun bin ich ein ein großes, übel riechendes, hässliches Ungeheuer.

Langsam folge ich meiner eigenen Schleimspur den Korridor entlang. Mein Toilettenbesuch heute Morgen war ein Desaster. Ich dachte ich könnte mein Körperunterteil irgendwie über die Toilette schleifen damit ich die Körperöffnung, die aussieht wie ein Anus, im Zentrum der Schüssel platziere um mich dann meiner Körperausscheidungen zu endledigen. Die Öffnung war aber nicht das für was ich sie gehalten habe. Die war an einer anderen Stelle.

Wenn ich morgen früh wieder als Mensch aufwache, dann mach ich liebend gern die Sauerei wieder weg und ich werde mich nie wieder arrogant gegenüber meiner Umwelt äußern, noch werde ich in meinem Leben irgendetwas schreiben. Niemals mehr werde ich ein Schreibutensil in die Hand nehmen. Wenn ich anmaßend war, Gott möge mir verzeihen. Arrogant und besserwisserisch zu sein ist doch keine Schande, geschweige denn ein Todesurteil! War ich so ein schrecklicher Mensch? Die Hand soll mir abfaulen, wenn ich noch ein einziges Wort in die Welt hinausschreibe.

Das Schreiben war mein Unheil.

Natürlich werde ich versprechen niemanden auf der ganzen Welt von diesem Ungeheuerding zu erzählen. Ich schwöre bei allen Göttern. Ich werde niemals mehr ein Wort schreiben.

Am nächsten Tag ist Herr Fritz Kifka wieder in seiner alten gewohnten sterblichen Hülle erwacht und war der glücklichste Mensch auf der ganzen Welt.

Das Spiel

Gegen Anfang September im Jahre 2014 trat ein junger Mann in den über die Landesgrenzen bekannten Spielsalon „Meine Sternstunden" in Geldersweiler, das gerade die Pforten geöffnet hatte.

»Ihren Mantel bitte, mein Herr! «, ruft ihm mit lauter und aggressiver Stimme ein in dunkelblauer Montur mächtiger junger Mann zu, der kerzengerade hochaufrecht hinter der Tür stand, als ob er auf ihn gewartet hat.

Beim Eintritt in die Spielhalle nimmt einem die Hausordnung zuerst einmal den Mantel. Beginnt mit diesem Akt schon so langsam die totale Entkleidung? Ist das Ende nicht schon vorprogrammiert. Ich will eigentlich nicht gewinnen. Ich will spielen. Das versteht kein normaler Mensch. Meine Gewinnphasen sind eingeschweißt in Verlusttragödien. Positive Gefühle vor und während des Spiels resultieren von meinem unrealistischen Optimismus und an meinem krankhaften Wunschdenken an immer größer werdende Gewinnbeträge.

Oft habe ich meine Verluste verschwiegen. Mit Gewinnen geprahlt, die keine waren und immer und immer wieder meine Familie betrogen. Kredite aufgenommen und alles verspielt. Ich bin am Ende. Wie gerne wäre ich ein normaler Mensch. Das Gegenteil spiegelt sich in meiner Person. Ich bin gereizt, oft irritiert und vergesslich, ruhelos und kann daher auch schlecht schlafen. Ich bin ein MoF geworden. Die Sucht hat mich zu einem Menschen ohne Freunde gemacht. Zerstört.

Die „Goldene Sieben" ist mein Lieblingsautomat und gleichzeitig mein Untergang. Das Monstrum hängt festverschraubt an der verstaubten Holzwand direkt neben dem schäbigen Kaffeeautomaten. Der Saal ist voll von Spielern, Schaulustigen und von alten, armen Menschen, die sich hierher geschleppt haben, um sich aufzuwärmen. Ein längeren Aufenthalt, in der verqualmten Stätte, wird ihnen jedoch nicht gewährt. In meinem runzeligen Gesicht haben langjährige Qualen ihre Spuren hinterlassen.

Wie kann ich mich noch im Spiegel ertragen. Ich bin hässlich, alt und ein Versager. Ich habe meine Häuser verloren. Ich habe meinen Job verloren. Ich bin geschieden und meine Kinder habe ich schon fünf Jahre nicht mehr gesehen.

Der Klang des Geldes stachelt meine Sinne an, die Illusion gewinnen zu können zwingt mich täglich mit aller Gewalt in die

Spielhölle. Es wird Zeit dieses Drama zu beenden. Als ich den Saal betrete, sehe ich schon einige Kameraden festverwurzelt an ihren Guillotinen versammelt. Jeder für sich im aussichtslosen Kampf gegen die Maschine.

Zwei alte Glatzköpfe standen mit bleichen, maskenhaft versteinerten Gesichtern vor ihrem Lieblingsgerät und ließen erkennen, dass ihre Psyche abgestumpft war und ihre Herzen schon vor langer Zeit nicht mehr nach dem Rhythmus der Liebe geschlagen haben. Wenn der Henker einen Kopf abschlägt, schauen die Todeskandidaten meist ähnlich verzweifelt in die letzten Sekunden der Welt.

Nach 2 Stunden Hoffen auf den erlösenden Gewinn verlasse ich das Etablissement mit nur zehn Euro in der Tasche. Warum 10 Euro weiß ich nicht. Ich werde meinem Leben ein Ende bereiten. Der eiskalte Rhein, ein spontaner Sprung von der Brücke in die Dunkelheit, wird mein armseliges Leben beenden. Auf dem Weg zur Brücke steht ein alter Mann im Eingang einer Verkaufspassage.

„Mein Herr geben Sie mir, was Sie wollen, ich werde für Sie beten". Als ich den Alten anblicke, verstummt er und verlangt nichts mehr. In seinem Gesicht sehe ich eine noch viel härtere Not, als die meine.

Ich werfe dem Alten meine 10 Euro hin, verlasse die Fußgängerzone und gehe schnellen Schrittes in Richtung Brücke. „Ich werde für sie beten mein Herr damit Sie ein langes und gesundes Leben haben werden", ruft der Alte mir nach.

Hat der eine Ahnung? Nein, kein Mensch hat eine Ahnung, wie schlecht es mir geht. Kein Mensch kann sich nur vorstellen, in was für einer beschissenen Klage ich mich befinde. Nachdem mein Haus verloren habe, dachte ich es kann nicht mehr schlimmer kommen. Dann die Scheidung, der Verlust der Kinder. Ich dachte immer es geht nicht mehr schlimmer. Weit gefehlt es geht noch schlimmer. Man kann sich auch noch selbst verlieren. Kein Mensch versteht das. Nur ich.

Letzten Sommer hatte ich die letzte Chance eine Therapie zu machen. Nach 2 Wochen war die Kur für mich beendet. Ich wurde bei einer Waschmaschinenwette verwischt. Bei dieser Aktion wird gewettet er am genauesten das Ende des Waschprogramms und damit die letzte Drehung und das Stoppen der Waschtrommel errät. Man kann auf alles wetten. Das hab ich in meiner Kur ausdrucksvoll, folgenschwer und schmerzlich erfahren. Mein Kurschatten war von meiner Heimreise nicht begeistert, obwohl sie von da an einen finanziellen Schmarotzer weniger zu unterstützen hatte.

Einfach aufhören, klingt so leicht. Aber ich kann mich doch so schön wegmachen mit dem Spielen. Ich bin da vollkommen weg. Voll in der Hoffnung in der Gier. Bin voll abgelenkt von meinen Problemen. Das Problem selbst lenkt mich ab von meinem Problem. Wie beim Alkohol. Ich muss mein Leben in Ordnung bringen. Gefühle zulassen, Sprechen beginnen, Zuhören versuchen.

Wann hab ich mich zum letzten Mal ernst genommen.

Andere akzeptieren war bis heute nur in meinem Kopf, jedoch nicht in meinem Herzen. Fremde tolerieren war von mit intellektuell gefordert und als Grundvoraussetzung jeglicher geistigen Aktivität angesehen, jedoch auch nur eine Lüge vor und mit mir selbst. Damit ist jetzt Schluss.

Sich wegmachen, wird jetzt als totale Flucht angesehen. Diesen Vorgang hab ich nun erkannt und werde alles dafür tun mich nicht mehr zu verstecken.

Sucht sucht Sucht. Sucht ist tödlich. Ich werde in Zukunft freundlich mit mir umgehen.

Das war jetzt alles zu schnell. Ich weiß.

Aber das Leben ist kurz, und ich muss mich jetzt ändern und nicht morgen.

Neue Dimensionen

Der Proberaum war von einem sonderbaren Duft von Räucherstäbchen und abgestandenen Bier durchtränkt. Von der Ecke der leise surrenden Gasheizung aus, in der Samuel auf einem alten Drehstuhl saß, blickte er auf eine Wand von großen schwarzen Lautsprecherboxen und verschiedenen Gitarrenverstärkern. Seine Gedanken waren jedoch weder bei ihm noch im hier und jetzt. In der Mitte des Raumes, auf einem Aluminiumstativ, war ein digitaler Recorder befestigt, der alle wohlgemeinten Probestunden aufgezeichnet hat.

Als er die Aufzeichnungen anhörte, die er und seine Musikerfreunde über viele Monate aufgezeichnet hat, flog eine Lächeln der Befriedigung über sein seine Züge.

Aber plötzlich fuhr er auf, raufte mit seinen kalten Händen sein schütteres Haar und war von einem zu anderen Moment in eine spontan ihn überkommene Depression gestürzt.

Es waren seine besten Aufnahmen, die Besten die er je geschaffen hat. Sie waren jedoch zu schlecht um in der realen Welt des Musikgeschäfts zu bestehen. Vieles war nur kopiert und mit mangelhafter Handwerklichkeit zu einem scheinbar annehmbaren Etwas zusammengeschmolzen.

Ich kann so nicht weitermachen. Die Aktivitäten die sich selbst fälschlicherweise gern als Kreativität anzusehen vermochten, waren in eine verkehrte Dimension gewandelt.

Neue Dimensionen müssen sich auftun sonst bin ich verloren. Die Sprache reicht nicht aus. Meinem quälenden Gefühl der heraufsteigenden Sinnlosigkeit folgt nun eine trostlose Phase der Sprachlosigkeit.

Es sind neue Emotionen die in mir aufsteigen, in Dimensionen die mir fremd sind.

Durch meinen Körper bewegen sich Wellen, die einem unbekannten Rhythmus folgen, der die Hoffnungslosigkeit wegtrommeln möchte. Diese mir bekannte permanente Überforderung wird über mich entscheiden. Doch sie sollte nicht entscheiden, ich sollte entscheiden. Schluss aus.

Eine Dimension der Bewältigungsstrategie, die Flucht in Aktivitäten, die früher das Heil bedeuteten, hat heute dem Fall in die Bedeutungslosigkeit und Depression Platz gemacht.

Omnipotenzwahn und Megalomanie nähren meine bipolare Störung auf der Grundlage einer diagnostizierten narzisstischen Persönlichkeitsstörung. Was will man mehr zum unglücklichsein. Mein Leben ist entschieden. Dimensionen müssen sich ändern. Visionen dürfen sich öffnen. Frustrationen dürfen sich verabschieden.

Loslassen.

Die Wahrheit über meine Person, ein Sammelsurium an Diagnosen, bringt mich nicht weiter. Hilflosigkeit ist kein Gendefekt, Hilflosigkeit ist eine Desorientierung. Meine Leiden sind mit meiner Person verbunden. Die muss ich loswerden. Ich muss mein Ich loswerden. Mein stolzes, selbstverliebtes Ich muss aufs Schafott.

Neue Dimensionen ohne Persönlichkeitsprobleme, da ich die einfach mal nicht beachte. Die ich einfach ausgelöscht habe aus meinem Gedächtnis, aus meinem Verhalten, aus meinem Bewusstsein.

Loslassen.

Neue Dimensionen ohne neurotisches Gedankenspektakel. Wie schön! Die Dinge einfach so betrachten wie sie sind. Eine verlegte Terminerinnerung ist nur ein Stück Papier! Sie sollte keine Ermutiung sein über eine neue Wohnung nachzudenken, nachdem man sein eigenes Haus verlassen hat. Allein ist keine Lösung. Ein Stück Papier sollte kein Grund sein für eine Ehekrise!

Loslassen.

Nahrung sollte nur einen Zweck erfüllen. Die Ernährung sichern. Nicht auf Kosten von anderen. Es darf niemand dafür sterben, nur damit ich etwas zu essen habe. Ich würde niemals ein Schwein töten, aber essen. Nein. Neue Dimensionen. Es muss eine neue Dimension etabliert werden in Bezug auf die Ernährung.

Bewegung in neuen Dimensionen. Nicht nur von der Couch zum Kühlschrank bewegen. Nein, ich werde mich trauen zu Fuß einkaufen zu gehen. Ich werde mir die Blöße geben und 1200m in unseren Discounter zu laufen. Egal was die Leute denken. Scheiß auf neurotisches was, wer denkt, warum und wieso.

Loslassen.

Ach wie schön. Nachdem mein selbstzerstörerisches Ich den lang ersehnten Abgang gemacht, kann ich mich ganz meinem Geist zuwenden. Geisttraining war schon immer etwas, dass mich sehr interessiert hat. Was ist das? Was hat es auf sich mit diesem Geisttraining.

Geisttraining findet im Hier und Jetzt statt. Ich nutzte meine Geistesgegenwart und mein klares Bewusstheit, um Gier, Hass und Verblendung am Aufsteigen zu hindern. Jede Befleckung erkenne ich schon von weitem. Es gibt keine persönlichen Eigenschaften mehr die sich wie eine Kalkschichtablagerung auf meiner Seele anheften wollen. Feierabend ihr Scheißgefühle!

Loslassen alter Illusionen.

Eine neue Dimension ist auch die Art und Weise in der ich denke muss, fühlen und agieren. Praktizieren. Ich hab keine 100 Jahre Zeit. Ich muss mich heute ändern. Nicht morgen. Praktizieren bedeutet auch meditieren. In meiner täglichen Meditation werde ich nur die vier edlen Wahrheiten anwenden. Eine Methode aus Tausenden. Ich bin Anfänger. Dafür gibt es aber kein Grund sich minderwertig zu fühlen. Ich sitze ruhig und bequem und mir wird folgendes klar.

Die Wahrheit des Leidens ist vergleichbar mit einer Krankheit, die als solche erkannt werden muss. Die Wahrheit von der Ursache des Leidens ist wie die Krankheitsursache der Krankheit, die aufgegeben werden muss.

Loslassen alter Dimensionen.

Die Wahrheit des Aufhörens des Leidens entsteht aus dem Glück, das frei ist von Leiden, und muss erlangt werden. Der achtfache Pfad liefert die Zufriedenheit.

Die Wahrheit des Pfades ist wie die Medizin, und man muss sich auf sie stützen.

In meiner Jackentasche führe ich den achtfachen Pfad immer mit mir. Ich lerne ihn auswendig. Er allein führt zum Nirvana.

Meine neuen Dimensionen sind meine Rettung.

Die Leere ohne Verblendungen sind mein Heil.

Der Zerfall

Er beißt die Frau in die Brust, und dadurch schießen ihre Hände nach vorn. Das weckt ihn noch mehr auf, er schlägt sie auf den Hinterkopf und hält ihre Hände fester. Er stopft sein Geschlecht in die Frau. Die Musik schreit, die Körper schreiten voran. Die Frau Direktor gerät etwas aus ihrer Fassung. Ein schlafender Hund ist der Mann, den man nicht hätte wecken sollen. Die Waffe trägt er unter dem Gürtel. Jetzt ist er wie ein Schuss heraus geknallt.

Viele Jahre sind nun schon vergangen, in denen ich nur noch in schmerzhafter Erinnerung an diese phantastische Zeit zurück- denke. Was für eine toller Hecht ich war. Heute bin ich die Arm- seligkeit in Person. Allein, abgeschottet von Welt sitze ich verzwei- felt in meiner Behausung und überlege krankhaft was ich noch tun könnte in diesem Leben. Schreiben war lange in meinem Kopf. Die Frage war nur, was soll denn schreiben. Soll ich mein erlebtes reiches, ausgefülltes Dasein auf dem Papier vor mir ausbreiten und einen Gefühlsflashback nach dem anderen erleiden. Jede Frau lag mir und meinem Geld zu Füssen.

Die Gegenwart zu akzeptieren kommt überhaupt nicht in Frage. Wer bin ich denn, dass ich diese Armut hinnehmen müsste? Ein Bild, ein Gemälde befindet sich in meinem Kopf. 5 nackte Engels- körper. Erinnert an eine Situation aus meiner Sturm und Drangzeit in Italien. Als Geschäftsführer eines internationalen Unternehmens war alles möglich. Alles käuflich. Heute jedoch ist nicht mehr alles käuflich. Heute erscheint alles ausweglos und mit einer ausnahmslosen Frustration behaftet. Alles ist behaftet mit dem Geruch der Vergänglichkeit. Dem Geruch des Todes. Meine täg- liche permanente Trauer über den körperlichen Zerfall ist für mich persönlich die größte Niederlage. Eine Niederlage mit der ich nicht gerechnet habe. Nie. Vom Wurstfabrikant zum armen Würstchen, zum alten armen Würstchen, hineingestopft in eine alte Haut. Natürlich hatte ich den Wunsch die Zeit zu bremsen als ich keinen Menschen mehr über mir hatte. Nur noch Gott und die Sterne überragten meine Persönlichkeit. Niemals wäre ich in die Politik gegangen, um nur mit einem kleinen Taschengeld abgespeist zu werden. Ich hatte den Plan.

Im Badezimmer fehlt der Spiegel. Im ganzen Haus sind keine Spiegel. Ich kann mein Gesicht nicht mehr ertragen. Tränensäcke, Falten, eine Glatze und schlechte Zähne. Was soll ich sagen? Ich bin ein zutiefst hässlicher, dicker alter Mann geworden. Ich hasse meinen Körper. Wenn ich schon nicht mit meinen Engelskörpern spielen kann, dann möchte ich sie zumindest malen. Malen kann ich auch noch im bevorstehenden Rollstuhl nach zwei missglückten Hüftoperationen.

Gibt es sie sinnliche Vereinigung der Engelskörper auf der Leinwand. Ich werde alles aber wirklich alles unternehmen damit ich den Versuch starten kann. Allein der Gedanke daran mobilisiert meine Lebensgeister.

Malen.

Sinnlose Angst

Ich müsste, wäre es möglich, noch viel weiter zurückgehen, bis in die allerersten Jahre meiner Kindheit und noch über sie hinaus in die Ferne meiner Herkunft zurück. Die Dichter, wenn sie Romane schreiben, pflegen so zu tun, als seien sie Gott und könnten irgendeine Menschheitsgeschichte ganz und gar überblicken und begreifen und sie so darstellen, wie wenn Gott sie sich selber erzählte, ohne alle Schleier, überall wesentlich. Das kann ich wohl, dennoch sträubt es mich in dieser anmaßend weise zuschreiben. Bin ich doch niemand in dieser großen Welt der Literatur.

Meine kleine Geschichte ist keine Geschichte eines erfundenen Menschen, sondern eines wirklich, einmaligen, lebenden Menschen. Ob diese Figur etwas mit mir persönlich zu tun hat ist nicht von Wichtigkeit. Die tägliche verbale Schlacht im geistigen Armenhaus ist mir lästig. Aber wie soll ich diesen Situationen gerecht werden ohne mich in die moralisch verwerflichen Verstrickungen zu begeben. Das Spiel, genannt konventionelle Realität oder Wahrheitsebene, verlangt seinen Tribut. Der Agnostiker, der als Mönch verkleidet in der Einsiede lebt hat damit keine Probleme, muss er jedoch mit der Einsamkeit kämpfen. Dieses aufkommende Gefühl der Wärme die meine Sinne benebelt, wo kommt das her? Mein Greifen nach Gedanken der krampfhafte Versuch Bilder zu rekonstruieren um festzuhalten scheitert. Voller Zweifel hab ich schon tausendmal versucht diese Gesichter zu rekonstruieren. Personen die in meinen Tagträumen erscheinen ohne Gesicht. Jedoch mit makellosen Körper. Meist nackte Frauen. Was haben diese wunderschönen nackten Frauenkoerper mit mir zu tun. Warum haben sie keine Gesichter? Warum gerade mir das passiert? Bin ich am Limit? Jedoch an welchem Limit? Am Bewusstslimit, am Ende meiner Vorstellungskräften?

Werden diese Gesichter aus meinem Unterbewusstsein von selbigen gelöscht um nicht die wahren Schänder meiner sexuellen Entwicklung zu erkennen. Mach ich Fehler beim Denken. Mach ich ein Fehler beim Fühlen. Mach ich ein Fehler beim Erfassen von Daten mit Augen und Ohren? Ich habe Angst. Angst die wahre Person hinter dieser Traumfigur zu sehen. Meine Wahrnehmung der körperlichen Veränderung bewerte ich als Gefühl der Gefahr und anschließender Angst. Eine heftige Alarmreaktion von Fight and Flight folgt. Vernunft als alleinige treibende Kraft des klaren Denkens ist so gut wie ausgeschaltet. Körper schaltet auf Notstromaggregat. Ich muss mich setzen. Ich weiß nicht mehr wo ich bin und was ich denken soll.

Es dauert einige Minuten, ich erreiche wieder das normale Bewusstsein und bin geschlaucht wie nach einem Marathonlauf. Mein Körper funktioniert noch. Mit einem leichten Schmunzeln schlendere ich zurück in mein Buero. Es geschieht nur 2 bin 3-mal im Jahr. Das kann ich aushalten. Psychsomatischer Kacke..

Glück

Aha, da steht eine. Da auf der Brücke. Sieht aus, als ob sie eine Küchenschürze anhat. Ja, eine alte, graue Küchenschürze hat sie an.

Sie beugt sich ziemlich weit über die Brüstung. Das ist verdächtig. Die abends im Dunkeln auf der Bücke stehen, das sind entweder Liebespaare oder Dichter. Oder das ist einer von der großen grauen Zahl, die keine Lust mehr haben. Die den Laden hinwerfen und nicht mehr mitmachen. Steht ziemlich allein da. Ein Liebespaar kann es nicht sein, das sind immer zwei. Ein Dichter ist es auch nicht. Der hat längere Haare. Aber die auf der Brücke, ein ganz merkwürdiger Fall.

Ich war oft auf dieser Brücke. Jedoch nützt ein wohldurchdachter Entschluss nichts, wenn der Mut fehlt. Träume quälen mich jede Nacht. Wenn ich nur wüsste warum. Insgeheim glaub ich daran, es hat was damit zutun, dass ich eine Schraube locker habe.

Was für ein Traum. Schon wieder. Wie kann mann nur so einen Scheiss träumen. Was riecht hier so furchtbar. Woher kommt das? Ich glaub ich muss mich gleich übergeben. Was für ein elender Geruch. Am frühen Morgen schon so ein Gefühl als wär die ganze Welt Scheiße.

Meine Wohnung ist jedoch sauber. Es wird hier täglich geputzt. Meine Reinemachefrau kommt täglich für 2 Stunden und wienert die ganze Wohnung. Woher kommt der Geruch. Ich kann so nichts essen. Furchtbar. Es ist einfach schrecklich. Ich hab keinen Hunger. In acht Wochen hab ich 10 Kilo abgenommen. Ich wiege jetzt noch 42 Kg. Ich bin aber doch nicht magersüchtig. Wenn das so weiter geht werde ich verhungern. Aber das will ich doch eigentlich gar nicht.

Letzte Woche hab ich mein Opiate abgesetzt. Meine Darmperistaltik war durch die starken Medikamente auch in Mitleidenschaft gezogen und zum Teil lahmgelegt. Dadurch konnte nicht mehr richtig aufs Klo.

Ich war knapp über fünfzig als ich die Diagnose einer Myopathie bekam. Meine Skoliose war schon Jahre vorher festgestellt worden. Jetzt soll ich ein Schmerzprotokoll fuhren? Für was? Um mir ständig vor Augen zu führen wie schlecht es mir geht? Ich soll auf einer Schmerzskala von 1 bis 10 permanent meinen Zustand dokumentieren? Ich bin am Ende. Letzte Woche hab ich mir mein Opiumpflaster abgerissen.

Ich konnte zwei Nächte nichtschlafen. Ich dachte ich muss sterben. Wollte mein Dokumente schon zurechtlegen. Mich fertig machen zum abkratzen. Eigentlich könnte ich eine glückliche Oma und Uroma sein. Gesunde Kinder, wohn in einem eigenen Haus. Was hab ich mit diesem Leben gemacht? Hab immer nur gearbeitet. Das soll man doch? Oder? Was ist eigentlich Glück? Eine Stufe höher als Zufriedenheit? Oder doch nur Illusion?

Mein Traum war es, keine finanziellen Sorgen im Alter zu haben. Das hab ich erreicht. Ich hab alles. Wenn ich nur nicht krank wäre. Dann wär ich glücklich. Ich wäre glücklich, wenn ich nur mehr Zeit hätte, mehr Geld hätte, mehr von der Welt gesehen hätte, etwas schlauer wäre, studiert hätte, keine Migräne hätte, kein Tinitus hätte, keinen Alkoholiker als Mann, eine heilere Familie hätte, eine bessere Kindheit gehabt hätte. Bin ich undankbar? Wie schrecklich! Nein, das darf ich nicht sein.

Jeder Mensch kann glücklich sein, hab ich einmal gelesen. Aber wie soll das gehen? Ich hab gelesen Glück ist dein Schicksal mit allen Facetten anzunehmen, das zu sehen was man hat. Sich nicht darüber zu sorgen was man nicht hat. Dankbar sein für die Gesundheit. Egal was geschieht, es liegt an mir zu sagen das ist Unglück oder Glück. Ich denke für jeden ist Glück etwas anderes. Glück existiert wie die Schönheit nur in den Augen des Betrachters. Ich muss entscheiden, was für mich Glück bedeutet.

Also ich denke, dass Wohlstand, gesellschaftlicher Status, Geschlecht, Intelligenz oder Alter, nicht entscheidend ist ob wir glücklich sind, oder nicht. Es kommt darauf an welche Bedeutung ich den dingen zugestehe, die mir täglich passieren. Macht mich jede Kleinigkeit schon nervös und schickt mich auf die Unzufriedenheitschiene? Glück hängt davon ab was du denkst. Und das kann man doch steuern oder? Ja, ich hab gelesen man soll regelmäßig Sport betreiben, vorzugsweise natürlich in der Gruppe. Man soll auch enge und befriedigende Beziehungen in der Familie und mit Freunden pflegen. Nützlich ist natürlich auch eine harmonische und stabile Partnerschaft. Die Überzeugung, sein Leben und sein Glück selbst in der Hand zu haben ist Grundvoraussetzung für ein glückliches Leben.

Ich will an mich glauben, mich selbst akzeptieren und ab zu auch etwas freundlich zu mir sein. Ich werde auch meine Arbeit im Hospiz wieder aufnehmen. Die Leute dort waren alle so freundlich und ich hab mich wirklich sehr wohl gefühlt in der Gruppe, auch wenn die gestellten Aufgaben sehr schwierig sind. Und ich werde ab heute wieder genügend essen und trinken.

Ich verspreche es euch.

Je suis malade

Mein eigenes Sexualleben erfuhr in den ersten Jahren nach Berufung zum Hochschullehrer der Universität Paris-Sorbonne keine nennenswerte Entwicklung. Jahr um Jahr schlief ich weiter mit Studentinnen meiner Fakultät, die Tatsache, dass ich ihr Dozent war, änderte daran nichts. Die Altersdifferenz zwischen mir und diesen Studentinnen was anfangs recht klein, erst nach und nach schlich sich eine Dimension des Verbotenen ein, die mehr mit einem wirklich oder erkennbar fortschreitenden Alter zu tun hatte. Der erotische Verfall der Frau kann sich in nur ein paar Monaten vollziehen. Kommen wir doch lieber ohne Umschweife zum Kern unseres Zusammenseins. Einzigartigkeit war gestern. Heute ist es sogar für einen hochbegabten Schriftsteller unmöglich etwas Neues zu schaffen ohne dabei sich einer paranoiden Phantasie oder sonstiger geistigen Abfallmethoden zu bedienen. Leere Phrasen, idiomatische Redewendung, Küchenpsychologie, kluge Sprüche, Jahrhunderte alte Textbausteine und so weiter. Genährt von der Ekstase der Genialität zwingt es viele Homo Sapiens sich dem geistigen Erguss auf dem Papier hinzugeben. Spüren Sie die Komplexität meiner Ausführung, die wiederrum nur ein Kopieren ist. Meine Definition des Kopierens inklusive des geistigen Diebstahls würde Sie mehr als schockieren, daher unterlasse ich es hiermit.

Ich kann Ihnen den Sinn und Unsinn der Literaturwissenschaft nicht in Kürze erklären. Ebenso würde es Ihre Geduld überfordern mich bei der Rechtfertigung meines außergewöhnlichen Schreibdrangs auszuhalten. Entschuldigung dafür. Dieser Treibstoff meiner innersten Maschine, die meinen Willen antreibt, bleibt mein Geheimnis. Viele schreiben weil sie glauben sie könnten es und glauben zusätzlich noch an den Erfolg, der noch von vielen anderen Dingen mehr abhängig ist. Folglich sind beide Fragen, welchen Sinn hat Literaturwissenschaft und die Frage nach dem Sinn und Wert der Schriftstellerei für das tägliche reale Leben unbeantwortet.

Mein letztes Buch "Die Unterwerfung" wurde vorab überschätzt. Wochenlang wurde meine Person medial durch die Gassen getrieben. Ich bin unschuldig. Am 7. Januar 2015, dem Tag, an dem mein neuer Roman *Soumission* in Frankreich erschien, fand ein terroristischer Anschlag auf die Redaktion von Charlie Hebdo statt, bei dem 12 Menschen getötet wurden. Auf dem Titelblatt der aktuellen Ausgabe war meine Karikatur mit den in meinen Mund gelegten Worten: „2015 verliere ich meine Zähne, 2022 feiere ich

Ramadan". Warum versteht niemand, dass Altherrenerotik, ein Jonglieren mit ausgelatschten, althergebrachten Literaturwissenschaftlichen Begriffen und eine beschissene Negativutopie, auch nur ein Spielen ist zur Erheiterung und Unterhaltung derer, die sich demütig erbarmen und ein Buch lesen anstatt sich vor dem Fernseher total verdummen zu lasse. Mein Vater war Hochgebirgsführer, meine Mutter, eine Anästhesistin. Ich habe keine Ahnung warum meine Eltern mich zur Großmutter abzugeben. Ein Grund mag die darauffolgende Scheidung gewesen sein. Viele Jahre später habe ich sogar ihren Namen als meinen Künstlername übernommen.

Eigentlich bin ich gelernter, besser gesagt studierter Bauer. Hab dann jedoch eine Filmausbildung begonnen, die ich abgebrochen habe.

Bei mir ist es ähnlich. Wer nichts wird, wird Schriftsteller. Dazu noch einer der Besten. Ich hätte das nie gedacht. Nachdem ich Frau und Kind abgeschoben habe war eine psychiatrische Behandlung wegen meiner Depressionen unausweichlich. Heute hängen nun Millionen Leser an meiner Stimme. Die Stimme eines kleinen, verrückten, armen Würstchens, das die Facetten seiner Persönlichkeitsstörungen nicht im Geringsten klar und objektiv betrachten kann. Die Welt ist ein Tollhaus. Ich bin der Beweis. Einen logischen Zusammenhang herzustellen zwischen der Entstehung und Entwicklung des Islamischen Staates, Al Quida oder Boku Harem und meiner individuellen Störung sowie aller Konsequenzen beider Welten ist globalsoziologisch evident. Ich bin trotzdem unschuldig. Die Meinungsfreiheit und die Freiheit des geschriebenen Wortes müssen bestehen bleiben und Religion ist Privatsache und kein Kriegsgrund! Was soll ich jetzt noch sagen, ist doch sowieso alles im Arsch.

Der Rasenmäher

Die eine Empfindung macht dem Menschen Lust, die andere Unlust. Wer kennt das nicht. Das sind innere Bewegungen. In seinen Gefuehlen schafft sich der Mensch eine zweit eWelt zu derjenigen hinzu, die von aussen kommt. Ein drittes kommt hinzu. Der Wille. Die Seele des Menschen fliesst gleichsam in seinen Willenshandlungen nach aussem. Ich bin durch meine permanente Lesesucht am Puls der Zeit. Ich kenn mich aus. Dieses Leben ist jedoch nicht einfach.

Die Uhr zeigt 11 Uhr 30. Mein Mann hat mir meine Wohnung schon in gewohnter devoter Manier sauber gemacht. Bei mir wird es morgens immer so spät, da ich Abends nicht ins Bett komme. Auf Hochdeutsch: Ich schaue zu lange fern. Die Fernsehglotzerei ist ein Problem, jedoch nur eine kleine Widrichkeit in meinem fluechtigen Leben. Ja, das klingt gut , ein kleines fluechtiges, unzufriedenes Leben auf der Flucht. Ja das beschreibt mein Leben. Sie fragen sich warum ich so ehrlich bin? Die Antwort ist einfach: Sie kennen mich ja ueberhaupt nicht. Sie wissen nicht wo ich wohne und sie wissen nicht wei ich aussehe.

Nachdem ich mich ins Bad gequält habe, meine Katzenwäsche beendet habe, geht es an den frisch gedeckten Fruehstueckstisch. Mein Vorteil gegenueber Hotelgästen, die natuerlich auch ein schoenes Fruehstueck erhalten, im Gegensatz zu diesen armen Figuren hab ich den Luxus, dass ich mich nicht unter anderen , fremden Menschen aufhalten muss. Ich bin die Koenigin in meinem eigenen Palast.

Herrlich. Das crunchi Muesli kracht zwischen meinen vierten Zähnen, der Fernseher schreit die Werbung vor sich hin. Was fuer ein schoener Morgen mit mir.

Brummm, Brummm. Mein Koerper stoesst 5 Liter Adrenalin aus. Mein Herz rasst , der Hals wird eng.

So eine Scheisse. Wie kann der Robert nur so einfach den Rasenmäher anschmeissen, dieses blärrende Monstrum.Dieses verhasste Stueck Scheisse aus Metall. Werd das Ding erfunden hat gehoert an den Galgen. Hoffentlich fährt er sich bald ueber die Fuesse , Dieses Arschloch. Kann ich nicht meine Ruhe haben und fruehstuecken? Wie kann der jetzt einfach um 11 Uhr 30 Rasenmähnen. So eine Unverschämtheit. Soll ich bei der Polizei anrufen?

Ach du grosser Gott habe ich den Hass ! Das sind doch Alle Arschloecher. Die mit ihren scheiss Rasenmähern, Bohrmachinen, Kettensägen und sonstigem Elektroschrott. Diese Dummkoepfe . Wissen die nicht, dass man Mittags keinen Lärm machen darf. Ich kann mich nicht mehr konzentrieren. Es ist aus. Der Morgen ist gelaufen. Nein, der ganz Tag ist gelaufen. Wie soll ich mich da wieder beruhigen. Keine Chance. Diese Leute haben kein Verständis für nichts und für mich.. Die haben weder Anstand noch irgendwas im Kopf. Kein Kunstverständnis, kein garnix. Ich bin nur froh, dass ich mich mit den ganzen Arschlöchern, die um mein Haus herum wohnen schon mal garnicht befasse. Ich gebe mich mit diesen Leuten ueberhaupt nicht ab. Das hält mich auch zurueck denen einmal die Wahrheit zu sagen. Die Wahrheit ueber sich. Ich glaube die meisten wissen garnicht wie bloed sie sind.

Ich bin jetzt 75 Jahre alt. Haben die ueberhaupt kein Respekt? Warum fährt der sich jetzt nicht selbst ueber seine Fuesse? Ich konnte ihn noch nie leiden. Beide. Den Rasenmäher und das Arschloch dahinter. Ich bin eigentlich umgeben von Arschloechern, ach ja das sagte ich bereits. Ich werde sterben ohne jemals irgendeinem Nachbar die Hand gereicht zu haben. Die werden sich dann vielleicht fragen, wer war diese Frau.

Zeichnungen von Thomas Brunner
Zweibrücken